策划：唐龙军

FANZOUSI QIANYAN DIDAI

反走私前沿地带

吴煮冰◎编著

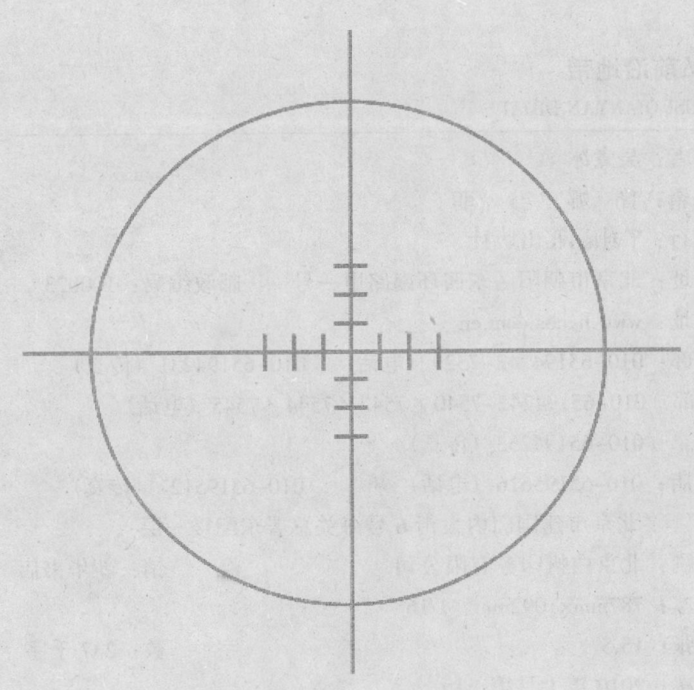

中国海关出版社

图书在版编目（CIP）数据

反走私前沿地带/吴煮冰编著.—北京：中国海关出版社，2010.1

ISBN 978-7-80165-581-3

Ⅰ.反… Ⅱ.吴… Ⅲ.新闻报道-作品集-中国-当代 Ⅳ.I253

中国版本图书馆 CIP 数据核字（2008）第 172815 号

反走私前沿地带

FANZOUSI QIANYAN DIDAI

作　者：吴煮冰

责任编辑：普　娜　冯　菲

出版发行：中国海关出版社

社　址：北京市朝阳区东四环南路甲一号　邮政编码：100023

网　址：www.hgcbs.com.cn

编 辑 部：010-65194242-7529（电话）　010-65194231（传真）

发 行 部：010-65194242-7540/7542/7544/7545（电话）
010-65194233（传真）

社办书店：010-65195616（电话）　010-65195127（传真）
北京市建国门内大街 6 号海关总署东配楼一层

印　刷：北京白帆印务有限公司　经　销：新华书店

开　本：787mm×1092mm 1/16

印　张：15.5　字　数：237 千字

版　次：2010 年 1 月第 1 版

印　次：2010 年 1 月第 1 次印刷

书　号：ISBN 978-7-80165-581-3

定　价：30.00 元

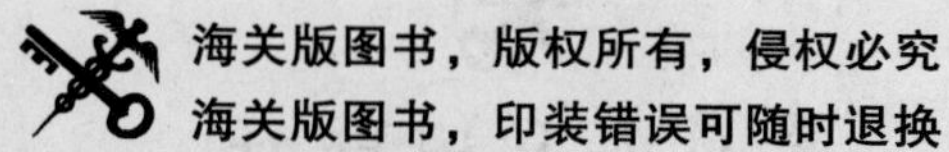

序

1998年，党中央、国务院召开全国打击走私工作会议，决定在全国范围内开展打击走私违法犯罪活动，组建海关缉私警察队伍，建立“联合缉私、统一处理、综合治理”的缉私新体制。各地区、各部门立即行动起来，开展了声势浩大的反走私斗争，一大批走私大案要案得到查处，一大批走私违法犯罪分子和腐败分子受到严惩，大规模走私违法犯罪活动得到有效遏制，进出境秩序明显改善，海关税收连年大幅度增长。

目前，反走私形势总体上趋于平缓，法人和特殊法人走私得到有效遏制，公开大规模走私已被铲除。但是打击走私没有最后的胜利，只要存在国内外差价和贸易管制，走私分子就会在暴利的驱使下铤而走险。当前，走私态势依然严峻：行业性价格瞒骗走私突出，加工贸易渠道走私有增无减，重点海域海上偷运走私活动仍然活跃，废物、毒品等非涉税走私案件呈增长之势。

深圳和港澳地区相毗邻，深圳关区陆路边境和海岸线长，陆路海路交通发达，来去方便，可以上货的码头多、海滩多，反走私呈现出点多、面广、线长的特点。在海关打私的高压态势下，走私分子变得更加狡猾，走私活动变得更加隐蔽，走私手法更加复杂。这里的反走私工作任务十分繁重，是名符其实的“反走私前沿地带”。

经过多年的探索与实践，深圳海关在反走私工作方面，按照

“打防结合、以防为主”的思路，坚持打私工作“不动摇、不松懈、不麻痹”，通过对通关渠道、后续管理渠道、海上与非设关地等四个渠道走私违法行为进行重点打击，查办和侦破了一批有影响有震慑力的大案要案，给走私团伙和成员以毁灭性打击，取得了辉煌的成果。

《反走私前沿地带》一书全方位展现了海关反走私工作，内容丰富，资料翔实，纪实性强，是一部较好的海关缉私法制宣传材料。同时，该书通过披露反走私斗争中鲜为人知的案例，向读者生动展现了深圳海关反走私工作取得的成果，为读者了解当代海关反走私工作打开了一扇窗口。

李书玉

目录

引 言

深圳是改革开放的前沿阵地。

30 年沧海桑田。昔日的“边陲小渔村”，如今已变成高楼林立的大都市。

南海潮涌，自会有沉渣泛起。

1998 年，党中央、国务院对打击走私、惩治腐败作出了一系列重大决策，全国各地、各执法部门雷厉风行地开展了声势浩大的反走私、反腐败斗争。一批走私大要案得到查处，一大批走私违法犯罪分子和内部执法腐败分子受到严惩，大规模走私被有效遏制，进出境秩序有了明显改善，海关税收连年大幅度增长。

然而，反走私仍是一项长期斗争，受暴利的驱使，随时会有人铤而走险。有人说中国加入世界贸易组织后，许多产品实现“零关税”，走私将从根本上得到控制。事实证明，这只是善良的人们的美好愿望。中国加入世界贸易组织后，走私分子还在继续活动，而且出现了新的动向，走私手法更狡猾、更隐蔽，出现了一批专以走私为业的人员，这些人员有足够的时间和精力与海关周旋和博弈。走私团伙组织严密，实行公司集团化运作，程序严谨，稳定性和安全性较高。走私分子的专业化技能越来越强，不仅体现在走私手法上，而且采用假车牌及其他反跟踪设备、装置，使反侦查的水平也越来越高，给侦查和抓捕工作带来了较大难度。

深圳邻近香港，连接珠江三角洲，是我国人流、物流、信息流的重要集散地。深圳海岸线长达 400 多公里，关区内沿海、沿边众多的进出境货物装卸点，历来是做着暴富美梦的走私分子的觊觎之地。正义与邪恶的斗争、走私与反走私的较量，在这里从来没有停止过。

深圳关区是反走私最前沿，是全国反走私主战场之一。

“兵来将挡，水来土掩”，打击走私，海关责无旁贷。

第一章 旅客走私

通俗地说，海关是人们从一个国家或地区迈向另一个国家或地区的必经大门。本章所写旅客是指进出中国（内地）的进出境人员。旅客分为短期旅客、长期旅客、定居旅客、过境旅客四大类，海关根据旅客的不同类型，制定了不同的管理规定。大多数旅客都能按照国家和海关法律、法规，正常进出境，但也总有一些不法分子，利用各种手段，蒙骗海关，进行走私。

走私旅客现形记

罗湖桥是连接香港和深圳的铁桥，桥的两头分别设有香港海关和深圳海关，铁桥分上下两层，从香港进入深圳走上面，从深圳到香港走下面。每天有25万余人次要从这里经过，相当于一个中小型城市人口在迁徙。这里白天要开灯，空气靠送风，永远的川流不息、脚步声声，永远的春潮不断、人头涌动——这就是深圳罗湖口岸进出境旅检通道。

海关关员每天要坚守在旅检现场，对众多进出境旅客随身携带的行李物品实施监管，既要加速验放，方便旅客，又要严格把关，打击“水客”的“蚂蚁搬家”式走私，保护国家利益不受损失。其艰辛、繁忙、神秘、威严、亲切，令众多守法旅客赞美，也让一些违法走私分子记恨、仇视和害怕。请看2005年3月罗湖口岸旅检现场的部分镜头。

镜头一：“数码卫星电视解码器”解码海关法规

春节刚过，在罗湖海关旅检通道，从香港进内地的旅客像往常一样，井然有序地缓缓前行，依次接受海关关员对其随身携带行李物品的查验。一名40多岁的男子（以下称“男子一”）和一名20多岁的男子（以下称“男子二”）先后被关员请出队伍，接受海关对其违规携带的“数码卫星电视解码器”的调查。

针对关员的提问和调查，“男子一”显然知道自己的行为是错误的，沮丧地低着头，吞吞吐吐地回答："……打算将这些'数码卫星电视解码器'带到境内电子市场出售。"

"男子二"不知是真地不懂海关规定还是装无辜，回答海关调查时，神态镇定，似乎还有点儿"有理不饶人"地说："我在内地开有一家公司，这东西是供公司测试用的……"

"旅客携运进境的自用物品，凡不属自用的，超出合理数量范围的，超出规定的物品品种、规格、限量、限值的，未照章缴税的，按规定海关均不得予以放行。这些'数字卫星电视解码器'超出了上述海关规定。"关员耐心地解释法规后，两男子认识到了自己的错误，表示愿意接受海关处罚。

镜头二：保健品难保旅客过关

一位40多岁的男旅客和一位年近40岁的女旅客，从沙头角"中英街"入境，关员接受他们申报时发现：男旅客行李内混藏有蛋白粉、灵芝咖啡、深海鱼油、纤维素营养粉等高级营养品；女旅客行李内藏有叶绿素粉、红三叶草精华、洁净茶等保健品。两旅客称他们是内地居民，经沙头角到中英街游玩，顺便采购一些保健品带回。经关员解释后，他们知道自己违犯了海关法规，男旅客受处罚后感叹道：只想到买保健品补养身体，怎么就没想到出境前学学海关法规呢！

镜头三："258""银"筷没能"赢"

罗湖海关旅检现场，两名执勤关员在对一名香港女旅客进境携带的物品实施查验时，发现其携带了258双银筷子，一过秤，重达9.8千克，显然违犯了海关有关规定。

"为啥要带进258双银筷子？干吗不是1双，也不是10双、100双的整数呢？"关员不解地发问。女旅客讲出了自己携带银筷的来由。

原来这位旅客下月要为一长辈祝寿，趁在内地出差的机会，买了258双银筷子带回香港。这名旅客是个麻将迷，对"258将"情有独钟，银、赢同音，期盼着将来会沾上吉利，牌赢、人赢、万事赢。

镜头四：携刀旅客"亮剑"闯关

一名30多岁的男旅客经罗湖口岸入境，在随身携带的行李物品过机检查时，被发现存在疑点，并被列为重点检查对象。经关员开包检查，查出日本军刀9把、清刀2把、剑22把。关员询问时，这名旅客说是帮朋友携带入境的。

是不懂法规，盲目携带入境，还是持侥幸心理故意闯关？等待这位旅客的，自然是海关的详细调查和处罚。

镜头五：食品罐中的特殊"食品"

罗湖口岸旅检现场，关员正在对一名50多岁的男旅客携带的物品进行常规检查，检查刚刚开始，这名男子便显出慌张。善于察言观色的旅检关员心里有了底——行李袋中有猫腻。于是，在其衣裤袋、行李袋和奶粉罐中，相继查获手机用摄像头6 130个和IC芯片2 000个，初步估价19万元。此时，在另一通道卡口，海关人员从一名40多岁女旅客携带的饼干、果汁及薯片的包装盒内，分别查获藏带的920块电脑CPU和138条内存条，初步估价69万元。相隔不到10分钟，又从一名60多岁的男旅客携带的手提袋内，查出藏带的sandisk记忆卡500块，初步估价2.5万元。

将应税货物作为行李物品携带进境，且故意闯关，自然属于走私行为，但海关在调查时发现：这三名旅客并不是真正的货物所有人，而是为了赚取带工费，帮人携带物品过关的"水客"。

镜头六：察言观色，请"闯关"客留步

23时30分，罗湖海关旅客进出境通道仍然灯火通明。一名由香港来内地的中年男子，背着背包若无其事地经海关无申报绿色通道入境。当其走到海关行李机附近时，神情却显出了异样，加快步伐，并有意绕开行李机。这名男子没有想到，自己的这种瞬间表情和异样举

动，被火眼金睛的海关机动队关员尽收眼底。

被机动队关员拦下来接受检查时，这名自以为已经过境的香港旅客神情慌乱，极不情愿，但又很无奈。

结果从其背包中查出700 根 512MB 的内存条，初步估价 20 万元。

镜头七："小邮票"与"大清国"

一位肩挎一挎包、手拎一提袋的 40 岁左右男子在接受出境检查时，一旁的机动队关员仔细观察着他的每一个细微表情和动作：该男子小心翼翼地把手提袋放在面前，左手按住手提袋，右手慢悠悠地从上衣兜里掏出台胞证递给当班关员。

尽管这位男子动作缓慢，显得沉着，不慌不忙，但站在一旁的机动队关员还是从中看出了名堂，断定手提袋里有文章，为让男旅客继续表演，关员没有当场发问。当这名男子转身向香港地铁方向走去时，身后传出了机动队关员的声音："先生，请到这边来，检查一下你手提袋里的物品……"

心存侥幸、如释重负的男子还没来得及高兴，立刻又紧张起来。他始终不明白：出境前，自己演练过好几遍的表情，到底是哪一点做得还不到位？海关关员难道就这么神？几枚小邮票、几张小纸片，就能被他们未卜先知？

果然，关员在其手提袋中查获禁止出境的带有"大清"字样的大清国邮票 146 枚。

镜头八：邮件不走邮路走"水路"

罗湖口岸进出境旅客之多，不法旅客走私手段之奇，五花八门走私案例之杂，夸张一点儿，可以称得上"举世无双"。

两名关员正对三名出境的香港旅客携带的物品进行检查，物品全是蓝牙耳机、鼠标等一些小件电子产品，共 300 余件。一名关员边查边自言自语道："这哪是自用物品？明明是需要向海关申报的应税货物嘛！"

据初步调查，这批货物是购买商在网上订购后，联系了几名“水客”，准备带到香港后再寄往美国。

镜头九：精神药物让港客伤了神

在罗湖海关旅检通道缓缓前行的出境旅客队伍中，一名男旅客引起了海关关员的注意。这名男旅客30多岁，身强体壮，行走步态却显蹒跚。旅检现场秩序井然，但他却神情不太自然。于是，海关将他列为重点检查对象。

经人身检查，在其左、右脚的两只袜子内各查获蓝色颗粒状物品一包，海关人员判断，这些物品是精神药物。经化验鉴定，蓝衣颗粒状物品为精神药物三唑仑片，净重128克。调查时，这名男子解释说，因工作压力大，在深圳的一家按摩院购买了这些药品，准备带回香港自己使用。

同日，在一位50余岁的女旅客的行李内，又查获了二类精神药物安定片999粒。调查时，女旅客解释说，自己经常睡不好觉，在内地购买这些安定片，想带出境治疗自己的失眠症。

特殊旅客——“水客”

“水客”是指以牟利为目的，携带海关监管物品，进出关境的非正常旅客，他们以帮人携带走私物品为业，从中收取带工费为生。“水客”是目前深圳—香港两地频繁交往中产生的一个特殊群体，他们利用自己持有港澳同胞回乡证或特许通行证的便利条件，采取各种方式逃避海关监管，从而赚取差价或带工费。通常采用少量多次、积少成多地偷逃应缴税款的方式。这种走私手法，亦被形容为“蚂蚁搬家”。

目前，“水客”的“蚂蚁搬家”走私，已呈现出组织化和专业化特点。随着时代发展，“水客”性质较之早些年，有了明显变化。

第一，队伍成员，由原来的本地人员为主，发展为今天以外地无

业人员为主的职业“水客”。目前，基本以香港“职业水客”为主，不断扩大的内地“职业水客”（即“水客”团伙从潮汕、福建、东北等地区雇来充当“水客”的人员）和“兼职水客”（即内地有正当职业的人员）为辅。

第二，走私物品由原来的单一生活用品，发展到高科技产品和高利润的化妆品。目前，深圳旅检口岸“水客”走私物品主要为手机(包括配件)、电脑小型部件和仿真武器。

第三，赢利目的由原来的赚取生活费用，发展到今天的牟取暴利。

第四，组织形式由原来的肩扛、手提和排队过关，发展到今天的团伙行动、实施分工、协同“作战”，即少数“水客”与海关查验人员胡搅蛮缠，故意制造现场混乱，从而掩护多数“水客”趁机逃避监管，有时还采取集体冲关的极端形式。

第五，走私手段由身体绑藏，发展到物品夹藏、体内夹藏。在香港过关前，有专人负责把走私物品绑在“水客”身上，绑藏手法专业，伪装性强，外人很难发现。“水客”团伙还指导“水客”用多种方法逃避风险。如让女“水客”怀抱小孩掩护过关，雇用老人当“水客”，用婴儿车做运输工具等。此外，“水客”团伙还提供绷带、特制背心等工具给“水客”。

第六，“水客”走私方式更加专业化，走私时间“全天候”，早上开闸、交接班、晚上关闸等时段，都有“水客”通关，且在海关现场通道之外，逐渐增多了负责望风的“天文台”（即望风人员）。一些走私分子伪装成正常旅客，利用蓝牙手机等无线通讯工具，通风报信，使海关人员难以监控和取证。

第七，“水客”走私现已呈现出组织化、系统化的特点，一般由走私集团在幕后策划、操纵、遥控指挥，形成“供货商——‘水客头’——‘水客’——口岸代收点——境内收货人”的外松内紧式的一条龙作业方式。

由于深（圳）、（香）港两地人员往来便利，每天开闸时间长，进出境人员既多又杂，利用“水客”走私，通关迅速、便捷，且风险较低，私货能够快速进入销售市场，因此，在进出境旅检渠道方面，走私分子已把利用“水客”走私作为首选方式。

深圳口岸“水客”现状

“水客”走私，一直是深圳海关监管的重点和难点。

从动态上看，“水客”走私活动已形成境外化整为零——通关——境内化零为整的“三段式”手法。走私团伙收集走私入境私货时，地点通常选择人流量大的茶餐厅或停在路边的车辆上，利用大量行人作掩护。走私过程中，走私团伙经常更换带货人和收货人，避免经常过关或长期在口岸附近出现而引起海关注意，同时，以“打一枪、换一炮”的方式，在口岸周边流动收货，躲避海关查缉。交货人、接货人互不认识，仅凭香港发货人告知的地点和衣着、体貌特征寻找收货人，一旦发现异常，收货人可丢弃货物离去。走私团伙分别在香港上水火车站、深圳罗湖口岸及周边商铺，分段实施走私货物上货、带货及包装分销，分散风险和加快走私货物的运转。活跃在深圳各口岸的“水客”，时刻关注着海关的监管情况，一有风吹草动，立即利用深（圳）、（香）港两地便利的交通，四处转移，呈现出“口袋效应”，一方受到挤压，另一方迅速凸起。

深圳口岸“水客”走私主要有以下特点：

一是主要集中在罗湖口岸、皇岗口岸和沙头角“中英街”。走私方式以人身绑藏、行李夹带和小车藏匿为主，走私手法、走私物品和走私时间基本类同。

二是为降低直接从口岸旅检通道入境被查获的风险，“水客”团伙指派“水客”乘坐“广九”直通列车，偷带货物入境至东莞常平火车站、广州东站，或乘坐从香港中港码头发往深圳蛇口和福永、东莞太平、广州番禺的客船走私，然后，再迂回到深圳交货。

三是“水客”类型呈多样化，主要有三类。一类是职业“水客”，每日进出境次数在10次左右，最多的每日可达20余次。这部分“水客”海关有备案资料。第二类是业余“水客”，由于老“水客”已被海关记录在案，走私风险加大，“水客”头目雇用没有查获记录的新

“水客”，企图蒙混过关。此类“水客”大多工作在香港，居住在深圳，利用上下班往返深港两地的机会，帮人夹带私货过关，赚取“外快”，这类“水客”大多为“生面孔”，查缉难度较大。第三类是“国际水客”，这类“水客”身份比较特殊，他们一人持有几本甚至十几本有效护照，专门从事走私活动。这部分国际“水客”，已发展成组织严密的“水客”团伙，实行一条龙作业。

从“水客”案件涉案人员情况看，近七成为香港居民，大都是无业人员，受雇于“水客”走私团伙，以挣“带工费”谋生。以手机走私为例，走私团伙在国外或中国香港地区收购新旧手机后，交给“水客”头目（每部40元的带工费），“水客”头目再分派给其雇用的“水客”，每走私成功一部手机，“水客”头目给“水客”20元带工费。“水客”成员间互不认识，团伙头目与“水客”头目、“水客”头目与“水客”之间，实行单线联系，电话指定交货。“水客”团伙头目在境外掌控走私情况。

“水客”走私物品种类繁多，主要有以下几类：

一是高、精、尖端科技产品。内地经济发展及人民生活水平的提高，对通讯产品、高档电子产品的需求量日趋增大，这些产品境内、外差价较大，是走私的热门物品。

二是货币及有价证券。近年来，进出境旅客违规超带货币等有价证券情况一直突出，主要是现行的外汇管理政策限定了外汇交换，部分货币资金便通过走私方式出境。深港两地“地下钱庄”的存在，造成走私货币出境现象突出，不法商人、腐败分子将国内非法所得通过“地下钱庄”偷运出境。

三是知识产权类商品。我国知识产权保护起步较晚，存在薄弱环节，“水客”走私侵权、假冒物品进出境，牟取利润。

四是政治类及淫秽类非法出版物。境外敌对势力利用“水客”携带境外报刊、影视宣传制品，甚至淫秽物品、反动物品入境，侵蚀人民群众的思想，同时，也诱发犯罪，造成社会不安定，危害国家政治稳定。

五是毒品、精神药物。

“水客”组织呈现职业化、智能化、集团化、多国化的发展趋势。

“水客”和“化整为零、蚂蚁搬家”式的走私活动背后，有走私集团在幕后操纵，形成“发、运、储、销”一条龙的团伙作业，分工明细，一环扣一环。为逃避海关打击，形成一套“走私模式”。他们雇用清洁工、售货员望风，观察海关关员的工作情况（如当班人员、现场查验情况、交接班时间等），用无线电话通报给“水客”；雇用熟悉海关的“智能团”，研究海关的法规和制度，钻海关监管空子，逃避法律制裁。如“起刑点”、调查程序，如何统一口供，在接受海关处罚告知时，如何阻挠执法等。此外，走私团伙为逃避海关打击，不断变换境内收取私货的地点，由大批量运送改为小批量拿走，实施“零库存”，使海关难以准确摸清“水客”窝点，难以缴获大量私货。

“水客”携带货物价值接近海关处罚点，即使被查获，也难以处罚。由于私货流入市场速度快，点多面广，难以收集足够的实物证据对案件准确定性，又由于“水客”和接货人自知责任不重，能够统一口径，对抗审讯，因此，难以获取有利线索展开侦查。

“水客”流动性强，队伍庞大，查获一个或几个“水客”，对“水客”团伙不会造成影响。“水客”团伙还不断雇用一些过境记录良好、无案底的“新人”充实到“水客”大军中，即使被查获，因为没有违法记录，也难以按“水客”进行处罚。

深圳各主要口岸进出境人员数量巨大，海关现场监管人员与“水客”数量对比悬殊，打击“水客”走私，一定程度上，仅具有形式上的威慑性。根据《中华人民共和国海关行政处罚实施条例》规定，对“水客”走私可处以没收货物并处罚款等处罚，但“水客”多以生活困难为由，拒不缴纳罚款，导致所处罚款无法执行，只能没收走私货物，无形中减小了打击力度和威慑作用。

“水客”扰乱正常通关秩序，阻碍了海关正常行政执法，破坏了通关环境。部分气焰嚣张的“水客”公然对抗海关执法，在检查现场大吵大闹，辱骂甚至殴打关员，打伤、咬伤关员的情况屡有发生。

据统计，2003 年，深圳海关查获“水客”走私案件 6 000 余宗，案值超过 2 亿元，涉税额 2 000 多万元；2004 年查获“水客”走私案件 8 000 多宗，案值约 3 亿元，涉税额约 5 000 万元。

另类“水客”——老人、残疾人、小学生

尊老爱幼本是中华民族的传统美德。

俗话说“人到七十古来稀”。七八十岁应该是“晒晒太阳”、颐养天年的时候。

可是，2006 年 3 月 2 日，在罗湖海关进出境旅检现场却出现了让人揪心的几幕：

一位 71 岁的老太太，身上绑藏了 128 部手机，企图蒙混过关，走私入境，结果被海关查获；下午，又一位 81 岁的老太太，身上绑藏了 104 部手机，企图走私入境，也被海关查获。

可见，为了钱，置道德底线于不顾的走私分子，把“水客”文章做到老人们身上了。

走私分子正是根据老年人年迈体弱、行动不便、需人照顾的特点，以为海关不会把防范走私的目光投向他们，于是，极力诱惑老年人参与走私，并利用扶助老人过关作掩护，达到走私目的。

2007 年 3 月 15 日，一名 40 岁左右的香港籍女旅客从罗湖口岸入境时，就是以扶助老人过关为名，从边检“优检”通道入境，混入众多旅客中，走海关护照入境通道，结果被执行机动巡逻的关员拦截。经检查，发现这名女旅客身上绑藏手机 100 部。她自称受雇于某“水客”团伙，如果走私成功，可以赚取一笔带工费。

用耄耋老人当“水客”走私，说起来似乎让人难以相信，但它毕竟出现在海关旅检现场，不得不信。滑稽也罢，不可思议也罢，这件事毕竟让正直的人们心中隐隐有痛，除了责怪为老不尊者外，自然要骂丧失道德的走私者和“水客”头目。

社会应该充满爱，关爱少年儿童理所当然，照顾残疾人责无旁贷。可是，走私分子竟然昧着良心，让残疾人和小学生充当走私“水客”，利用人们对残疾人的同情和残疾人的代步工具，实施走私。

2006 年 5 月 26 日，一位近 50 岁的香港残疾旅客，由罗湖口岸入境时，海关检查人员在其乘坐的轮椅上，查出未向海关申报的旧手提

电脑9部，旧手提电脑配件12件。

“水客”团伙还雇用学生夹带走私物品，尤其是寒假和春节期间，一些少年儿童违规携带走私物品入境。这类走私案件呈上升趋势，参与走私的学生也越来越多。

2007年4月22日下午，罗湖海关监控人员通过闭路电视监控系统发现，入境候检大厅内，一名女学生行动缓慢，遂将其列为重点监控对象。经查，这名12岁女生的书包里装有未向海关申报的CECT牌全新手机68部。

海关调查时，这名小女生稚气十足地说，手机是接送学生过关的保姆放进书包的，保姆说过关后请她吃“麦当劳”。在这名学生的指认下，关员找到了已过关的那位保姆。

2007年8月7日，一名14岁的香港男学生经罗湖口岸入境时，关员在其黑色背囊中，查获尼康、富士数码相机16部，尼康相机镜头及机身各一个。海关调查询问时，这名稚气未脱的小学生毫不掩饰地说，这些物品是他母亲让携带的。

2007年7月，深圳海关在罗湖、沙头角等旅检口岸，查获14宗利用中小学生走私物品入境案件，案值超过60万元。从案件情况看，涉案人员以港澳未成年人为主，年龄在10~16岁，大多携带简单背囊过关。涉案物品以体积小、价值高的通讯器材和电子产品为主，包括手机、数码相机、电脑CPU和内存条等。据了解，未成年人对海关监管规定缺乏了解，对走私违法行为缺乏鉴别能力，易被不法分子利用。

“洋水客”

中华民族是礼仪之邦，对来到我国的外国人，常以“国际友人”、“外宾”相称，并以礼相待。随着改革开放、国门洞开，在日益增多的外籍旅客中，有一些不法“老外”，为了谋利而干着有损我们国家利益的勾当。以下是深圳海关2006年2月至3月查获的几例“洋水客”走私案例。

两名巴基斯坦籍旅客超带MP3播放器986个被查获。2月4日，两名巴基斯坦旅客入境时，超带MP3（512MB）播放器986个被查获。他们说，这些MP3播放器是在中国境内购买，由于质量问题，拟带入境退换。

两名外籍旅客超带大额外币出境被查获。2月15日，一意大利旅客（男，45岁）超带欧元15万元出境时，被皇岗海关查获，案值折合人民币148.3万元。这位意大利旅客称，查获的货币是入境用于参加“广交会”的费用，因需前往香港商议事务而随身携带。随后，一阿尔及利亚旅客（男，48岁）超带美金4.5万元、人民币2.9万元出境被查获，这名旅客称，这些钱是他的生意款，应国内客户要求，拟将款项带往中国香港再汇入境内。

一美国旅客携带艾司唑仑片3000粒被查获。2月26日15时45分，一美国籍旅客（男，48岁）经罗湖口岸出境时，被列为重点查验对象。经检查，关员在其携带的手提包内，查获国家管制的二类精神药物艾司唑仑片3 000粒。

两名法国籍旅客携带黑珍珠7.9千克入境被查获。3月4日，罗湖海关连续查获法国旅客分别携带的黑珍珠共计7.9千克。两人称上述物品购自大溪地，拟在中国香港制作成首饰，因前往境内访友而随身携带入境。

两名印度旅客联手走私香烟90条入境被查获。3月7日下午，持回乡证的香港居民杨某（男，35岁）经罗湖口岸港澳出境现场出境后，在三楼免税店外，从一印度旅客（男，27岁）手中接取一个黑色大行李箱和一个背囊，然后，从三楼查验通道倒流至边检验证台前，在准备将行李箱和背囊交给在边检验证台前等候的另一印度旅客（男，22岁）时，被当场抓获，从行李箱和背囊中查获上海牌香烟90条。当事人称，被查获的香烟在罗湖口岸免税店购得，如果不被海关截获，他可以获取带工费200元。

一名巴基斯坦籍旅客携带手机114台入境被查获。3月10日，一名巴基斯坦籍旅客（男，39岁）经罗湖口岸入境时，被列为重点检查对象，在其行李内查获手机114部。

一名韩国女"水客"携带名表、黄金被查获。3月23日，一名韩国籍女旅客（64岁）从皇岗口岸入境时，被列为重点查验对象，关员在其身上查获"ROLEX"手表9块、黄金4块、珍珠16粒。（2月15日，这位女"水客"曾携带25块"ROLEX"手表、1块黄金入境，未向海关申报，被查获物品价值140多万元人民币。）这名女旅客交代，她在香港接收韩国走私团伙交给她的名贵手表、黄金及其他贵重物品包裹后，藏在身上，入境后准备直接到深圳机场，乘飞机到山东省的烟台或威海，交给另一名韩国人，由其分发给其他韩国人，每人携带一块手表或黄金，然后，乘船从韩国仁川入境，最后带到首尔。

韩国籍"水客"的特征是随身携带首尔—香港、深圳—威海（或烟台）的联程机票，被检查时神情紧张，假装不懂检查人员的问话，从香港入境后不停留，直接去机场。手表为没有外包装盒或分散携带外包装盒的全新"ROLEX"真品；黄金为块状千足纯金，每块净重1千克；珍珠为价值较高的养殖珍珠。

韩国籍"水客""舍近求远"，绕道中国内地走私的原因是容易获得进入中国内地的签证，且作为外籍人员入境不易引起注意，另外，威海、烟台等城市距韩国较近，有大量韩国人聚居在那里经商，容易找到合适人选，充当"水客"中转（韩国海关规定，游客所带物品价值不超600美元，所持外币不超10 000美元，可以免税入关）。

类似韩国籍"水客"的情形，在其他国家的旅客中也存在，尤以印巴籍旅客为最突出。外籍旅客（特别是非洲籍旅客）在海关执法时，故意吵闹、强行冲关。为此，深圳海关与深圳市公安局合作，对此类水客采取限制签证的办法，打击"印巴藉"水客团伙，印度、巴基斯坦籍旅客走私案件明显下降。

深圳海关查获的案件中，涉案外籍旅客以日本、韩国、印度、巴基斯坦等周边国家旅客为主，走私案件主要为携带通讯器材、电脑产品、淫秽和反动物品，以及超带货币进出境。

“中英街”“水客”

与香港特区接壤的沙头角“中英街”，有着与众不同的特殊位置和环境，总面积0.17平方公里，街道长约250米，宽约4米。在镇内以街为界，一边是深圳，一边是香港，形成“一条街道，两种制度”的特殊格局。在特殊的历史原因和地理环境下，海关等部门对“中英街”监管无法直接进行，只能后撤，结合边境管理需要，在沙头角河设置隔离设施，形成特殊三角地带封闭区域。

沙头角镇总人口约4 000人，其中，户籍人口969人，暂住人口约3 000人。街内有内地店铺62家，港方店铺30家。海关监管的对象，既有镇内居民（含镇内居住的香港居民）、游客，也有以走私为生的“水客”。这些“水客”是海关监管的重点和难点。

“水客”并非“中英街”独有，但“中英街”的“水客”和这条街一样，有与众不同的特点。由于地理环境特殊，镇内外（实际为香港和内地）商品存在一定差价。早期居住在“中英街”的居民利用过境耕作的进出镇便利，携带少量生活品出镇，赚取差价，逐渐衍生出专门携带物品出镇，并将其作为谋生手段的“水客”。后来，又出现无业人员携带物品出镇赚钱现象，形成今天真正意义上的“水客”。“中英街”“水客”主要由镇内居民和广东陆丰、潮汕地区及内地无业人员组成，成分复杂，既有七八十岁的老人，也有四五岁的学前儿童。他们中有些人自幼在“中英街”“跑桥头”，经年累月，从年少一直“跑”到白头，把走私当成一生的“事业”。

“中英街”“水客”长期盘踞在镇内，通过各种手段和花招，观察、试探海关，为达到走私目的，不断玩弄新花样。关员也开动脑筋，与“水客”斗智。经过多年探索，在桥头监管现场旅检大厅，采取人人过安全门的方式，打击了“水客”利用行李或各类工具夹带货物走私，使“水客”无法绑藏手机、硬盘等含金属量较大的电子产品过关。狡猾的“水客”研究安全门特性，了解到安全门探测的含金属量达到一定程度后才会报警。于是，“水客”们亲身实验，反复试探哪种规格的手机不易被安全门检测，随后大量绑藏该规格手机，或在含金属量高的手机外，贴上绝缘胶布，试图混过安全门。关员则依靠敏锐的观察力，结合安全门显示的金属含量指示灯，采取过机后进行人身检查的方式，不给“水客”可乘之机。

“中英街”的“水客”外貌，已被关员牢牢记住，他们再走私已经不可能，于是便寻找“生面孔”冒充游客，帮带货物。针对这种情况，在检查过程中，关员对货物价格、品种、用途等突击问话，察言观色，一旦对方语塞，则深入询问，展开心理战术，使“假游客”现出“原形”。

“水客”走私货物种类很多，只要某一货物在境内外市场上存在较大的差价，就会被走私。看起来，每个人只带很少量的货物，但积少成多，偷逃关税的总量不容忽视。以月饼为例，每年中秋节前，月饼的需求量上升，“水客”携带入境的月饼可装满2个集装箱。

“中英街”不是国家正式口岸，而是边防禁区，相关管理规定具有特殊性。“中英街”“水客”的活动场所，实际为关境外、国境内。

“集体冲关”是“中英街”“水客”一种疯狂的爆发式表现，仿佛是在上演一部好莱坞灾难片。聚集在镇内广场上的三三两两的“水客”，忽然不约而同地涌向通道，越堆越多，人头攒动，空气越来越紧张。这时，一两个空手的“水客”走过通道，这时所有“水客”行动起来，他们或挎着塑料带，或背着书包，或提着篮子，用最快的速度，不顾一切地向通道冲去。“水客”们瞪大眼睛，喘着粗气，用尽全身的力气，一次又一次地奋力冲撞大铁门，直到把大铁门冲弯、冲垮。冲出去的“水客”，如同出笼的鸟儿，在喧嚣和混乱中四散奔逃，不知踪影。冲关后的地面上，一片狼藉，散落着塑料带、鞋和纸箱……

针对“中英街”“水客”走私情况，沙头角海关、大鹏海关缉私分局抽调人员，组成机动查缉中队，在闭关交接期间值勤，增强震慑力度。同时，缉私部门采取现场录像、拍照等手段，掌握指挥“水客”冲关的“水客”头目的相关证据，抓获一批头目，打掉一批走私团伙，震慑走私分子，使“集体冲关”事件不再发生。

人身绑藏

香港是亚太地区通讯产品集散中心，各类成品及半成品电子产品物美价廉；高档手机上市更新比内地快，价格差别大；此外，境内一些小型企业，大量收购手机主要部件或旧手机，加工翻新，生产出廉价的“山寨手机”，以满足低层消费群体的需要。于是，香港不法商人便勾结“水客”团伙，将在香港收购的高档旧手机，大批量走私带入内地，翻新外壳后，再高价出售，牟取暴利。利用“水客”人身捆绑手机走私，便成了走私分子的首选方式。

“水客”的走私手法层出不穷，绑藏的手法更是千奇百怪。除了在全身各部位绑藏外，还在内衣、内裤、鞋底、煤气罐、奶粉罐、婴儿车中夹藏，甚至还有女“水客”把手机等小件的物品藏在头发里，用发套包成发髻。

仅2007年1月，罗湖海关就查获了九例利用人身绑藏手机走私的案件。

1月2日，旅客林某（男，55岁）、林某某（男，63岁）采用人身绑藏手法，分别走私手机100部、120部入境被海关查获，初步估价案值约人民币25万元。

1月3日下午，蔡某（女，68岁）持往来港澳通行证，从罗湖口岸走无申报通道入境，海关检查时，在其行李袋内查获未向海关申报的新摩托罗拉手机100部。初步估价，每部手机单价2 300元，案值约人民币23万余元，涉嫌偷逃税款约人民币4万元。当事人称是帮他人携带手机入境。罗湖海关缉私分局接案后，根据当事人提供的情况，抓获货物所有人王某（女，36岁），王某是蔡某的儿媳妇。

1月5日，香港旅客林某（女，50岁）经罗湖口岸入境时，被罗湖海关列为重点查验对象。经人身检查，在其腰腹部查获绑藏的手机

86部，在其小腿处查获手机12部。

1月10日，罗湖海关接连查获3宗人身绑藏手机入境案件，查获手机154部。具体情况为：查获旅客黄某（女，54岁）在其腰腹部绑藏手机43部；查获旅客黄某（女，54岁）在其腰腹部、小腿处绑藏手机56部；查获旅客何某（男，49岁）在其腰腹部、小腿处绑藏手机55部。

1月14日上午，国内居民旅客李某（女，28岁）经罗湖口岸入境时，腹部隆起、走姿生硬，引起关员怀疑，被列为重点查验对象。当事人自称怀孕导致腹部隆起。对其进行人身检查时，发现当事人用透明胶带将手机及电池绑藏在腰腹部、大腿及小腿两侧，裤兜里藏匿部分手机电池，从她身上共查获全新手机76部、手机电池108个，初步估价，案值约人民币24万元。

1月15日，香港旅客胡某（男，47岁）经罗湖口岸入境时，被海关列为重点查验对象。关员刚一问话，他拔腿就跑，关员追至罗湖口岸与地铁的连接处，将其截获。经人身检查，在其左、右腿各查获绑藏的“TITONI”手表48块和46块，另查获“DUPONT”打火机3个。当事人称，为收取带工费帮人带货。

1月17日，国内旅客邱某（男，28岁）经罗湖口岸入境时，被海关列为重点查验对象。现场关员要求他的行李过机时，邱某说行李里是一瓶酒，不用过机。最终，关员在酒盒内查获藏匿的诺基亚手机80部。当事人自称是收取带工费帮人带货。

1月20日，走私团伙的骨干成员洪某（男，37岁）经罗湖口岸入境时，被罗湖海关列为重点查验对象，在其腰腹部查获旧手机21部、手机机芯144个。

1月26日中午，在闭路电视监控设备辅助下，接连查获香港旅客陈某（男，36 岁）等 11 人的团伙集体绑藏手机入境案件。经检查，这些“水客”分别在腰腹部绑藏全新三星、摩托罗拉、诺基亚等品牌手机 88～107 部不等，从他们身上共查获手机 1 093 部、手机记忆卡 100 个。上述手机价值约合人民币 150 余万元，涉嫌偷逃税款人民币 25 万元。

人身捆绑走私案当事人大多为香港居民，捆绑部位遍布全身，绑藏手法隐蔽，除以往惯用的绑在腿、腰及胸部等部位外，还利用小腿前侧、大腿内侧、腋下、臂弯等处绑藏，绑藏后对行走姿势、身体外观影响较小，一般难以发现。以手机为例，每宗案件涉案手机数量均在 60 部以上。当事人与雇主之间约定货到付款，走私风险由“水客”承担。

无法统计“水客”究竟能带进多少手机，但生产手机的企业却明显感受到走私手机的威胁。深圳一家手机制造企业刚推出一款新机型，市场价为 2 980 元，很快他们就在市场上发现同样款式的走私手机，售价仅为 2 000 元。

“水客”的伎俩

对监管现场的关员来说，眼泪是不能相信的。一位女关员在一女“水客”身上查获绑藏手机 38 部，按照规定，把手机扣下，准备作进一步处理。女“水客”鼻子抽搐，泪水一串串从眼里涌了出来，凄惨地说，自己老家在农村，父母年迈多病，丈夫去世，她和刚出生的女儿相依为命，生计艰难，今天第一次带货，如果把货扣了，倾家荡产也赔不起，女儿也得挨饿，求海关高抬贵手。女“水客”说着说着就瘫在了地上。在旁边检查完其他旅客的一位老关员走过来，看了一眼女“水客”，说：“多少天前就在这儿，不是第一次。”这位女关员后来才知道，“水客”看到新面孔，特别是女关员，往往采用这种“苦肉计”，把平时早已编造好的悲惨故事表演出来，试图博得关员的同情，让关员对其从轻处理。

有一部分“水客”擅长编故事和演戏，每个关员都能遇到几个泪流满面的妇女，都能听到几段凄哀曲折的人生故事。

“水客”们不但善于讲悲情故事，更善于伪装，以达到走私目的。

以特制背心为身份标志交接私货。为隐瞒身份，带货人在香港上货时穿上特制背心，境内收货人凭背心颜色收货。“水客”成员间互不相识，也无其他联系方式，以便逃避海关打击。

利用口岸清洁工运送私货入境。走私团伙从香港携带货物到口岸后，将货物放在入境处厕所或清洁工休息室，然后离开。清洁女工或有关人员利用在口岸工作的便利，将私货偷带入境，转交给境内走私分子。

利用调包手法走私。两人或多人配合，采取调包手法，将手提电脑换成手提电脑机壳，被海关查获后，四处打电话投诉，诬陷海关调包，扰乱海关正常监管工作。

假扮情侣。男女“水客”绑藏手机或其他物品后，扮作热恋中的情人，过关时搂搂抱抱，试图分散海关检查关员的视线。

派出人员监视海关工作。“水客”团伙派出监视人员（俗称“天文台”），在海关现场附近徘徊，观察海关人力安排情况，根据现场关员的外貌特征，为他们取上“大鼻”、“白脸婆”等绰号，用电话通知香港“水客”成员在适当时机过关。

粘板里有“猫腻”。将粘板中间掏空、挖槽，放上手机，上下用胶水粘合起来，一般人难以发现。

“水客”的走私工具也五花八门，水果纸箱、菜篮子、汽车发动机、工具箱、学生书包，甚至垃圾桶。在“中英街”，最有代表性的走私工具是自行车，一辆普通的自行车，可以藏匿手机、移动硬盘等小物件的地方就有七八处，如改装的车筐夹层、车座底、轮胎、自行车链盒、三脚架钢管等部位。

“水客”应付海关的伎俩大体可分为以下几类：

蛮横挑衅——这类“水客”故意不携带任何东西，在通道上走来走去，用语言和表情挑衅关员，一旦被检查，使用污言秽语对关员谩骂、叫嚣。

胡搅蛮缠——有些“水客”的走私行为一旦被关员查获，便胡乱编造各种理由，纠缠关员，大声吵嚷，企图通过扰乱关员的正常工作和现场的秩序，迫使关员放行。

阿谀奉承——有些“水客”被关员查获后，马上显出一副阿谀谄媚的姿态，跟在关员身后，弯腰赔笑，嘴里说着不着边际的“好话”，极尽奉承之能事。

诬陷投诉——有些“水客”被关员识破后，倒打一耙，诬陷关员打人，恶意投诉，甚至报警，接着撒泼打滚，哭天喊地。

“水客”也疯狂

大多数情况下，口岸进出境秩序井然，大多数旅客也能配合海关检查，但却有少量旅客（即“水客”）在海关检查时会发飙，扰乱通关秩序，造成不良影响。以下是 2007 年 9 月，罗湖口岸旅客发飙全记录：

3 日，一位 40 多岁的香港女旅客，从罗湖口岸入境时被列为重点查验对象。关员正准备对其进行检查时，她突然拔腿向大楼出口跑去，企图冲关。在大楼保安人员的协助下，值班关员在出口处将她截住。拦截过程中，保安员手臂被她抓伤、咬伤多处。经人身检查，在她腹部查获用特制腰封绑藏的旧手机 64 个、小腿处查获用胶纸绑藏的旧手机配件 18 个。据调查，这名女旅客有多次走私同类物品入境被海关查处的记录。

8 日 21 时，一名 50 多岁的香港男旅客经罗湖口岸入境，经检查，关员在其行李内查获手机 10 部、手机底板 25 块。关员怀疑他身上仍藏有走私物品，对其实施人身检查，但他抗拒海关执法，对关员破口大骂，并将一名关员的右脸抓出一条 7 厘米长的血印。经值班科长批评教育，他承认错误，并向关员道歉。经人身检查，在其身上查获手机机芯 72 块。

14日17时，香港籍旅客黄某（女）和叶某（男）持回乡证从罗湖口岸入境，两人在通过边检入境卡口后，擅自强行打开海关工作人员通道，用手推车拉着货物快速通过，试图逃避海关监管，被当班关员及时发现，并对其进行截查，在两人拉载货物的小车内，发现仿真手枪28支、仿真长枪10支、监视仪2台及摄像机组件1部。

30日14时30分，香港旅客林某经罗湖口岸入境时，被列为重点检查对象，关员在其行李内查获手提电脑一台。查询“罗湖海关旅客通关管理系统”发现，林某有携带手提电脑入境登记未核销的记录，同时，还有违规携带液晶显示屏2个和淫秽光碟1张入境被查获的记录。关员拟对其携带的手提电脑作退运处理，林某情绪激动，跳上海关检查台，开始大吵大闹，引来大批旅客围观，严重扰乱了现场秩序。关员上前劝他下来，他却推撞、拉扯劝说的关员，两名关员手背被抓伤，一名关员脚踝扭伤。他还多次打110电话，歪曲事实，声称遭关员殴打。110派出警察到现场，了解情况后，认为海关关员属正常执法。一计不成，又生一计，林某故意躺倒在地上，扰乱现场秩序。为避免旅客围观造成现场堵塞，关员将他强行带离检查现场。经过关员再三解释海关法规后，林某情绪有所平复，承认错误，并写了检讨书。

“冲关”是当事人未经海关许可，采取逃逸或暴力方法，脱离海关监管区的行为，是“水客”被海关截查后，采取的一种典型行为。由于海关现场监管空间不大，通道狭小，“水客”容易实现强行“冲关”，“冲关”后，海关往往缺乏有效手段进行处理。

“水客”被查获后，几乎都会极力讨好关员，以期关员高抬贵手。如果这一招不行，就来硬的，对关员进行围攻、谩骂，或者采取暗中报复、跟踪，甚至威胁关员亲属等卑劣手段，企图让关员畏惧和退缩。比如，“水客”会说，“你小孩在什么地方啊，让他小心点啊”，“你要小心啊，我知道你家住哪里”，“我没钱吃饭，你要替我想办法”……甚至有关员在家中打开窗户时，赫然发现自家楼下站着一名“水客”，仰着脸冲楼上冷笑。

据不完全统计，每年现场关员受“水客”辱骂和威胁都在千人次以上。

打击“水客”一直在行动

风险信息与情报工作是破获大要案、端掉走私团伙的关键，深圳海关在“旅客通关管理系统”的平台基础上，整合资源，丰富风险信息的搜集渠道，加强对现场查缉的提前预警。

与口岸联检单位建立联动机制，争取口岸派出所等单位支持，与香港海关建立互访制度，保持双方联络员24小时联络，加强领导间的会晤、交流，根据不同时期的打私重点，开展联合行动。

将旅检渠道的打击重点确定为捣毁“水客”走私团伙，通过跟踪调查、风险分析，掌握“水客”团伙惯常交货点及走私时段，建立“水客”档案和小汽车“黑名单”，建立统一的信息平台，把查获“水客”走私方式、“水客”团伙内部的基本情况、“水客”的照片、收货窝点等信息存储在网上，形成一张致力于打击“水客”走私团伙的法网。现场关员发现“水客”携带走私物品入境时，先放行，然后通知缉私分局派员出击，查出“水客”交货点，捣毁“水客”走私窝点。

以下是针对“中英街”“水客”开展的一次专项行动：

2004年9月1日，大鹏海关缉私分局抽调数十名警力与沙头角海关一同开展“雷霆行动”。行动第一天，查获人身捆绑走私案件6宗，抓获涉案“水客”6人，查获硬盘8块，液晶显示器6台，数码摄像机6部，胶卷102盒，手机耳线120条。

9月5日16时，“雷霆行动”小组乘坐民用车，来到沙头角桥东街伏击待命。不多时，两辆形迹可疑的面包车从“中英街”驶出，缉私车辆立即跟了上去。两辆车在明斯克航母附近的路段兜圈子，走走停停。缉私警察判断车上“有料”，便在海景路进行拦截检查，一辆面包车司机弃车逃跑，另一辆面包车上的两男一女被扣留。经检查发现，车上有MD光碟、电子手表、纽扣电池、摄像机、手机耳机、化妆品等货物。

9月6日17时，行动小组在海涛路附近，发现一辆面包车可疑，遂跟踪至深盐路口，进行拦截检查，发现车上载有无合法证明的进口月饼、饮料和咖啡等食品，当场扣留3名涉案人员。18时，在海景路发现一名骑脚踏车男子，带一可疑塑料袋，经检查发现，袋内装有无合法证明的进口化妆品一批。19时，行动组在桥东街附近巡查，发现一辆面包车形迹可疑，跟踪至盘山公路沙头角入口处拦截检查，查获走私进口摄像机22部，车上3名涉案人员被当场扣留。据涉案嫌疑人交代，这批货物是从海涛路一店铺收货并被装车，准备邮递至上海销售牟利。行动组人员迅速对那家店铺进行搜查，查获无合法证明的进口数码摄像机、摄像机电池、胶卷、MP3、CD机等货物一批。

9月8日18时，行动组分别在沙头角桥东街和公园路开展查缉行动，在桥东街4号102房，端掉一个走私窝点，查获涉嫌走私洗发水125套、进口相纸2卷。在公园路附近一住宅内，端掉另一走私窝点，查获涉嫌走私的化妆品一批。

“雷霆行动”后不久，大鹏缉私分局接着又开展了“旋风1号行动”，再次开展打击“中英街”“水客”走私活动，端掉走私窝点17个，抓获涉嫌走私人员12人，留置审查2人，扣留车辆1辆，查获涉嫌走私赃款人民币3万余元、港币2万余元及私人存折、银行借记卡若干张、进口手机说明书和包装盒4余吨，此外，还有化妆品、奶粉、工业用菲林、月饼、饮料、药物、手机充电器等货物。

行动期间，沙头角海关与盐田区出租屋租赁所联系，调取“中英街”附近可疑出租屋的情况，合理排查，排查掌握20多个走私窝点，查获电子产品、小电器、冷冻品、日用食品等货物一批。

各口岸海关结合各自实际情况，不定期开展打击“水客”专项行动，收到良好效果。

2006年9月10日上午，陈某持港澳居民来往内地通行证，经皇岗口岸旅检大厅走无申报通道入境，经海关现场检查，在其行李包内有摩托罗拉手机E77手机24部，三星牌P233手机100部，未向海关申报。经进一步检查，又从身上查获摩托罗拉V3i手机20部，三星牌BST4149BC电池100块。同日上午，刘某持往来港澳通行证，经皇岗口岸旅检大厅走无申报通道入境，经海关现场检查，其行李包内有三星牌全新带电池P858手机100部，身上捆绑摩托罗拉L7全新带电池手机120部，未向海关申报。林某持港澳居民通行证，经皇岗口岸旅检大厅走无申报通道入境，经海关现场检查，在其行李包内有摩托罗拉L7全新带电池手机130部，身上捆绑摩托罗拉全新带电池手机50部及摩托罗拉V3i全新带电池手机80部，未向海关申报。

在同一时间内分别查获3宗“水客”涉嫌走私案件，查获走私手机700多部，价值人民币118万元，涉嫌偷逃税款人民币15.04万元。皇岗海关缉私分局接到现场报案后，迅速开展行动，全面收集3人共同犯罪的证据，初步认定3人属共同走私犯罪，遂将3名“水客”走私案件进行并案处理。经调查，2006年9月10日6时许，犯罪嫌疑人陈某、林某接到李某（男，香港人）雇请其做“水客”的电话后，当即同意。陈、林二人随即来到香港上水火车站，与一名30岁的男子接上头，在上水某大厦的一间房子里，往陈、林二人身上捆绑手机。同一时间，刘某经人介绍，也来到这间房子，往身上捆绑手机。装好货物后，这名男子给陈某、林某、刘某每人一串黑色佛珠，令3人戴在手腕上，作为过关后交货时接头信物。3人随即搭乘巴士从皇岗口岸入境，被海关查获。

2008年2月27日，罗湖海关缉私分局对罗湖口岸附近和罗湖区某大厦同时展开查缉行动，现场抓获涉嫌走私人员20名，查获走私入境旧手提电脑174台、硬盘591块、手机179部，货值64万元。同时，查获大量与该走私团伙的犯罪活动密切相关的账本、收据等书证材料。经初步侦查，发现该团伙从2006年8月份至2008年2月27日，共走私旧手提电脑26 000台，硬盘30 196块，PSP游戏机12 000台，MP3机5 536台，苹果牌手机520部。2月29日，罗湖海关缉私分局抽调人员组成“2·27”专案组，立案侦查，又抓获涉案人员36名。

只要有利润，就会有“水客”。打击“水客”关键在于打团伙、抓主犯，这样才能铲源头，才有震慑力。

2008年初，海关总署把“治理东南沿海重点地区群体性蚂蚁搬家走私活动”列为打私重点，深圳海关积极响应海关总署部署，缉私局在调查中发现，2006年至2007年，全国燕窝正常贸易进口量只有1 300多千克，而广州的一个市场每年的销售量都在近2万千克。可以肯定，市场上绝大多数燕窝都是从不正当渠道进口的。深圳海关缉私局决定将目标锁定为燕窝，通过跟踪、监视、调取口岸资料等手段，终于摸清一个燕窝走私“水客”团伙的底细。

2月20日凌晨，缉私警埋伏在走私分子接货点——地铁口。中午时分，只见一名中年妇女将一个黑色塑料袋交给两名中年男子后，立即各自走开。整个交接过程不到2分钟，双方没有说一句话。缉私警立即跟踪，两名中年男子一回到住所就被抓获，现场搜出大量走私账册、电子数据等资料，及部分没来得及转运的燕窝。经讯问，发现这两名男子只是接货人，并不是团伙头目。缉私警便埋伏在住所附近“守株待兔”。不出所料，23时，团伙头目之一——潘某以为缉私警撤走了，放心大胆地回来，没想到被缉私警逮个正着。

2月23日，深圳海关缉私局对“2•20”走私燕窝案立案侦查，成立专案组，组织警力对在逃的犯罪嫌疑人开展追逃，重点对深圳、广州两地7个较大的货主开展调查取证。经查，这是一个有组织的家族式走私团伙，从2007年3月至案发，不到1年时间里，走私高档燕窝及各类滋补品6万多千克，涉案案值6亿元人民币，涉嫌偷逃税款2亿元人民币。

这个走私团伙的供、运、销一条龙服务的走私流程是：国内货主向香港燕窝商铺订购燕窝，境外“水客”头目莫某，在香港商铺收购燕窝并分给“水客”，同时莫某还制作“水客”排位表和送货单，电邮给亲戚潘某来安排接货、送货。

每张“水客”及接货排位表都详细地标明燕窝总量、接货时间、接货地点及接货人，走私团伙严格按照不同的排位表安排接货、送货。团伙组织严密，主要成员之间存在亲属或同乡关系，负责招揽货源、组织“水客”、记账、分销等重要环节。这些“水客”携带燕窝过关时，如果被海关没收，由莫某负责按燕窝的原价赔偿给货主。“水客”可以不用承担任何风险，每带一斤燕窝可挣港币100元至150元不等，因此，这些“水客”都愿意跟着莫某干。这支“水客”队伍已发展到200多人。

深圳海关还延伸打私战线，增加“水客”违法成本，将“水客”携带的未达立案标准的物品，现场暂扣“待调查”，转变单纯“退运”的被动做法，为缉私部门并案处理创造条件。与此同时，深圳海关联合深圳市打私办，开展外围“端窝打点”专项行动，通过对口岸周边地区走私分子的交货地点、路线进行侦察，采取大面积撒网和各个击破的方式，将打击“水客”走私的阵地由“行政”处罚，向“刑事”处罚延伸，截断“水客”走私交易链条。

第三章 深港边界走私

铁门铁窗，四面高墙，几个囚徒竟然在狱警的眼皮子下，挖掘了一条由囚室通往监狱外的地下通道，得以逃跑——”这是美国电影《越狱》的故事。

一男子手持长杆，在高空铁索上行走自如——”这是杂技表演时的惊险镜头。

走私货物通过地道由境外直接流入境内；一包包走私物品顺着空中丝线，由境外频繁滑入境内——这是2006年夏天发生在深圳沙头角镇，并被中央电视台《新闻联播》、《法治在线》、《经济半小时》、《今日说法》等栏目和《人民日报》等平面媒体竞相报道过的真实故事。

深圳与香港边界特殊

深圳和香港之间有一条铁丝网，铁丝网两侧50米范围被划为禁区，任何人不得进入。正因为如此，为走私分子提供了走私便利。禁区内的部分土地，允许种蔬菜或其他作物，耕种人员持有深圳市公安局签发的耕作证出入，走私分子趁机诱惑他们，携带走私物品，赚取费用。

2005年4月3日，蔡某（女，40岁）持深圳市公安局签发的耕作证，从罗湖桥耕作通道入境时，经海关查验，从其随身携带的编织袋内，查获电脑内存条1 500根、IC芯片100 000粒，案值人民币32万。蔡某称，为收取200元港币带工费，帮人携带入境。

此外，走私分子还利用禁区做手脚，白天，香港方面的走私分子将私货运到深港边界区靠香港的新界、打鼓岭、沙头角的荒郊野外，夜晚，国内走私分子趁着夜色，进入深港边界区后，再将私货运入地道，或直接搬运私货翻越铁丝网，运入深圳。

偷越深港边界线走私多发生在深夜，隐蔽性强。走私分子通过地道、排污管道，从地下穿越深港边界线，进入边界区内走私；或利用夜色掩护，翻越铁丝网，进入深港交界结合处后，多人以接力方式传递搬运，迅速将私货运入。

2004年4月14日，邓某等7人从深圳市莲塘第七工业小区南侧，翻越边境铁丝网，搬运电脑硬盘、数码相机、网络分析仪等货物走私入境，2人被当场抓获，5人翻越铁丝网逃往香港后被遣返。

偷越边界线走私团伙分工更为明确，内部组织与控制更为严密。走私团伙中部分骨干成员，对边防线的地理位置、边防守卫力量的分布、换岗时间十分了解，能够找到最适宜的走私时间和地理位置。相比而言，查缉人员对边界禁区内的地形、地貌不熟悉，边界区又毗邻香港，走私分子一旦警觉，迅速逃逸，查缉人员难以继续追击。

走私分子还利用海关监管区内报关停车场接驳货物走私。海关对报关员用轻型交通工具一般不作检查，走私分子利用这一便利，驾车入境后，将装有私货的车开进海关报关停车场，佯作报关离开。其他走私分子持假报关证，驾驶装有行李箱的摩托车，也驶入停车场，佯作联系报关、取样，将入境车辆上的私货（主要为电子产品），分批装入摩托车行李箱内，偷运入境。如被海关发觉，司机以正常货物向海关递单报关；如私货成功被运走，司机就在口岸以空车方式申报入境。

还有走私分子利用运送垃圾的便利，夹藏走私。2005年3月15日上午，李某驾驶垃圾车从“中英街”桥头驶出时，被海关关员拦下。关员对司机李某问话时，发现李某神色慌张。关员立即对垃圾车进行检查，在车尾部散发着恶臭的漏斗下，发现一个长1米、宽和高各约0.3米的暗格，暗格里面整齐地摆放着3个红色塑料袋。打开塑料袋检查，发现里面藏着100块容量为80G的“希捷”硬盘。李某是深圳环卫部门的司机，每天要进沙头角镇装运一次垃圾。他以为自己的车每天进出“中英街”关口，海关工作人员可能已经麻痹，就悄悄在垃圾车下面安装暗格，走私电子产品牟利。

走私分子重演“地道战”

海关和走私分子斗智斗勇的故事，本来已经很吸引人的眼球了，“利用地道走私”就更让人感到新奇。

2006年8月下旬，中央电视台《新闻联播》、《法治在线》、《经济半小时》、《今日说法》等栏目和《人民日报》等平面媒体，连续报道了深圳海关在沙头角查获的“地道走私案”，一时成了人们交谈的热点。

说起“地道战”大家都清楚，但说起“跨境地道走私”，不免会让人惊讶。

沙头角居民叶某、刘某年轻气盛，血气方刚，租用了沙头角一个小区某公司单身公寓106房，购买了挖掘地道所需的铁锹和钢钎等工具。他们计划从106房内东南角挖掘一条直通香港的“跨境地下通道”。同时又物色到了一个香港李姓男子，三人商定：李某负责香港取货、送货至香港一侧地道口附近，叶、刘负责派人从地道接货，走私到深圳，走私获利三人均分。

计划已定，挖洞迅速开始。为了保密，防止挖洞民工与外界接触而泄密，他们舍近求远，利用外地农民工对深圳地理位置不了解、不会讲普通话、法律意识淡薄等特点，专门派人到潮汕、惠东边远山区召集农民工，用专车接到深圳挖洞，次日早上再送走，不在深圳停留，每次付给每个农民工酬劳100元左右。随后又“高薪”请来几名比较信任的同伙，负责送货和“望风”。

20天后，地下通道挖掘成功，长约10余米，洞口长、宽约70厘米，通过公共下水道设施连通深港界河北岸的下水道出口。

自“地下过境走私通道”开通后，走私分子每天中午前后实施走私。每次货到后，刘某就开始忙碌了，驾车将走私货运至沙头角桥港市场旁，搬上骆某驾驶的银色桑塔纳轿车或白色别克凯越轿车，运到深圳市笋岗仓库附近，交给指定接货人。

再狡猾的狐狸也斗不过好猎手。

2007年8月初，深圳海关缉私局得到“地下通道走私”情报后，立即对这个团伙秘密监控，很快摸清了走私团伙的窝点、人员和走私手法。每次走私时，6名走私分子带上装货的滑轮车进入地道，然后爬到下水道，在位于深港边界线的下水道口，与香港的走私分子李某接头后，将货物放在滑轮车上，通过接力方式，将滑轮车推到地道口，再用滑行的方式，将滑轮车推到地道在出租屋的入口处。每次走私货值160万~200万元。

走私分子做了很多伪装工作，阳台防盗网上挡着一块木板，用来遮住外围视线，木板上开了一个高30厘米、宽50厘米的缺口，上面镶了一个带深槽的滑道，通往阳台外，以方便走私货柜车接货。

这个走私团伙很狡猾，在各路口安排了大量“看水”人员，监视和跟踪来往车辆、人员，一旦发现有陌生人或车辆出入，立即中止走私活动。他们大多在早上9点至下午3点居民外出时进行走私，走私时，先把从地道走私来的私货，堆放在出租屋内，然后装车，装货时间控制在3分钟以内。运送私货的货车驶离现场时，有小车护送，一旦发现执法车辆跟踪或拦截，立即制造交通事故，阻碍执法车辆靠近。

面对这个手法隐蔽、反侦查能力强、组织严密的走私团伙，深圳海关缉私局专门成立行动指挥部，进行周密部署。8月24日，缉私警察潜伏到预定地点，准备突袭时，却出现意外。装运私货的货车没有像以往那样停靠在装货口，而是车厢侧门正对106房阳台停放，两分钟后离开，没有看到走私分子将货物搬运上车。10分钟后，货车又回到公寓阳台正前方，仍然没有装货的意思。

行动组观察发现，有一辆警察巡逻车经过，引起了“看水族”的警惕，通知走私分子放弃了当天的走私行动。

为确保行动成功，做到人赃并获，行动组撤回所有车辆，麻痹对方。次日中午，货车又出现在现场，监控人员立刻向指挥部报告，行动人员迅速进入战斗状态。

接货司机发现异常，便和另一名走私分子企图逃跑，潜伏在附近的民警立即冲出，将他们抓获，其他民警迅速冲入出租屋，抓获刚从地道爬出、浑身沾满泥污的另外5名走私分子。

行动中，查扣货车1辆和滑轮车、对讲机、木梯、钢钎、铁锹等作案工具一批，查获涉嫌走私IC芯片10万多个，摩托罗拉手机300多部，诺基亚手机400多部，共计案值人民币100余万元，偷逃税额20余万元。一同开展行动的香港海关，拘捕了4名本地人，查获400余万元的走私货物，包括手提电话、随机内存和记忆卡。

据犯罪嫌疑人交代，为掩人耳目，他们在出租屋阳台的防盗网和木板上，锯开一个缺口，接货车车厢侧门上焊接有一个夹层，走私物品放在木梯内，从阳台的缺口上直接滑到夹层内。同时，在货车车厢右前方的底板上，锯开一个缺口，卸货时将货物从缺口直接放出车厢，不用通过打开车门卸货，避免被人发现，还可以缩短时间。成员间配有高频率对讲机，进行单线联系，搬运工频繁更换。

走私犯罪嫌疑人还交代，他们曾通过边境线附近一汽车修理厂下水道走私过几次，因下水管道的气味恶臭，把他们熏得头晕眼花，恶心呕吐，无法忍受，就连被高价雇请来的人也不愿意再下去，迫不得已，才在106房挖地道走私。

走私团伙挖地道、偷运私货时非常注意隐蔽，时间选择也有讲究，周围人员难以发现。地道内设施简陋，周围用木板固定，仅容一人匍匐通过。

近些年来，在深港边界处，用来走私的地道多次被发现。

2003年8月下旬，发现一条神秘地道，地道口位于河堤上，直径约30厘米，距“中英街”香港辖区约500米，里面还布有电线、电灯和电话线。这条地道曾于2001年底和2002年11月4日被挖过两次，都因被发现而被制止。

2003年10月，福田区下步庙靠近深港边界的一栋民居里，发现一条长50米的地道，通向深港两地的界河深圳河，尽头离深圳河仅5米。警方当场抓获正在挖地道的数名男子。

借道走私

2006年初，深圳海关破获一起地道走私电子产品案，但主要嫌疑人李某一直潜逃。对李某追逃过程中，发现李某有利用深港两地排洪管道进行走私的迹象。

2007年3月，深圳海关与香港海关联手对这条线索开展经营，双方调查人员经过2个月侦查，发现李某团伙利用深、港两地排洪渠道走私电子产品入境的大致地点、时间和规律。这个团伙走私时，先将在香港组织的货物，运到位于香港边境禁区窝点，夜深人静时，再将货物运进排洪管道内，用滑轮斗车拖至梧桐山体育公园附近的排洪管道出口处后，将走私货物装车运走。

深、港两地海关决定，“五一”期间同时开展收网行动。

4 月 30 日，深圳海关缉私局出动警力 47 人，到达各预设地点潜伏。狡猾的走私分子似乎觉察到了什么，一直按兵不动，直到 5 月 6 日，香港海关传来情报说，走私分子将出洞。5 月 7 日凌晨 2 时，各行动小组迅速奔往各自埋伏地点。

莲塘长岭村西侧的边境排洪渠道，沿山体修建，地形复杂，杂草丛生。各小组到达现场后，迅速封锁现场。这时，香港方面传来消息，香港海关已成功截获一批货物，并抓获 2 名走私分子，嫌疑人交代，已有一批货物越过边境线，正在通过排洪渠道，路线改走东边渠道，但不知道从哪个口出去。

各行动小组立即改变策略，堵住各相关出入口，对可疑人员及车辆进行排查。3 时，在边防武警部队配合下，一组成员进入边防禁区搜查，发现禁区排洪渠道出口焊接的铁网，被剪开一个大口子，沿着水流方向搜索，发现有人走过的脚印。行动小组立即沿排洪渠道的走向，往山上攀爬。漆黑的夜里，行动小组借着微弱的灯光艰难前行，警员手脚被芦苇草划出一道道血口子，全身被蚊虫叮咬，痛苦不堪，大家强忍着往前搜索。每到一个涵洞口，都要爬进去察看，洞内漆黑一片，淤泥没膝，臭气熏天。渠道直径约 1.5 米，无法直立，大家弯着腰、躬着背，借着手电筒的光线，在洞内行走，越往上，山势越陡峭。经过搜查，在一个涵洞口，发现走私分子留下的矿泉水瓶、香烟盒，在另一个涵洞，发现拉货的特制小拖车和绑在树上并垂到洞内的麻绳。显然，走私分子已借着黑夜逃走。

天亮时，各小组相继在几处渠道入口处，发现藏在杂草丛中的 15 袋全新手机及沾满泥污的皮鞋、衣物、行李袋等物品。随后，另一小组在一处民宅中，将一名布控的走私分子抓获。

这次深港海关联合行动，抓获涉案人员 7 名，缴获涉嫌走私手机 10 万多部，以及花旗参、液晶显示屏等，案值人民币 3 000 余万元。

这起案子之前，莲塘西岭下村曾发现一条长约 3 米的地道，可能是走私分子通过地道砸破排污管道，再利用排污管道从地下穿过深港边界线，进入深港边界区内进行走私。海关人员当即对地道进行了封堵。

为了打击边界走私和偷渡，2003 年 4 月，深港边界警方先后在视频监控、通信联络等项目上展开合作。香港警方将从沙头角关口到罗湖铁路桥沿线的 92 路监控镜头，通过 8 路光纤传送到深圳边防部门沙头角监控室，还建立起热线电话，密切双方间的联络，提高了联手打击偷渡、走私、贩毒等跨界犯罪活动的效率。

2006 年 7 月 4 日 8 时，边防部队接到群众举报称，走私分子在靠深港边界罗芳村一汽车修理厂的废旧货柜箱里，挖了一条地道走私(地道与地下排污管道相连)。指挥部立即派出侦查人员赶赴举报地点，同时，启动联勤机制，联合深圳海关和香港边界警方、香港海关一同展开行动。9 时，联合行动人员在罗芳村垃圾中转站一个废旧货柜箱内，查获走私电脑内存条 3 781 块，电脑 CPU336 块，手机主板 3 444 块，手机显示屏 2 100 块，旧手机 2 708 部，新手机 313 部，案值人民币 120 余万元，抓获涉案男子 4 名。

原来，货柜是走私分子以每月 9 000 元的价格从汽车修理厂租的。走私分子把货柜隔成里外两间，外间配有床铺、电视、空调、饮水机等日常生活用品，里间放置一张席梦思床垫，掀开床垫，床垫下面的水泥地特意留了个口子，通往地下管道。沿着梯子下去，是个 1 米多高的地下空间，里面潮湿、阴暗，墙上布满电线，有日光灯、变压器、电闸，角落里有一台电动式齿轮发动机，连接一个大滚轴，滚轴上厚厚地缠绕着拇指粗的纤维绳，纤维绳通过埋在泥里的 PVC 管道连接香港。走私分子在特制的布袋里塞满手机等电子产品，绑缚在纤维绳上，启用电动滚轴将纤维绳来回拉。境外的手机等电子产品就这样源源不断地走私进来。接货、打包、派货、运输等环节，由不同人员完成。

同时，香港警方和香港海关根据线索，在香港一仓库内查获涉嫌走私计算机内存条、计算机硬盘、各类旧手机等，案值约 700 余万港元。

边防部队、深圳海关和香港边界警方、香港海关建立联勤机制以来，破获多起走私大案。

空中索道

2004年7月12日深夜，山坡上如往常一样安静，在莲塘长岭村那边的香港地界里，两个黑影像幽灵一样蹿到铁丝网边。扒开铁丝网钻进来时，几束强光一齐照过去，两人目瞪口呆，被缉私警察抓个正着。

经清点，两名走私分子携带的4个背包里，共有手机500部。

审讯时，二人供认，经过多次实地考察，才选定人迹罕至的莲塘长岭村边界线为走私地点，夜深人静时，用大剪子将铁丝网剪开一个口子，走私后，再将铁丝伪装好。然后，如法炮制，每天深夜走私。白天，这边的走私分子休息，香港那边的走私分子则将手机等货物运到附近地点隐藏起来，夜间，交给深圳这边的走私分子。

从地下穿越铁丝网走私，要耗费大量人力、物力挖掘地道，而从地面翻铁丝网走私，则要有大量人手同时搬运私货。这种走私方式要求走私团伙组织体系严密，内部分工明确，形成“一条龙”作业的流程。走私团伙在香港有专人联系私货，在深圳有专人负责招聘挖地道或搬运私货的民工，同时，还有运输转移私货人员、销售私货人员，彼此间靠手机单线联系，个别成员被抓，也难以摧毁整个走私团伙。

对走私分子来说，只要有利润，就会走私。猪肉就有较高的利润空间，将猪肉从深圳偷运到香港，可以赚到在深圳本地销售两倍以上的利润。在高额利润的驱动下，非法走私猪肉日益猖獗。据不完全统计，每天走私猪肉的数量在5 000千克左右。为将走私猪肉偷运过关，走私分子除将猪肉藏在货柜车的夹层或汽车的尾箱走私外，还寻找偏僻的地方，将猪肉割成小块，用长竹竿一袋袋挑过铁丝网，交给香港那边的接应人员。

深港海关和深港两地警方联手打击非法走私猪肉活动，并动用电视监控系统、热能红外线夜视仪等高科技产品进行侦察。2007年12月，深港警方联合缴获走私猪肉7 500千克。

2008年5月26日18时，海上缉私处一中队全体队员接到通知，要求21时前赶回盐田基地。27日凌晨1时30分，全体队员集结完毕，分5个小组出发，直奔沙头角某小区。凌晨2时15分，按事先分工，5个小组同时行动，对小区的每个角落进行搜索。不久，第五组在三楼电梯口发现并控制2名嫌疑人；第四组在一楼停车场控制2名嫌疑人。

各组人员按照分工正在搜索时，传来香港海关查获一批手机的消息。接到香港海关的消息后，第一组缉私队员直奔27楼的作案主现场，发现房门紧锁，任凭叫喊，里面的人就是不开门。2名队员奋力撞开反锁的两道门，冲进室内，迅速控制现场。客厅内有2台大转盘，转盘上缠着高强度渔线，渔线的另一端越过边境线连接着香港。转盘旁放着没来得及转移出去的手机。原来，走私分子利用黑夜掩护，把超强度渔线射向香港那边的一间小屋，一条几十米的鱼线很快成为连接香港与这边的“空中索道”。香港的走私分子把走私物品挂在这条简易的“索道”上，利用滑轮将走私物品吊挂到深圳。

作案现场人赃俱获，缉私队员松了一口气。但战斗远没有结束，接下来是现场勘查和人员突审、深挖扩线。

5时30分，第四组又传来好消息，在二层车库一小车内，发现一批可疑物品，但是无法打开车门。确定车内确是赃物后，缉私队员在小区保安的见证下，撬开车门，从车内查获2袋手机。

16时，审讯又传来消息，嫌疑人供认，在作案现场的11楼一单元房内，还藏有未转运出的一批手机。缉私队员马上检查，查获走私手机9大袋。直到19时20分，战斗才结束，共查获手机2 500多部。

香港海关人员当场起获3 300部手机，2 100张电脑储存卡，450张手机储存卡，17罐化学用料。

在这次联合行动中，香港海关和深圳海关共逮捕4名香港嫌疑人和12名深圳嫌疑人。据嫌疑人交代：走私活动进行了3个星期；选择在夜晚行动，是为了不惊动附近居民；每10~15秒钟，运送3~5千克货物，相当于20~30个手机。

第三章 海上走私

深圳邻近香港，连接珠江三角洲，是我国人流、物流、信息流的重要集散地。缉私海域与港澳相连，海岸线长达400多公里，关区内沿海、沿边有众多的进出境货物装卸点。这里一直是全国海上走私与反走私斗争的最前沿。

深圳海关缉私局海上缉私处有缉私警察200多人，配备缉私艇20多艘，沿边非设关地区分设有8个缉私分局，共同担负打击深港海域及沿边非设关地区的走私违法活动。正义与邪恶的斗争、走私与反走私的较量，在这里从来没有停止过。

海上走私概况

当初，深圳海关的海上缉私力量比较弱，仅有3条缉私艇，担负着整个深圳关区东起大亚湾大星山角、西至珠江口水域东宝河近400公里海岸线的海上缉私任务。

20世纪80年代末，海上走私猖獗，走私分子利用高速快艇（俗称“大飞”，马力900匹以上，航速可达53海里/小时），频繁走私，海关的缉私快艇（最大马力470匹，有的仅175匹）单靠速度，难以与走私分子相抗衡。面对成群结队的“大飞”走私，缉私人员尝试过追击、撒鱼网绞住其螺旋桨等办法，但都失败了。后来，他们摸索出大船和随船快艇互相配合的办法，预先在“大飞”走私的必经之路隐蔽埋伏，大船利用雷达锁定目标后，指挥预先埋伏的快艇迅速出击，把走私“大飞”重重包围，形成“围、追、堵、截”，使走私分子难以逃脱。

从1993年开始，海上走私又出现新特点，由群众性走私变为企业、法人走私，涉及面广，而且更复杂。走私分子开始利用海上监管漏洞，在非海关监管区装卸私货，甚至私建码头、油库。为此，深圳海关在深圳西部建立了一支快速反应缉私中队。

1997年以后，海上走私形势更加严峻。根据关区海岸线长、非设关码头多的特点，海上缉私处采取“隐蔽埋伏”、“以快制快”、“迂回包抄”、“声东击西”等战术，与走私分子斗智斗勇，保持了海上反走私的高压态势。

为了守卫国门，海上缉私队员终年漂泊在海面上，斗风浪，战私枭，筑起海上反走私防线。

走私分子为了逃避打击，故意在恶劣天气或月黑风高的晚上出动，缉私队员就必须在黑暗中战狂风、斗恶浪，在风口浪尖与走私分子展开生死较量，一个不小心，还会坠入茫茫大海。

2005年3月5日，901缉私艇正在担杆岛海域巡逻，海面雨大、风高、浪急。凌晨1点，前方0.3海里处发现目标，缉私艇立即靠了上去，两个探照灯紧紧地聚焦在这条船上。随着缉私艇越来越靠近走私船，走私船开始在海面上转圈。忽然，走私船一个90度的急转，向缉私艇拦腰冲过来。危急中，缉私艇长拔出腰间的手枪，朝天开了两枪，可是，在空旷的海面上，枪声听起来很微弱。缉私艇长端起冲锋枪，朝走私船驾驶台打去，驾驶窗玻璃应声而碎，驾驶台上没人。原来走私分子打正方向盘，驾船向缉私艇撞过来后，乘小艇逃跑了。在这危急关头，驾艇的缉私队员沉着应对，紧急左满舵，901艇倾斜30度，与走私船擦肩而过，避开了冲撞。走私分子还放火烧船，缉私队员在颠簸的海浪中跃上走私船时，船体已被浓烟包围。为了保存证据，缉私队员们带着灭火器，下到机舱排查险情。舱内是令人窒息的浓烟和50℃的高温，为了保证安全，在机舱外的同志每隔5分钟喊一遍舱内战友的名字。弃船前，走私分子破坏了船尾的密封圈，海水这时正向舱内狂灌，如果不断然采取措施，将会酿成船毁人亡的惨剧！缉私队员们用木塞、用橡胶垫、用身体，堵住汹涌而入的海水。经过一场生与死的搏斗，他们终于将走私船押回基地。

这就是海上缉私警察的工作片段。

海上“蚂蚁搬家”

1998年打私风暴后，海关加强了对大、中型船舶的监管，大规模走私趋于消失，海上走私向小型化方向转化。走私集团用化整为零的手法，组织众多小型船只，如蚂蚁搬家一样，将境外货物分散走私入境，具有“小、多、散、集团性”四大特点。走私分子空间上四面出击，时间上全天24小时随时行动，在漫长的海岸线及内河沿线非设关简易码头、沙滩上卸货。货物上岸后，由岸上走私网络统一运输、加工和销售。整个走私体系效率高，一部分“蚂蚁”船被抓，不影响整个群体。

走私集团放弃以前用大船直接走私入境的方式，采取用大船将货运至边境水域，由成群快艇接货后，再分散转运，走私入境。境外一艘几百吨的母船将货运至边境水域时，几十条快艇一拥而上，一个小时内将货全部卸空、接走，分散偷运入境。成群的走私快艇飞速穿越边境，四散开去，犹如黄蜂。

高速快艇的走私越来越小型化，走私分子利用快艇频繁地穿梭往来。快艇运行成本很高，通常走私电子产品、工业胶卷、光盘、珍稀野生动植物、海鲜等价值高的货物。

在大鹏湾、大亚湾海域，百吨级船成为海上走私主力。2006年，这类船主要走私旧电器、旧衣服、旧轮胎等洋垃圾，规模庞大。另外，百吨级船走私也在逐渐向快艇走私方向发展。前几年，走私光盘主要以百吨级船为主，动辄一船能查获上百万张；近年来，走私光盘几乎全部变成快艇走私，查获一艇不过一两万张。

“蚂蚁搬家”式走私数量庞大，一般从非设关地分散走私进口，所以海关被迫以“散”的缉私方法对付“散”的走私。“蚂蚁搬家”式走私以游击战、疲劳战、消耗战战术对付缉私，常常令缉私工作陷入被动局面，辛辛苦苦、费大力气抓回“小蚂蚁”走私船，案值却较低，而办案程序的各个环节又一个不能省，人力、物力、财力消耗大，效率低。

深圳海关在海岛上设立了大型监控雷达，在缉私艇的保障下，可以对所有进出关境的船舶进行监控，强制其在指定的航线航行并到设关码头报关、装卸货物以及接受检查。大、中型船舶目标大、数量少、行动不灵活，无法逃避大型雷达的监控，所以这种监控对它们比较有效，即使它们想走私也不敢强行闯关，大多通过采取藏匿、伪装、伪报、瞒报等方式，从通关渠道走私。“蚂蚁”走私船则不同，它们目标小、数量大，时间和空间上都有不确定性，混藏于正常作业渔船、运输船中，绕关偷运走私，而海关的雷达无从识别，难以形成有效监控。

因渔业资源日益枯竭，渔民收入下降，对渔业的出路失去信心，一些渔民不顾违法带来的风险，有的直接凑钱入伙参与走私，有的帮别人开船运货赚运费。

走私集团雇人伪装成渔民，驾快艇在缉私艇码头附近及海上各重要位置，跟踪监视每艘缉私艇的动向，遥控指挥海上“蚂蚁”船躲避缉私艇；或者指挥极难检查的船前往以吸引缉私艇检查，牵制和消耗缉私力量，掩护其他装货多的走私船逃走。

海上缉私处有时也派出人员装扮成渔民，乘渔船出海监视走私船动向。有一次，他们发现数十艘快艇从香港驶出，立即呼叫缉私快艇过来查缉。几分钟后，缉私快艇从基地出发，就在这时，那群“蚂蚁”船全部调头驶回香港水域。可见缉私快艇从基地一启动，走私集团的“看水族”就发现了，并用对讲机通知走私船返航。

为了对付海关，当无路可逃时，走私分子就打开隐蔽阀门灌水沉船。对他们来说，与其货物和船都被没收并受处罚，还不如将船弄沉，毁灭证据。更绝的是走私船的冲滩。“看水族”一旦发现缉私快艇驶近，在很远处便通知走私船躲避。走私船如离香港水域不远，马上驶回香港水域；远离香港的则马上驶往最近的岛屿或岸边，将船冲上浅滩，再用机关锁住发动机，并打开阀门往船舱灌水，使船半沉没在浅水中，然后登岸躲藏，缉私人员一般无法押走这种船。即使走私船或快艇被查获，走私分子也不会就范，他们往往在押船途中，故意破坏船上机器或用机关锁闭，阻挠海关押船。

渔船走私

1998 年 12 月 26 日，徐某用本村人苏某的身份证，办理了一张“出海船民证”，证上照片是其本人，姓名、身份证号码等资料均冒用苏某的，职务为船长。同时，还为多名船员办理了“出海船民证”，并由其统一保管。12 月 28 日，他带领 9 名船员，驾驶“惠外运×××

号”船，从惠东县港口到达香港官塘码头，装涤纶长丝纱后返航。途经澳头东升海域附近时，被海关缉私艇查获，从船上查获涤纶长丝纱2 000多包，重约60吨，案值人民币1 000多万元，涉税300多万元。

这是当年深圳海关查获的最大一宗海上走私案。

在广东省登记的渔船有5万多艘，绝大多数渔船正常运输或生产，但也有一些以正常海上作业为掩护，使用暗格藏匿，走私光盘、电子产品和海鲜等物品。

走私集团还用老旧的无船名船号船只、无船舶证书船只、无船籍港船只（即“三无”船），伪装走私冻品、汽车散件、光盘、旧电器、旧轮胎、旧衣服等大宗货物；派“看水族”严密监视缉私艇，一旦缉私艇驶近，便指挥走私船员弃船，乘接应小快艇逃走。走私分子逃跑前，往往采取各种措施破坏走私船，或放水沉船，或放火烧船。

2002年1月8日凌晨，海上缉私处机动科在小星山附近海域查缉可疑船只，因风浪太大，请求支援。指挥中心命851艇前往增援。经过2个小时追击，851缉私艇突然出现在目标船附近。走私分子仗着风高浪急，负隅顽抗，缉私队员飞身越过船舷，强行登船控制其驾驶室，在船上查获一批旧汽车轮胎。

851缉私艇押着走私船行至三门岛附近海域时，雷达发现两艘可疑船只正朝西冲水域驶来，该艇当即前往截查。5时，在西冲附近截住了这两艘可疑船只，但船是空的，连鱼腥味儿都没有，艇长决定将可疑船只押回基地检查。

到达盐田基地时，天已大亮，队员们顾不上休息，立即对两艘船进行检查。从船头到船尾，从甲板到机舱，查了一个底朝天，却一无所获。根据多年的海上缉私经验，队员们判定这两艘船一定有问题。经过测量，断定两船的船底情况异常，遂请潜水员对船底进行检查，果然发现两船的船底都装有红色柴油特制沉箱。

走私渔船都有较强的反调查能力，走私活动的每个环节很少留下书面形式的证据材料。他们通过电话与香港老板谈好交易，走私船的时间、路线也是用电话通知；私货陆上运输早已联系好，一上岸就直接运走；资金支付通过“地下钱庄”或干脆将现金偷带出境交香港公司。所有交易没有正常资金结转手续和账册记录。

深圳关区海上走私团伙专营化特点明显，各走私团伙控制着特定的走私势力范围和走私物品，境外供货、运输，境内卸货、销售等环节都已构成完整的走私链。西部通道、赤湾附近海域，主要走私电子产品、食用油及废旧蓄电池；东角头、沙嘴附近，以走私光盘为主；宝安附近海域，以成品油走私为主；大亚湾、三门岛附近海域，以废旧电器、旧衣服等物品走私为主；担杆岛附近海域，冻品走私活跃。

走私分子利用大量冻品、旧电器、旧衣服等私货，从香港上货后，途径深圳关区海域，运往汕头、汕尾、珠海等地，为降低远距离运输成本，走私分子选择大型走私船装运私货。为逃避打击，他们还利用虚假身份和报废铁质船套牌走私作掩护，如船员角色互换，船员自称是船长，船长自称是船员。

深圳海关根据海上走私形势，对重点打击海域的人力、艇力进行合理部署，保持打击高压态势。海上缉私部门与沿海缉私分局进行海陆联合行动，对走私分子形成“海上追，岸边堵”的态势。以下是2006年8月，深圳海关海上缉私处战果：

8月1日15时，海上缉私处七中队根据情报迅速出击，经过4小时的截查，在澳头附近海域，连续查获18艘涉嫌走私红色柴油的木质渔船，缴获涉嫌走私红色柴油400余吨，抓获涉案人员50多名。在押送涉案船只返回缉私基地途中，当事人企图借助夜色，打开船上改装过的特殊阀门向海中排油，毁灭证据，逃避惩罚，被押船的缉私民警发现并及时制止。

8月2日3时许，一艘走私快艇在盐田区华侨墓园附近海域出现，缉私人员发现后，开足马力追击，最终将其截获，从艇上查获走私手机4,635部。另一艘巡逻艇在担杆岛附近，从一艘铁质船上查获旧衣服222.24吨，旧电器0.74吨。

8月13日2时，“派比安”台风即将登陆，海面上风高浪急。缉私人员克服天气困难，在南山区深港西部通道工地附近海边，查获涉嫌运载走私物品的面包车2辆，查获走私手机、电池及游戏机等电子产品 6 000 余件，抓获当事人 3 名。

8 月 29 日，海上缉私处在青洲附近海域，查获涉嫌走私的无名铁质船一艘，在船舱内查获旧汽车 14 部，此外，还查获境外柑橘 1 370 箱，重 20 080 千克。经检验，确定这批柑橘的产地为南非地中海食蝇疫区，为我国禁止进口物品。

深圳海关海上缉私处在开展日常行动的同时，还适时开展专项行动。

2004 年 2 月 25 日晚，海上缉私处开展海陆联合行动，在深圳盐坝高速公路小梅沙入口处，查获一辆可疑货车，缴获色情光盘 29.344 万张。2004 年 3 月 3 日晚，缉私人员兵分三路，开展海陆联合行动。22 时，在小梅沙海关度假中心对面沙滩上，查获涉嫌走私电脑硬盘 584 块，旧手机 1 812 部，抓获搬运工 3 名。23 时，另一路缉私人员在惠东县平海镇至铁涌镇公路上，查获两台被改装成运油车的货车，缴获涉嫌走私红色柴油 42.22 吨，抓获当事人 4 名。23 时 15 分，缉私人员在深圳东部小星山海域，查获一艘涉嫌走私台湾籍木质货船，缴获冻鸡肾、冻猪肚、冻猪鼻等冻品 78 吨，抓获涉案当事人 3 人。

2004 年 4 月 1 日，针对东部海域走私活动的特点，海上缉私处开展打击海上走私专项行动，6 个海上缉私中队重点对深圳东部、“两惠”沿海地区进行监控，对进入惠阳、惠东船只进行严格检查。七中队在三门岛、大鹏湾、大亚湾海域进行巡查；八中队对蛇口、内伶仃海域、西乡河、东宝河一带进行巡查；九中队与深圳海关驻三门岛办事处配合，加强对过往船只的检查。在两个月的行动中，共出动缉私人员 3 000 余人次，组织海上缉私行动 400 多航次，航程 2 万多海里，检查船只 600 多艘，查获案件 70 余宗，案值 800 多万元，涉税 100 多万元。

超马力“飞艇”走私

1999 年，海关对走私进行大规模打击后，快艇走私曾一度沉寂，2003 年又开始活跃，出现了 5 艘以上“飞艇”结队走私现象。快艇走私具有利润高、时间短、风险小的特点。走私快艇以“中飞”居多，马力在200~500匹不等，航速最高在48节以上，一般通过地下船厂非法改造而成，艇上配有高性能通讯工具。走私分子严格按照设计航时（程），报废、更换配件，确保走私快艇保持良好性能。大马力摩托艇一般停放在海上渔排养殖场；有的是艇机分离，将尾机藏于家中，有时也将艇开往香港。目前，深港两地大约有400艘“中小飞”快艇从事海上走私。

快艇以玻璃钢为艇壳材料，进口高速汽油艇尾机为机械动力。按规定，快艇的马力一律限定在40匹以内；中、深海作业的母船用艇，经批准可放宽到60匹；超过60匹的快艇，即为超马力摩托艇，俗称“大飞”。一般250匹或500匹的快艇，速度在50~60节之间（约100公里/小时），超马力大型快艇装有7部250匹（共1 750匹）马力发动机，配有先进海图机、GPS导航仪等先进设备。这些艇每半年更换一次艇壳，一年淘汰尾机，10天换火嘴，使用进口机油，每天出海后都要进行机器保养。驾艇人员均经过专业培训，有高超的驾驶技术。

参与走私的超马力快艇大部分属香港，一般停靠在香港境内，不在内地逗留，内地船艇管理部门无法对其进行管理。内地超马力快艇停放时，艇机分离，尾机存放于家中，缉私部门不能擅自入内收缴。

超马力快艇机动灵活、速度快，操作人员少，目标小，雷达难捕捉，而且易隐蔽，适应性强，可在任何海区、岸边、岛边、浅滩、河口、河道航行。走私分子往往借助夜幕，依托岸边及岛边或礁石等地形，高速行驶，对抗海关缉私艇追缉。

深圳湾到东宝河以东水域，海岸线长300多公里，沿线滩涂、港湾、岛屿众多，从香港水域到内地岸边，最短距离只有5分钟的航行时间。较远的惠东一带海域，离香港海上直线距离约40海里，超马力快艇从香港起货到靠岸卸货，一个小时即可完成。

近年来，随着沿海地区大规模填海造地，沿海生态环境发生变化，人工捕捞严重，近海渔业资源减少，加上生产工具和油料价格上涨，渔民经济收入下降。为了生计，一些渔民冒险违法，利用熟悉海上环境和娴熟的驾驶技术，从事走私活动。深圳、惠州沿海多数居民都有亲朋好友定居香港，如大亚湾区澳头金门塘渔村有214户，共1

009 名村民，而他们的亲朋中定居香港的就有 5 000 多人，一些人便利用这层关系，从事超马力快艇走私，定居香港的人负责采购货物，内地的人负责运输销售。

超马力快艇走私属典型的"蚂蚁搬家"式走私，一般由多艘超马力快艇同时装货、航行。遇到执法部门的追缉时，相互照应，共同摆脱执法员；无法逃脱时，驶回香港或扔货物阻碍追缉。

快艇装上走私货物后，从香港返航的路线主要有 4 条：一是从香港沙头角、吉澳沿岸到独牛水域，前往大亚湾金门塘、范和附近一带；二是从香港沙头角、吉澳到大鹏湾溪涌、葵涌附近；三是从香港流浮山取捷径，驶往深圳西部东角头一带；四是从香港机场经赤湾、大铲，到深圳宝安西乡、福永及沙井沿岸。

深圳海关关区海域快艇走私由少数团伙掌控，团伙成员一般有黑社会背景，非常凶悍，一旦遇到海关查缉，拒不停船或撞击缉私艇。走私物品体积小、价值高、利润大，如牛皮、鹿茸、数码产品等，每次走私货值一般在百万元。在 2007 年 1 月 1 日"春潮一号"行动中，海上缉私处查获 6 艘超马力走私快艇，查获案值合计高达 1 100 万元，其中，个案最高达 350 万元。

深圳关区东部海域沿岸与香港的吉澳、大埔、独牛及万宜水库间仅有 5 至 10 海里的距离，走私分子利用渔船将私货运至与深圳水域相邻的香港水域，然后过驳给前来接货的快艇。如遇上海关缉私艇追击，立即逃回香港海域躲避查缉。这种走私方式既缩短了走私快艇的来回距离，又将私货化整为零，降低了走私风险。

海关缉私人员无法进入香港水域，难以查缉走私母船和对走私快艇进行连续追击。尽管如此，打击飞艇走私一刻也没停止过。

2006 年 11 月 27 日晚至 28 日，广东省内海关根据海关广东分署统一指挥，在大亚湾海域开展了一次打击"中飞"走私专项行动，出动缉私大艇 4 艘、快艇 19 艘，派出警力 159 人，在重点海域设定三道防线：第一道防线在惠州港东升村海域，以缉私快艇为主，实施正面查缉和围追堵截，并对东升村走私窝点搜索；第二道防线在东升村以东海域，以缉私快艇为主，负责东升村各出口封堵并控制渔排、油趸；第三道防线在大亚湾虎头门海域，缉私大艇和缉私快艇相配合，实施拦截查缉。

28日6时，各参战单位按照计划，依次进入预定海域，7时30分，行动开始。缉私人员对东升村、霞涌、范和海域进行搜查，在东升村岸边发现已拆卸的“中飞”5艘，在黑崖角附近海域查获涉嫌走私观赏鱼的舢板3艘，查获观赏鱼40余箱，抓获涉案当事人4名。

根据快艇速度快，机动灵活的特点，海关采取定点巡查与机动巡查相结合，加强海上及非设关地的巡逻，不给走私分子可乘之机。

2005年6月休渔期间，大亚湾海域走私分子利用超马力快艇及泡沫船频繁走私。惠州港海关缉私分局及时调整策略，联合大亚湾打私办，开展打击收缴超马力快艇专项行动。6月16日11时，发现多艘走私“飞艇”，躲藏在荃湾村附近海湾，缉私人员火速赶到，对走私“飞艇”来了个“包饺子”，查获“飞艇”10艘，冻品10多吨。经查，除一艘艇上有船号外，其余均为“三无”船只。

2005年11月15日，深圳海关海上缉私处出动1艘缉私艇、3艘快艇，并派出39名缉私队员，采取定点设伏与海域巡查相结合战术，开展打击超马力快艇联合行动。经过一天一夜的围追堵截，次日凌晨4时20分，在范和海域查获500匹马力快艇5艘。

一个星期后，海上缉私处901艇在三门岛附近海域，发现5艘超马力走私快艇后，迅速展开追击。走私快艇向大亚湾内逃窜，守候在大亚湾的一中队船载缉私快艇随即进行封堵，快艇四处逃窜。经过2个多小时的追踪和搜索，在范和海域浅滩上查获5艘500匹马力快艇。

针对关区海域海岸线长、水道复杂且毗邻香港的特点，海上缉私处采取“机动守候、快速追击、海陆围堵”的缉私战术，同时，加强与香港海关、水警的沟通与联系，保持海上打私的高压态势。

冻品阻击战

2004年7月14日晚，海上雾气弥漫，能见度不到50米，不利于船舶航行，近海渔船纷纷入港停航。23时，一艘满载冻品的木质渔船，驶入青洲东南海域，缉私人员立即将其截住，从船上查获冻鸡爪、冻牛肚 50 吨，5 名走私嫌疑人被抓获。一个小时后，缉私人员又在同一海域网住第二条“大鱼”，这艘船“胃口”更大，“吐”出冻鸡爪、冻猪耳、冻猪肚，共计 100 吨。

由于境外动物疫情较严重，2004 年 2 月，我国暂停从部分国家和地区进口禽鸟类产品，大量冻品囤积在香港冷库里急需要出货。内地市场对禽副产品的需求缺口大，每年消费 70 多万吨，再加上高额的走私利润，这些都刺激了冻品走私活动。

走私冻品包括鸡翅、鸡爪、鸡肾、牛肚、猪肚、猪脚等，产地以美国为主，部分来自巴西、智利、澳大利亚、比利时等国。这些走私冻品未经检验检疫，可能带有传染病菌。为打击冻品走私，维护人民群众的身体健康，深圳海关坚持在口岸和海上展开针对走私冻品的阻击战。

2004 年 8 月 18 日 2 时，海上缉私队员发现两艘木质渔船形迹可疑，于是出动快艇对两船进行截查。经检查，两船均为无名渔船，队员在船舱内查获冻鸡爪、牛百叶、牛肚等冻品 190.6 吨。在前一天凌晨，南头海关缉私分局根据线索，在高速公路鹤州收费站出口处设点埋伏，连续查扣 9 辆载有进口走私冻品（冻肉制品）的货车，查获走私冻品 50 吨。

这样的案件对深圳海关来说早已司空见惯，每年都有上百宗，深圳的新闻媒体已经不再把这当成新闻了。

为遏制冻品走私势头，深圳海关每年都要根据情况，开展几次专项行动，加强对辖区口岸和海域的监控。2006 年 6 月 28 日至 7 月 28 日，开展了 2006 年度第三次打击冻品走私专项行动，查获冻品走私案件 23 宗，查获各类冻品 270 余吨，查扣走私冻品的船只 15 艘、车辆 14 台，抓获涉案人员 25 人。

2007 年春节前，市场需求旺盛，冻品价格上涨 20%，刺激了走私分子的欲望，冻品走私一度猖獗。为此，深圳海关全面展开对走私冻品的围剿行动，一面加大对口岸的正面监管力度，一面加强对海上和沿海沿边地区的机动查缉。这次专项行动期间，查获冻品 1 000 余吨，案值 700 多万元，抓获当事人 30 多人，行政拘留 10 余人，刑事拘留

20多人，逮捕20多人，起诉若干人。

走私分子还利用台湾籍船舶从事冻品走私。因澎湖岛附近渔业资源枯竭，从事捕鱼业利润稀薄，一些渔民串通走私分子，将渔船改装以后，运输走私冻品，赚取费用，形成台湾、香港和深圳共同走私的现象。由于台湾籍船舶能够提供合法、完备的船舶证件及货物运输证明，案件取证、定性及打击难度较大。这是一个走私新动向，深圳海关立即采取措施，加大对台湾籍船舶查处力度。2007年3月3日23时，海上缉私处根据情报，在小星山海域查获一艘涉嫌走私冻品台湾籍船只，查获冻品78吨，抓获犯罪嫌疑人3名。通过查找船只出入香港记录和船长记录的交货地点，利用船速、航线、距离等，计算出从香港到台湾的准确时间，戳破犯罪嫌疑人一口咬定运送冻品去基隆的谎言，突破其心理防线，使其交代了走私冻品的事实。

打击海上汽车走私

受消费税政策影响，走私汽车在价格上占有明显优势，且货源充足，可供选择的范围广，吸引了很多消费者。为牟取暴利，走私分子利用各种方式，尤其是通过海上走私汽车及切割件入境现象比较突出。

走私切割汽车、零配件，不仅扰乱了正常的市场秩序，危害国内汽车工业的发展，还给人民生命财产安全带来严重隐患。为此，深圳海关实行海上24小时巡查，屡屡成功查获汽车切割件、零配件走私大案。

2006年5月9日4时30分，海上缉私处在担杆岛东南海域查获了一艘涉嫌走私的铁质运输船，查扣涉嫌走私的宝马、丰田、本田等品牌旧汽车切割件18包，合74台车，案值113.18万元。

切割车实际上是走私分子把收购的境外二手车、报废车或事故车进行拆分，以逃避监管。走私入境后，以三种形式流入国内汽车市场：一是翻新，将旧车的特征掩盖后出售；二是拼装，把相对较好的切割件拼在一起，凑成一辆完整的车出售；三是当零件出售。境外事故车、报废车仅几千元，走私入境进行加工后，一般可以卖到3万~8万元，高档车可以卖到十几万元。

走私汽车一般分为3个步骤：一是在境外以低价收购后，对车辆进行伪装，无法伪装的，通常将汽车拆分成切割件；二是通过“蚂蚁搬家”等方式，从海上走私入境；三是走私汽车入境后，设专人接货和加工处理，然后流入国内汽车消费市场。三个步骤均有专人负责，构成一条完整的走私链。

相对于走私新车而言，走私切割汽车及旧汽车零配件成本较低，利润空间大。切割汽车、旧汽车零配件在境外价格极低，甚至可以直接从旧货处理场拿。为便于运输和藏匿，将其拆解、切割，通过海上偷运、伪造单证、伪报品名等手法入境后，将走私汽车零配件打磨翻新，以次充好销售，消费者难以分清真伪优劣。

数倍甚至十几倍的利润空间，是切割汽车走私屡禁不止的重要原因。

2007年8月21日凌晨，海面上一片漆黑，能见度极低。正执行巡查任务的831缉私艇在担杆岛附近海域，发现两艘可疑运输船，要求其停船接受检查。两船不但不停，反而全速向不同方向逃窜。缉私艇长当机立断，利用大艇和艇载快艇，兵分两路进行追击。走投无路的走私分子调转船头，向附近一处暗礁、浅滩较多的水域驶去，企图凭借复杂的水域摆脱缉私队员，但缉私人员咬住不放。乱了分寸的走私分子把船开上岸，然后四处逃窜。缉私人员跳下缉私艇，在两艘运输船上查获涉嫌走私的宝马、奥迪、本田、丰田等名牌旧切割小汽车116辆。

为打击进口汽车及切割件走私活动，营造公平竞争的市场环境，在广东省打击走私办公室的统一部署下，2005年5月1日至6月30日，深圳海关开展了一次打击进口汽车及切割件走私专项行动。行动期间，一方面发挥粤港海关合作的优势，掌握从香港报关出口汽车切割件情况，有的放矢地进行打击；另一方面加大对相关海域和非设关地的巡查和查缉力度，运用“海上查、陆上堵”的方式，打击海上偷运走私。两个月的行动中，共出动警力4 170人次，车辆155辆次，船舶199艘次；检查非设关码头26个和各类船舶240艘；查处“三无”

船舶 3 艘；查获汽车切割件 74 套，旧汽车轮胎 78 条，旧货车驾驶室 3 个。此外，还查获了其他案件 129 宗，案值人民币 2 798.46 万元。

在海关的严打下，走私分子无法及时处理走私入境的车辆，只好将其四处藏匿，最后转移到乡村，租用民宅，将走私车辆放进去并锁上门，以逃避海关和地方政府的查缉。然后，再伺机对车辆进行改装和翻新。走私分子还给这些走私车辆挂上假牌，便于在路上转移时逃避检查。

2006 年 9 月 13 日，惠东海关缉私分局接到情报称，惠东县白花镇某村有人销售走私进口小汽车。惠东海关缉私分局秘密组织警力，潜入目标地点进行摸查，发现走私汽车藏匿在几处民宅中。

两名缉私民警化装成云南来的走私车“买主”，住进当地一家酒店，寻找货主。在当地人的介绍下，货主张某浮出水面。当天下午，张某与“买主”在酒店见面，两位“买主”佯称要一次性购买几十台走私车，希望张某尽快组织货源。张某大喜，痛快答应下来，并约定 9 月 15 日在惠东县白花镇某村验车。15 日上午，两位“买主”准时到达，经过一番检查，“买主”对车辆状况表示满意。张某以为生意已成交，高兴之余，又向“买主”介绍了另一货主吴某。

摸清货主底细和走私车辆藏匿地点后，惠东海关缉私分局决定在白花镇展开查缉行动，参战民警分成四组，分别负责缉捕走私分子、查缉走私车辆、搜寻逃跑人员和封堵路口的任务。中午，参战民警到达指定地点，准备行动。13 时，侦查人员化装的“买主”与货主张某、吴某取得联系，请两人到酒店收取汇票和定金。张、吴两人非常激动，半个小时就赶到酒店，一进酒店，两副手铐就被戴在他们手腕上。13 时 30 分，查缉行动开始，第一组民警赶到藏匿走私汽车的民宅内，当场查扣等待销售的佳美、雅阁等翻新进口汽车 4 辆。第二组民警在村口和村内拦截查扣了走私进口汽车 3 辆。

行动成功后，惠东海关缉私分局又与惠东县打击走私办公室、公安局配合，扩大战果，根据掌握的线索，对惠东县平山镇的 4 个汽车维修厂展开突击查缉，查获正在厂内拼装和翻新的进口汽车 8 辆，捣毁存放走私汽车切割件的窝点 1 个，查扣汽车切割件一批。这样，一天即查获了 15 辆走私汽车。

围追堵截成品油

海上成品油走私活动始于20世纪90年代初，走私分子采用内外勾结、直接卸货等方式走私成品油入境，以大规模的海上偷运走私方式为主，数量都在数千吨甚至万吨以上，1998年达到高峰。高峰期间仅深圳海关蛇口海上缉私科，每年就查获“两油”走私船300~400艘，深圳公安边防检查站创造了一年查获1000多艘船的记录。

1998年7月，党中央、国务院召开全国打私工作会议，在全国范围内掀起一场反走私风暴后，海上一次性、大规模走私成品油入境的现象得到遏制，被“蚂蚁搬家”式走私取代。走私分子以“蚂蚁搬家”方式多批次、小数量偷运成品油进境，单宗走私数量一般为几吨，大的在50~80吨之间，涉嫌偷逃税款5万元以下，在《中华人民共和国刑法》规定的走私罪的起刑点之下。这样，既可因目标小，便于逃避海关等有关缉私部门的检查，又可以防止被查扣造成大的经济损失，同时，还可在法律上规避刑事责任。

2005年，国际油价持续高涨，国内市场成品油低于国际市场价格，形成价格抑制效应，海上成品油走私入境活动减少，只在环香港局部地区，存在特定的免税成品油走私入境现象。

走私成品油基本上以“红油”为主，由于“红油”在香港的价格低于其他种类的柴油，将这类油品走私入境后，经过脱色，充当一般柴油进入流通市场，获取的利润比其他柴油明显要高。

近年来，在海关、公安边防等执法部门的打击下，走私分子将船舶进行特别改装，利用特制暗格、夹层、沉箱或拖箱，进行走私偷运。走私分子使用伪装、暗格藏匿对付检查，装卸油仅需一个油口和一个气孔，因此油柜可以是任何形状，可以隐藏在船体的任何位置。走私分子将油柜或油舱设在船体结构深处，精心隐藏，将油口和气孔设在隐蔽处或污秽处，有的还设有控制抽油的机关，很难发现。个别船只采用船底吊舱、船尾缆绳拖带特制水下油柜走私，可随时砍断拖带缆绳，与被拖带的水下油柜分离，隐蔽性更强。一些走私油船，装有往海里快速卸油的装置，不顾海洋环境，卸油入海，毁灭走私证据。

成品油走私多采取海上接驳和转运的方式，走私油轮备有两套单据、发票和购销合同，如果在转运过程中被海关截查，则出示预先准备好的单据，将走私油冒充成国内贸易油，蒙混过关。

粤港船只利用可以使用“红油”和进出粤港的特殊便利，以合理自用为掩护（合理自用的数量，法律上没有明确规定），走私“红油”。

走私船舶的性质复杂，重复走私现象严重，海上走私成品油的船舶船籍既有广东省的，也有福建、广西和浙江等省份的，多为非法改装船、油船、运沙船和内河运输船，船只属私人所有，船主并不经营自己的船舶，而是转租出去，承租人聘请船员，从事走私活动。

走私时还派出“看水”人员，在沿海和沿边地区，监视缉私部门的活动，利用各种海陆交通工具或专用通讯工具，将缉私部门的活动通报给走私分子，使走私分子可以抓住最佳时机上岸。

为了走私成品油，走私分子可谓费尽心机，从以下3个被海关查获的案例来看，可谓是机关算尽。

铁皮屋内的玄机。宝安区公明镇某工业区内有两处废旧铁皮屋，周围长满一人多高的茅草。每天5时至8时，一些非法改装的大型油罐车在这里卸驳油品。2005年1月6日凌晨，南头海关缉私分局和侦查一处民警兵分两路，设点埋伏。5时许，4辆满载油品的改装油罐车开来，从铁皮屋内拉出两根碗口粗的输油管，开始卸驳油品。缉私民警立即行动，控制现场，打开铁皮屋小门，发现屋内藏了8个容量300多吨的油罐和几台油泵，罐内还有100多吨“红油”。缉私民警一路留守观察，一路前往公路干道截查。在公明镇龙大高速公路入口处，查获运载涉嫌走私“红油”的非法改装油罐车4辆，查扣走私“红油”150余吨，抓获涉案人员7名。

旧集装箱里的油库。某地海边一废弃工地上，有两个旧集装箱改装的简易工棚，工棚下面被挖空，改装成一个油库，工棚内安装了油泵、油管接口、油路开关等设施。同时，走私分子在地下埋入百米长的输油管，从工棚通到海里。渔船把走私的“红油”运到油库附近海域，再通过海里的输油管，将船上的“红油”输到地下油库内，然后，用改装的运油车将油运到各地销售。

从外表看，谁也想不到这里隐藏着一座设备齐全的地下油库。

位于葵涌的另一个地下油库，同样十分隐蔽，走私分子在偏远的山沟里，搭了两间竹棚，一间作为运油车卸驳柴油的车库，一间下面被挖空改装成油库，里边油泵、油管等输油工具一应俱全。这里是走私分子的一个中转站，用于储存、分销海上走私的“红油”。

利用废旧鲍鱼养殖场建走私油库。走私分子以养殖鲍鱼为掩护，将近 50 平方米面积的鲍鱼池，一分为二，再将油管通过鲍鱼池引入海底，直通流动渔船停泊处，把渔船上装载的走私成品油输到陆地。油库被查获时，缉私民警还当场缉获走私“红油”13.96 吨，查获改装油罐车1 辆，抓获涉案人员 4 名。

成品油走私屡禁不绝，原因有多种，其中一个重要原因是国内部分渔船，假冒港澳“流动渔船”走私，海关难以识别，这类渔船在前往香港时，挂上国内渔船船牌以逃避香港海关查缉，在香港购买“红油”返回时，又换上港澳“流动渔船”船牌，应付内地海关等执法部门的检查。查缉时，缉私人员往往无法检查出渔船的真实身份。

从查获的走私案件看，粤港澳渔船走私“红油”，有向珠江内河道纵深水域和水上缉私力量薄弱的地区发展的趋势，目前，已蔓延至南海九江至高明、三水、肇庆一带。这一地区水路长，河道狭窄，便于中途卸油走私和“看水族”掩护。“两惠”地区的上油点主要集中在惠阳金门塘和惠东港口，红海湾的上油点主要集中在汕尾鲘门、捷胜等地。

打击渔船走私不能松懈

部分国内渔船在香港水域行驶，悬挂香港备案的船牌，假冒香港渔船，在内地则悬挂内地牌，频繁变换船牌进行走私。一方面海关警力有限，不可能监控每条“流动渔船”；另一方面，现阶段缺乏严格的法规约束和管理。

根据规定，香港籍渔船除非发生事故或者海难，否则，不允许进入内地水域。《香港海事条例》规定，船牌编号为P字头和Y字头的渔船，无权驶离香港水域，M字头机动渔船可以驶离香港水域（M字头的船只，主要是打鱼渔船或对渔船进行补给和运送、收购渔货的船只）。因此，部分M字头香港籍渔船，经常满载“红油”驶离香港，伺机进入内地水域，过驳给内地船只或油罐车，或走私其他物品。如果没有现场查获的走私证据，有走私嫌疑的香港籍渔船，即便是擅自进入内地水域，海关也无权处理，只能由公安边防部门依照《沿海船舶治安管理规定》和国务院颁布的《中华人民共和国出境入境边防检查条例》，对擅自进入内地水域的香港籍渔船处200元人民币罚款，处罚力度明显不够。

深圳和香港海域有一条粤港管理中心线，它是广东和香港的海上边界。大鹏湾和深圳湾海域走私频繁，打击困难重重，其中，最主要的困难就是走私分子利用这条水上边界逃避追击。内地海关追击的时候，他们跑到香港，香港海关或水警追击的时候，他们跑到内地这边来。

走私分子在走私过程中不留书证，没有正规合同、协议和账本，连临时用的暗号记录单据也及时销毁，使用“神州行”和“动感地带”手机号码进行联络，缉私人员无法查清手机号码的使用人。团伙成员之间实行单线联系，参与者（包括船员、装卸工、司机、望风人员）只知其一，不知其三，缉私人员难以弄清走私团伙的主要人员和走私过程。

按照有关规定，民用快艇的动力不能超过40匹，但海上走私快艇马力可达500匹，最快时速相当于陆地上汽车120公里的时速，高于缉私部门的追击速度。

海上走私具有集团化、高智能化的特点，走私分子建立了庞大的走私网络，“蚂蚁搬家”式的海上走私，规模大，参与人员多，涉及范围广，海关采取任何一种反走私方式，都难以将所有参与人员一网打尽。

第四章
一般贸易货物走私

一般贸易是指有进出口经营权的各类公司、企业（包括外商投资企业）单位，进行单边进出口的贸易。一般通过对外签订合同、协议、函电或当面洽谈成交。主要包括：按正常方式成交的进出口货物、易货贸易（边境地区易货贸易除外）、货款援助的进出口货物、暂时进出口（不再复运出口）的货物等。

只要境内外市场存在差价，或国家实施贸易管制，就会有走私活动。随着经济全球化和区域经济一体化进程的加快，走私分子的走私活动更加频繁，手法更加隐蔽。

深圳关区一般贸易货物走私形势

先从一个案例说起。

2003 年 8 月 8 日，深圳海关稽查处对宝安区一来料加工厂稽查时，发现消耗性物料钻头、铣刀的价格偏低。钻头和铣刀是线路板加工行业必需的消耗性物料，重量小，价值高，而且不同规格型号的价格相差较大。

稽查人员决定从这家企业的商业信函和交易单证入手，追查钻头和铣刀的真实成交价。稽查关员将有关资料与最早发现的报关单、海关估价表、订单和增值税发票等单证，逐一对比，发现这家公司有两套增值税发票，一套是专门用于向海关报关进口用的假增值税发票，一套是用于与客户结算的真实增值税发票。稽查关员还摸清这家公司的走私情况：公司与境外供货商以港币 203.36 万元（折合人民币 215.57 万元）的价格成交后，再伪造增值税发票、装箱单等，委托报关公司以港币 171 063.81 元的申报价格，分 5 次将钻头铣刀申报进口，偷逃税款 52.04 万元。

这家企业的关务科长张某有重大走私嫌疑，为防止他逃跑，海关立即将其刑事拘留。审讯时，张某不但拒不交代，还大喊冤枉，说自己以企业报关主管身份从事报关，并不违法，希望海关查清事实真相，还他清白。

审讯人员不急不恼，告诉他根据其在整个案件中的地位和作用，不必承担所有的法律责任，如果主动交代，可以争取宽大处理。这一招果然管用，张某犹豫了一阵子，交代了他在采购部副总吴某的授意下，伪造购货发票，以低报价格向海关申报进口物料的事实。

深圳口岸进出口企业众多，又以外贸代理企业居多，流动性强，不少企业是“皮包公司”，“洗单”问题突出，商业瞒骗风险高。

一般贸易渠道走私，特别是价格瞒骗走私，环节多、金额大、专业性强，低报价格走私已由企业的个别行为，演变为行业内多家企业联合起来，进行低报价格的群体行为，走私分子根据海关监管力量和力度的变化，不断变换进出口岸。随着海关打击走私能力的日益提高，走私分子逃避打击的手段越来越隐蔽，还与地下钱庄勾结，利用地下钱庄支付差额货款。

为便于走私，走私分子通过伪造假身份证或用他人名义，购买或注册大量假公司当“托儿”（市场上 3 000 元可买一个“空壳公司”），充当经营单位和收货单位。在境内寻找买家或货主，在境外设立快递公司，组织货源和发货；利用电脑里存储的假单证文档模版，批量制作虚假报关单证，私刻相关印章。为了降低风险、分散海关注意力，不直接报关，而是充当“中间人”的角色，委托其他报关企业办理通关手续。因报关行业竞争激烈，为招揽业务，很多报关公司对企业提供的报关资料是否真实，一般不加审核，就急着报关；有的报关行甚至帮助制作虚假单证，成为走私团伙的帮凶。走私行为一旦被查获，走私分子销声匿迹，报关企业被推到案前。

走私分子大量少报多进，只是品种上的少报多进，重量与申报一致，确保顺利通过通关自动核放系统。为防止被海关查验，装货时，将申报的几个低价、低税物品，摆放在货柜外侧，其他高价、高税物品，藏在货柜深处，撕掉商品标签，使关员难以辨认。走私分子一般选择傍晚入境，这个时间段天已黑，不利于海关细查细验，同时，便于隐蔽卸货。

申报不实和伪瞒报都是申报进口与实际进口不符，将价值高的报成价值低的，税率高的报成税率低的，把没有在加工贸易登记手册备案的货物，报成在加工贸易登记手册备案的免税货物，被海关查获时，当事人以工作疏忽导致发错货、发错数据，或者货柜号错误为借口，推卸责任。

目前，国内从事报关、代理进出口业务的企业中，80%以上的企业存在低报价格的行为。由于低报价格现象在业内不断蔓延，严重影响了国家税收和商品价格，干扰了国内市场的公平竞争秩序，侵害了合法企业的利益。

走私分子对海关监管工作十分熟悉，反稽查、反缉私能力较强。此外，海关人力资源紧张，也刺激了走私分子冒险闯关。

深圳关区一般贸易走私活动走私主体复杂，“皮包公司”多，企业注册资料大多虚假，联系电话要么打不通，要么与注册企业没有关系，更有甚者，注册电话竟然是福田区某政府部门的办公电话。为了方便走私，在香港注册公司，以香港公司名义与境外供货商订立真实合同、开立信用证，然后，以香港公司名义，与境内公司签订内容虚假但形式真实的合同，在境内操作环节没有真假两套合同和发票，造成缉私部门在发现和固定证据方面十分困难。

外贸业务中“做单”、“洗单”现象普遍，部分企业出于业务操作方便或其他考虑，向海关提交的随附单证，不是实际外贸单证，而是由代理单位或报关单位自己制作的，随意性大，真实性没有保证，证据价值小。

“狡猾的狐狸斗不过猎手”，走私分子斗不过海关。深圳海关结合关区实际，坚持“破大案、打团伙、抓主犯、摧网络”方针，集中精力侦办大要案，打击和防范一般贸易走私。在打击一般贸易走私活动中，深圳海关摸索出一套行之有效的方法，把工作重点放在查清价格瞒骗上，然后按图索骥、各个击破。在证据的搜取上，避免单一寻找真假两套发票和合同，从资金流、货物流、单证流等多个渠道搜取证据，形成严密的证据链条。对重点对象和目标“放长线、钓大鱼”，先期进行情报经营和风险分析，全面掌握走私活动的规律和特点，行动时，稽查人员先行，缉私警察随后，防止走私分子销毁证据后逃跑。

深圳海关把监管现场作为打击走私的主战场、主渠道，整合稽查力量，在文锦渡、皇岗、蛇口等业务量较大的口岸海关设立稽查科，并在稽查处增设机动稽查二科，建立了以口岸海关稽查部门和机动稽查部门为主的一般贸易稽查模式。价格信息处加强对低报价格情况的分析和预警通报，稽查处加大对重点企业的稽查力度，审单处对重点风险企业和商品加强审核，及时发现企业低瞒报价格线索。

瞒天过海 货运渠道走私惯用伎俩

2006年2月25日，深圳市某科技公司以一般贸易方式，向蛇口海关申报进口浮水石89 705千克，蛇口海关通过风险分析，认为存在伪报、夹藏风险，决定对其实施A级布控。2月27日，经彻底查验，申报进口的4个集装箱中除TCKU9400499号集装箱装有浮水石27 350千克外，其余3个集装箱的实际装载货物为印刷机7台、裁纸机1台及大批电子零配件一批，案值685.42万元，涉税135.73万元。

这是一起典型的伪报进口、夹藏走私案例。

一般贸易走私活动日趋专业化、智能化，采用电子邮件、电子账册、传真等电子化贸易方式，隐匿记录交易的传统书证，走私分子与境外供货商之间的真实成交价格，不再体现在纸质合同、订单、账册上，记录交易数据的终端也多设在境外，一旦案发，就迅速隐匿证据。对外付汇时，不再使用本公司账号，大多采用地下钱庄、境外付汇，或境内多家关联企业交叉转账方式，掩盖真实的资金流向，使整个走私链条更加隐秘，难以查找突破口。

注册成立多家公司，通过交叉买卖或层层委托方式，削弱对商品贸易情况的认知责任，互相推诿，逃避监管。

2002年7月，深圳海关接到海关总署价格监控信息：从文锦渡口岸进口的日本产某品牌点钞机，存在严重低报价格的嫌疑。文锦渡海关立即组织人力，调阅报关资料，对申报进口点钞机的企业逐一排查，发现进口某品牌点钞机的企业有两家，以深圳市A贸易公司为主，申报价格最低。3年来，对同一品牌同一型号的点钞机，均申报为同一价格，与市场经济规律不符。这家公司共申报进口11种型号的这一品牌点钞机3 698台，其中，仅3种型号的点钞机的申报价格，就与参考价存在2 117万港元的差价。根据这些疑点，文锦渡海关抽调业务骨干组成专案组，集中人力对这家公司进行稽查。稽查时发现，这家公司进口的点钞机属代理性质，委托公司为深圳市某实业公司和深圳市 B 贸易公司。深圳市 A 贸易公司仅收取代理费，对货物的真实价格一概不知，制作的会计凭证也与进口申报资料一致，未发现相关低报价格的证据。专案组立即转移战场，前往深圳市某实业公司和深圳市 B 贸易公司，到达这两家公司时，已人去楼空。

稽查人员又回过头对深圳市 A 贸易公司的有关人员询问，终于有了突破性进展，摸清点钞机供货商为香港某公司，收货人是其在深圳开设的深圳某办公设备公司，法人代表为王某，此人又是深圳市某实业公司的法定代表人，每次接货都由其亲自负责。专案组立即对深圳某办公设备公司展开全面稽查，在相关业务函件中，找到了该公司与香港某公司签订的所有商品成交价格文件，发现其国内销售价与进口申报价的差额巨大，其中，一种型号的点钞机内销成交价格与申报价格差价达 50 倍。在公司通讯录上发现了其仓库地址，稽查人员立即前往仓库，查扣涉嫌低报价格进口的点钞机 218 台（价值人民币 500 万元），但还不能认定这批货物就是深圳某办公设备公司存入的货物。这时，一张标有点钞机生产厂家驻上海代表处地址的产品说明书，引起了稽查人员的注意，稽查人员认为，上海代表处可能有真实成交价格等相关资料。专案组立即赶赴上海调查取证，在上海海关的支持下，7 天后，日本某品牌点钞机生产厂家驻上海代表处提供了 2000 年 1 月至 2002 年 11 月，向香港某公司销售点钞机的发票、订单、装箱单及银行对账单等资料。这样，案件终于有了重大进展。

2003 年 2 月 25 日，深圳海关缉私局抓获犯罪嫌疑人 3 名，一周后，又抓捕主要涉案人员 2 名。

审讯时，犯罪嫌疑人王某、沈某都将罪责推到对方身上，不承认参与走私活动。审讯小组利用双方相互猜忌的心理，宣传政策，突破两人的心理防线，两人才开始交代。从两人的交代中，基本理清了走私活动的来龙去脉。2000 年以来，经营进口点钞机生意的香港某公司老板王某与国内合作伙伴沈某商议，为少付关税、多赚取利润，采用低报价格的方式进口点钞机，由王某负责签订合同购买日本某品牌点钞机，采用“包税进口”方式，以每台 800 元的价格承包给沈某进口。沈某又以每台 600 元人民币的价格转包给李某报关进口。货物进口后，沈某的妹妹与冯某办理收货入仓，并交给王某在国内销售。2000年1月至2002年10月，这家公司共申报进口各种型号的点钞机110票共7 657台，申报单价从730港元至3 920港元不等，实际成交单价从5 325港元至102 654港元不等。最终，查实3 351台点钞机低报价格，偷逃税款1 412余万元。

价格瞒骗　走私分子的“重头戏”

世界海关组织将价格瞒骗定义为，行为人在向海关申报时，隐瞒实际成交价格，以不真实的价格向海关申报，通过减少税基以达到偷逃应缴税款的目的。

价格瞒骗的走私形式多种多样，走私分子围绕货物的实际成交价格大做文章，通过各种手段隐瞒货物真实情况：伪报商品原产地、用途、型号或规格，故意模糊申报商品品名或数量，隐瞒体现实际成交价格的真实单证，制造另一套假单证向海关申报。

我国加入WTO后，价格瞒骗成为一般贸易渠道走私的主要形式之一，而且个案案值大、作案周期长（有的作案周期达数年之久）。涉案企业多次试单后，一旦海关接受其低报的价格，便长期连续运作，涉案金额巨大。低报价格走私已逐渐由企业的个别行为，演变为行业内多家企业联合起来组成“反海关价格联盟”的行为。为不引起海关注意，逃避监控，走私团伙频繁更换运输走私货物的车辆和经营单位。

与以往强行闯关或单纯靠少报数量、伪报品名的“粗放型”走私手法相比，价格瞒骗这种“智能型”走私方式，采用高智商、高技术手段，形式更隐蔽，认定更困难，危害更严重。

走私分子与境内外商人勾结，与国外供货商洽谈好合同，但不直接签订合同，由走私分子介绍香港的中间公司（一般是不法分子在香港的关联公司），按走私分子谈好的合同内容，与国外供货商签订合同，国内走私分子再与香港中间公司签订进口购货合同，形成国内收货人直接向香港公司购货的假象。海关认定的实际成交价格，往往是国内收货人与境外供货商的最后一手成交价格。因此，香港中间公司以自己的名义制作一套合同、发票等单证，把完税价格降低。在整个交易过程中，单证上显示出香港中间公司，是一种贵买贱卖的不合理行为，实际上国内收货人是按最初与供货商商谈的成交价付款，并不按与香港中间公司签订的合同价支付价款。这种“洗单”瞒报的手法，由于内外勾结，海关通过单证审价不易发现，具有很大的欺骗性。

价格瞒骗走私已由过去原始、简单、直接的方式转变为技能性、技术性和隐蔽性较高的间接形态走私，并且渗透到加工贸易、转关、快件和行邮等各通关环节，查处成本和难度越来越大。另外，由于进出口货物品种多、型号不一、新产品层出不穷，价格差别较大，走私分子利用海关人员对部分商品知识及价格缺乏了解，伪造合同、发票，将“洗单”行为前推后移，海关一时难以从单证中发现端倪。

境外供货商、境内收货人、分销商存在特殊关系，如母公司与子公司、同一企业的下属公司、总公司与代理机构、经营者之间存在亲属、朋友关系等。基于这种特殊关系，走私团伙将走私需要的假单证制作工作在境外提前完成，与境内公司签订“内容虚假但形式真实”的合同，而不必在境内制作两套发票，这种制假单证方式隐蔽性更强。由于在走私过程中，境内没有真假两套合同和发票，海关人员很难辨别贸易的真实情况。

深港地缘因素也加大了反价格瞒骗的难度，香港是自由港，对贸易活动管制宽松，特殊的金融、航运条件使其转口贸易发达。同时，也给不法商人“洗单”、“洗货”、“洗公司”提供了方便。深圳公路口岸进口货物单多量大、进口商品品种繁杂，增加了反商业瞒骗的困难。此外，海关监管与快速通关的矛盾突出：一方面，香港特别行政区特殊的政治、经济、社会地位，决定了深港口岸通关速度对粤港乃至珠三角的经济有重大影响；另一方面，深圳历来是反走私斗争的前沿阵地，税收工作外部环境复杂，价格瞒骗在一定范围内一直存在。

目前，走私分子已从单纯“洗单”、“洗单”与“洗货”相结合，发展到“单证、货物、公司”一起“洗”，还出现“洗规格型号”、“洗汇率”等新手法，打乱货物流、单证流，切断证据链，同时，还出现了转移定价、利润等技术手段相当高的商业瞒骗手法，通常称为“五洗一假”。

“洗单”，指不法分子利用特殊商业关系，与境外中转商勾结，在货物进境时，隐瞒实际成交单证，以中转商的名义开具虚假单证，伪造货物的品名、规格、数量、功能等指标，使之与瞒报的价格保持一致。

“洗货”，指走私分子更改进口货物标签上的内容，拭去或撕毁标签，混淆视线，将海关重点监控的商品，“洗”成非海关重点监控的商品，再通过“洗单”，使“单货相符”，达到低报价格走私进口的目的。

“洗公司”，指以各种真真假假公司的名义报关，分散海关注意力，避免被纳入海关高风险参数中，同时，使用假电话、假地址，逃避海关追查。

“洗规格型号”，指把规格型号、原产地等“洗”成根本不存在的规格型号，将高价的货物报成低价的货物。

“洗汇率”，指通过中间环节（一般通过香港的公司），将成交价格的币值，换成另外一种币制，币制换算汇率内部确定，比正常的汇率低。对来自欧元区的货物，将欧元“洗成”美元或港币，从而达到少缴税款的目的。

“境内外协同作假”，指不法分子采取境外直接供货商与国内经营者协同作假的方式，共同欺骗海关。如境外直接供货商与经营者签订合同约定货款分两笔等额支付，第一笔以信用证付款（用于向海关申报价格），第二笔则为隐瞒的货款，通过香港公司利用现金支付的方式汇至境外。

自2006年以来，深圳海关针对本关区一般贸易渠道商业瞒骗走私的态势、特点，根据海关总署要求，重点抓了税收和打私两项工作。紧密围绕综合治税大格局，充分运用风险管理，积极整合执法资源，突出打击一般贸易渠道各类商业瞒骗，特别是行业性价格瞒骗走私活动，取得了明显成效。据统计，2006年全关共立案查处商业瞒骗走私行为案件约60宗，案值8000多万元，涉税1000多万元；立案侦查商业瞒骗走私犯罪案件约40宗，案值超过3亿元人民币，涉税

5000多万元。在这些商业瞒骗走私案中，价格瞒骗走私犯罪案件20多宗，案值超过2亿元，涉税3 251.84万元。通过查办一批有较大影响的案件，规范了关区食品、乐器、电子元器件、皮糠纸、地毯等多个行业的进口价格申报工作，为国家税款的应收尽收作出了贡献。

抓团伙　连破一般贸易走私大案

查票据　打团伙　破5亿元大案

由于价格无形，海关难以辨别实际成交价格的真假，少数走私分子便借机钻空子，虚报、低报成交价格，偷逃关税。价格瞒骗走私，不但使税款流失，侵害了国家经济利益，而且严重破坏了市场经济秩序，造成不正当竞争，冲击了守法企业的经营活动，侵害了大多数企业的合法权益，成为海关打击走私重点。

深圳特殊的地理位置和经济环境，使地下付汇渠道多、方便快捷，增值税发票也能方便地解决，为走私活动提供了适宜土壤。

2006年7月初，深圳海关审单处发现一个异常信息，某品牌电子元器件申报进口价格与市场价相差极大，甚至不到市场价的1/10，存在瞒报价格走私的嫌疑。审单处立即将情况通报给缉私局，缉私局随即组织人员对线索展开调查。

缉私人员将通过互联网等渠道收集的企业和商品信息资料，与企业报关资料进行对比分析，寻找可能存在的风险点。

缉私民警还调取了这类产品两年内的报关资料，并到相关厂家和市场进行实地调查，对近年来大量进口的电子行业申报的数（重）量、价格等数据，进行核查和对比分析，发现关区二十余家进口电子元器件的企业，有低瞒报走私行为。货物经过“生产商（或称供应商）→区域代理→分销商→其他客户”的流转，价格以5%的幅度由上至下逐渐递减。按常理，钦某进出口公司等企业进口的半导体元器件的价格，应该比分销商高5%以上，实际情况却相反，相同型号的元器件，分销商报价为人民币 1~2 元/个，钦某进出口公司等企业向海关申报的价格却是 0.1 元/个，价格相差 10 倍以上。

对进出口企业调查时，缉私警察发现，某些企业根本没有业务，属于“空壳”企业。

要揪出走私团伙的幕后操纵者，必须摸清货物流向，缉私警察决定从人、货两方面入手，对这 20 余家公司运送进口货物的车辆及司机进行监控。不久，缉私警察发现，运货车辆入境后，全部从梅林检查站出关，开往华南物流城附近的一个汽车修理厂卸货，之后货物由面包车运送到市内仓库。对司机跟踪监控时，缉私警察发现，货物入境前后，司机都会与一个叫欧某的人联系。缉私警察又发现，与欧某来往密切的陈某是货主，负责在香港组织货源和国内销售。欧某只负责走私货物的通关。

经过两个月的努力，缉私警察摸清了这个走私团伙的走私规律：一般周一至周五实施走私，每次走私 2~3 车货。走私团伙成员警惕性很高，有较强的反侦查能力，第一车报平安后，才发第二车货，待所有车辆顺利过关后，货主陈某再入境。走私的电子元器件出厂日期，距离案发仅半个月，说明走私团伙联络的供货商和收货商产销两旺，中间经营商基本零库存。走私团伙了解关员调查案件与缉私警察介入案件的严重程度不同，如果是关员就配合调查；如果是缉私警察，则迅速销毁单证逃走。

掌握了走私团伙的目标成员及走私规律后，缉私部门准备展开打击行动。

9 月 6 日，这个走私团伙将再次走私，缉私部门立即部署警力，分布在走私团伙出入境口岸、货物中转站等 8 个地点，准备将其一网打尽。晚上，装有走私电子产品的两辆货车陆续入境。为人赃俱获，缉私部门按兵不动，待陈某入境后再动手。

不久，前方口岸传来陈某入境的消息，指挥部下令立即开始行动。各小组随即展开抓捕，抓获欧某等涉案人员 22 名，查获两辆涉嫌走私的货车，查扣电子数据资料、报关单、账本、假印章等，缴获 IC 芯片、电容、三极管等电子元器件，货值近千万元。

但陈某一入境，接了一个电话，通知他海关正在检查货物，他问

“来人身穿白色衣服还是蓝色衣服”，当得知是蓝色衣服的缉私警察后，立即关机，不知去向。

从查获的情况分析，走私分子主要采取3种方式逃避关税。一是保持总重量的平衡，商品种类少报多进。如查获的其中一辆车，少报各类电子元器件4 817.21万个，另一辆车少报各类电子元器件4 584.97万个，共计少报电子元器件9 402.18万个。二是将各种型号的二极管、光电隔离管，模糊伪报为固定电阻（插脚非片式），将各种型号的对管、场效应管等伪报为三极管，申报进口三极管只有7种，实际上进口的有20余种。为避免海关人员在单面上发现异常，申报的电子元器件的重量、数量、价格之间的换算保持平衡，实际价值千万元的货物，伪报为23.97万元，本应纳税161.8万元，实纳税仅4.17万元，偷逃税款157.63万元。

办案人员对22家涉案企业查缉时发现，有15家企业与工商、海关注册登记地址不符，1家无经营迹象，2家人去楼空。个别备案电话真实但地址虚假的企业，接听电话人员的警惕性也十分高。办案中还发现，涉案的某进出口公司同时注册有13家公司，公司职员互为14家公司的法人、董事、经理，用这14家公司交替为走私团伙办理通关手续。

由于走私团伙警觉性高、反侦查能力强，提前做好应对措施，每次走私后，立即将真实单证销毁。此外，还伪造假身份证或用他人名义，购买和注册了34家“空壳公司”，当经营单位和收货单位，交替办理通关手续，企业注册的地址、电话80%是虚假的。为降低风险，通过交费挂靠的方式，在报关公司租用报关点，以挂靠报关公司名义报关，以每份单百余元的价格，委托10家报关企业办理通关手续。此外，这个走私团伙成员众多，来自同一地方，有亲戚、同乡关系。

案发后，货主陈某和通关制单环节的主要犯罪嫌疑人郑某等人闻风而逃，落网的成员认为死无对证，审讯时要么不开口，要么推卸责任，拒不认罪。

作为一个专业价格瞒骗走私团伙，欧某利用“空壳公司”和虚假单证层层“洗单”，制造了一个表面合理且公司众多，却无从追查的单证假象。由于难以从正面查明通关环节价格瞒骗犯罪事实，专案组绕过通关环节的单证假象，通过“反向洗单”还原“真实价格”。

针对走私分子早已做好反稽查准备的情况，海关办案人员采用逆向思维的做法，转变原来的以代理公司为稽查重点，转向以实际经销商为重点，对这个案子的上、下家公司展开追查，调取了30余家涉案企业的工商注册资料和上千份进出口电子数据进行分析，对涉案产品的品牌、数量、规格进行区分，对十多家国内相关企业进行走访，梳理涉案企业的资金流向，终于查明以欧某、陈某为首的走私团伙，走私100余车电子元器件的犯罪事实。

追逃组也加紧对陈某、郑某等人的追逃。追逃民警认为，刚刚案发，嫌疑人不会轻举妄动，急于出击会打草惊蛇，决定采取欲擒故纵的方法，先“放弃”抓捕，悄悄了解在逃人员的房产、车辆等信息资料。果然，心存侥幸的嫌疑人放松警惕，开始出来活动。2007年3月28日，追逃组经过排查、蹲守，发现了陈某的行踪，在宝安区某宾馆将其抓获，并搜查到部分单证。7月10日，将郑某抓获。

价格瞒骗走私案件一般涉及境内、境外、中间商等多方当事人，案发后，各方当事人均找借口为自己推卸责任，以不知道为由逃避责任，以零口供对抗侦查。这个走私团伙的成员也不例外，办案人员利用他们刚被采取强制措施、心神未定的时机，立即开展突审，运用说服教育、指明出路、出示证据等审讯方法，一举突破了陈某、郑某的心理防线，两人相继交代了犯罪事实：从2005年4月开始，陈某负责在香港组织购买电子元器件，欧某以“包税”形式代理报关，按每进口一吨电容或者电阻，陈某支付欧某5 500~6 000元人民币作为“通关费”，二极管或三极管按每个0.2元的价钱支付“通关费”。欧某一方面收取“通关费”，另一方面，利用其弟弟挂靠深圳市某报关行工作的关系，以每月3 000元的工资，聘用这家报关行的郑某制作虚假进出口报关单，以不到货物实际成交价1/10的价格，向海关申报进口，偷逃国家税款。欧某还购买“皮包公司”（有外贸经营权、无实际业务的公司）作为经营单位，制作虚假合同、发票、装箱单、委托报关协议等资料。陈某在香港成立多家公司，根据国内客户订单在香港揽货。

通过取证和走私分子的交代，确认欧某、陈某团伙走私100余车电子产品，案值近5亿元，偷逃税款达4 000余万元。

作假逃税千万元　公司不“安然”

2003年7月，深圳海关缉私局侦破案值3.6亿元、涉税4 000多万元的A公司价格瞒骗走私案收尾时，收到一封举报信，说两年前在A公司工作过的李某，也开办了一家公司，正用与A公司相同的手段走私。

办案人员不敢马虎，立即对A公司的人事资料进行清点，找到了李某的档案。从档案资料看，2001年李某到A公司担任业务员，一年后离职，开办了一个叫“安然”的进出口公司，代理国内客户进口商品。资料显示，安然公司的内地客户90%以上与A公司的客户相同。办案人员通过挖掘，发现李某在香港开设了一家公司，每次代理内地客户进口货物时，都要经过香港公司转手，再卖到安然公司。A公司作案时，也是在深圳、香港各开一家公司，将进口货物通过香港公司转手后再卖到深圳公司，在转手的过程中，进行价格瞒骗。办案人员到安然公司的几家国内客户调查时，发现同样进口一批货物，安然公司向海关申报的价格，明显低于国内客户与国外供货商达成的协议价。

2004年8月13日，办案民警兵分两路，一路对安然公司突击搜查，将大量的报关资料、进口合同带回分析研究，一路民警将安然公司代理的国内客户召集到缉私局，请他们提供向国外供货商进口货物时的合同及与安然公司的贸易合同等资料。

办案人员从安然公司代理的国内客户中，选取了几个贸易量大的对象进行分析，发现安然公司报关时的价格，只有真实价格的40%。

8月15日，李某、会计廖某、报关员张某、业务员高某被拘留。

一条线索还不能揭开安然公司的真面目！安然公司有时一天代理数十家客户的进口业务，一票同时进口几家客户的货，一批货物分几次进口；有时签订代理协议后很久才进口货物；有时货物进口了才签订代理协议。每次申报进口的货物品名、型号，少的时候几十种，多的时候有一百多种，想找出客户进货合同与安然公司向海关申报合同的对应关系比较困难。缉私局又抽调人员，加强专案组力量，展开取证和核对工作。专案组把客户境外发票上的品名、型号、数量、价格，分门别类地录入电脑，然后，一单一单与安然公司的报关单核对。经过两个多月的奋战，终于发现安然公司在代理 30 多家国内客户的进口业务时，用伪造的合同、发票向海关报关，把进口商品的价格低报为原价的 40%~80%，偷逃海关税收。

走私证据表明，除了李某等 4 人外，安然团伙还有 7 人涉案，但他们却一夜之间消失了。专案组决定内紧外松，不让一个漏网。

方某是安然公司的另一名报关员，明知安然公司用违法手段向海关申报，还积极伪造进口报关资料，造成税款流失 170 多万元。他畏罪逃走后，先靠积蓄度日，眼看坐吃山空，正在计划自己开一家公司。11 月 7 日，办案人员得到线索：方某要去福田区工商局办理营业执照。办案人员便在工商局门口展开布控，眼看一上午过去了，方某却还没有露面，办案民警正思索对策时，一辆“凯越”轿车驶来，车里坐着两名男子，一名男子下车去工商局，另一人则坐在车里东张西望。缉私民警悄悄靠过去，发现车上坐着的正是方某。追捕人员立即把车包围起来，方某落网。

邹某是安然公司的业务员，负责向国内客户业务跟单，直接参与低报价格走私货物 23 单，偷逃税款 59 万元。她逃离后，在某个大厦里的一家公司找了一份文员的工作，每天跟着大厦的“上班族”一起进出。11 月 10 日下午，缉私民警封住了大厦的所有出口，准备捉拿她。下班时间到了，大厦里的员工三三两两地下班出来。这时，缉私民警发现电梯里走出一名女子，与邹某长相相似，却无法确定。眼看她就要离开大厦了，办案人员心生一计，在她背后轻呼一声：“邹邹！”（“邹邹”是邹某的小名，邹某以前在安然公司时，同事们都这样称呼她。）这名女子本能地回过头问谁喊她，没等她反应过来，一副锃亮的手铐已经戴在她手腕上。

不久，安然公司业务员刘某、崔某、杨某和出纳员李某，也先后被抓获，安然公司主犯全部落网。安然公司代理的 30 多家国内客户，绝大多数对安然公司的行径不知情，从某种程度上说，也是安然公司走私活动的受害者，但也有个别公司知道安然公司在走私，而且也仿照其手法走私。余某就开了这样一家公司。缉私民警请安然公司国内客户配合调查时，发现余某很紧张，对立情绪强烈，不支持、不配合海关的工作。通过调查发现，余某与安然公司串通一气走私。案发后，余某企图逃往境外，在罗湖口岸被抓获。

11名主犯的全部到案，使李某的心理防线彻底崩溃，交代了走私犯罪的事实。原来，她大专毕业后，一直在商界混，是一名小有名气的“女强人”，2001年跳槽到A公司做业务员。当她发现A公司靠走私暴富的秘密后，决定效仿A公司的手法，也开公司走私。在深圳开设安然公司的同时，又在香港开了一家公司。香港公司是她进行价格瞒骗的工具，每次安然公司代理货物进口，都会从香港绕道转手。她利用安然公司与香港公司的特殊关系，伪造进出口合同、发票，将价格低报为原价的40%~80%。

刚开始走私时，她拿着伪造的合同、单证，往返于深圳、香港两地公司盖章，一段时间后，她嫌在深港两地奔波太麻烦，干脆把香港公司的公章带到深圳，一个人坐在办公室里完成两家公司的“合同”，又非法购买增值税发票，抵扣应缴的增值税。据统计，从2002年6月至2004年8月，她利用这种方式，走私货物案值1.02亿元，偷逃税款1 084万元。

李某说，A公司被海关一举查获，主犯陈某被抓获后，她担心罪行败露，开始夹着尾巴做人，但还是被抓捕了。

兵分三路巧取证　破亿元大案

2004年3月，商品价格信息处发现一个不正常的信息：A公司代理进口日本产JUKI牌、我国台湾地区产SIRUBA（银箭）牌工业缝纫机机头（不带电机）及零配件的价格，与国内其他口岸进口的同类商品的价格相比偏低。这条信息很快传递到深圳海关驻经济特区办事处，深圳海关驻特区办事处根据这条信息进行调查，发现A公司进口的JUKI牌缝纫机机头，与国内其他口岸进口的同类商品的价格相比较，差异很大。

深圳海关驻特区办事处关员对A公司进行调查时，公司总经理苏某一口否认代理进口其他公司货物，称只是销售给深圳B机电公司工业缝纫机机头，却不愿提供进出口资料。

对B机电公司进行调查时，从会计凭证上发现A公司开具的增值税发票上有“JUKI牌工业缝纫机机头”名称，财务人员在旁边注了一行小字——“这是什么东西？”总经理陈某解释说，从来没有进过这种东西，不知道是什么。

这一回答，令海关人员感到奇怪。

在海关人员的要求下，陈某要求A公司总经理苏某来B机电公司解释，苏某死活不肯来。

如此低的申报价格，代理和销售关系不明，当事公司总经理又不愿解释，说明其中有猫腻。海关人员进一步调查发现，A公司从2002年9月至2004年3月以低报价格的方式，共代理B机电公司进口了144台SIRUBA牌工业缝纫机机头及1 486台马达，案值人民币342.45万元，涉嫌偷逃税额113.8万元，同时，发现A公司进口JUKI牌工业缝纫机机头、SIRUBA牌机头和一批工业用缝纫机零配件，大量单证材料显示存在瞒报价格。

海关正在调查时，A公司有关人员全部逃走。

4月22日，深圳海关驻特区办事处将案件移交给皇岗海关缉私分局。皇岗海关缉私分局与有关部门组成“4•24”专案组，开始侦查追逃。当天，缉私警察兵分三路，一路奔B机电公司调取单证，一路奔A公司搜查有关单证资料，一路将B机电公司报关部主管刘某、财务部部长周某传唤到深圳海关驻特区办事处问话。由于A公司人员已潜逃，刘、周二人认为无人对证，对民警的提问拒不交代。缉私警察利用刘某急于开脱、推卸责任的心理，出示证据，穷追猛打，经过18个小时的较量，刘某才交代了苏某勾结B机电公司颜某、刘某开办A公司，低报价格走私SIRUBA牌工业缝纫机机头及零配件，将代理关系转化成买卖关系，伪造报关单等骗取税款。从刘某口中，还挖出A公司代理广州某针车公司购进SIRUBA牌、JUKI牌工业缝纫机的情况。专案组立即前往广州，抓获广州某针车公司法人易某及会计林某，并证实了A公司代理该公司“包税”进口SIRUBA牌、JUKI牌工业缝纫机的犯罪事实，同时，还了解到JUKI牌缝纫机的实际收货单位为南海的一家公司。

办案人员意识到要侦破此案并不容易，一是实施低报价格与收货的当事人不认识，只通过A公司来联系；二是作案手段复杂，采用伪造报关资料、涂改海关关税（代征增值税）专用缴款书、包税、盗用公司资料等多种手段，涉及大量需境外取证的事项。

能否追捕到在逃人员是破案的关键，苏某是A公司总经理，也是首要犯罪嫌疑人，但案发后，他解散公司逃走。苏某具有很强的反侦查能力，潜逃后改名换姓，频繁更换居住地点，每到一处只停留几天。为了抓住他，侦查人员做了大量工作，终于发现了他的藏匿地点。6月22日，当办案人员出现在厦门他刚租下没几天的房屋门口时，他顿时呆若木鸡，束手就擒。苏某的侄女也是关键人物，A公司的重要资料都由她保管。案发后，苏某要她立即逃跑，办案人员经过排查，得知苏某的侄女在深圳某大厦上班。办案人员立刻前往调查，然而，楼层里有10多个单位办公。办案人员判断，她可能在其中一家化妆品推销公司上班。于是，办案人员化装成顾客，走进化妆品推销公司，一面假装做面膜，一面四处找她。2个小时后，她终于在大厅里出现，办案人员未来得及卸掉面膜，就紧跟她下楼，与守候的侦查人员一起将其抓获。她被抓获，证实了制作虚假合同、发票、装箱单等一系列报关资料及涂改海关关税（代征增值税）专用缴款书走私的过程，使案件取得突破性进展。A公司女会计江某在案发后也逃走，侦查人员发现，江某就躲在布吉一出租屋里。因担心打草惊蛇，侦查人员决定先摸清虚实，在辖区户籍管理员的陪同下，以查询登记户口为由，进入出租屋，发现屋内住有一名男子。男子称自己单独居住，但阳台上挂有多件女性衣物，洗手间门从里面反锁，在侦查员的催促下，从洗手间中走出一位女士，因正在洗头，一脸泡沫，无法辨认，身份证上显示名字为李某。侦查员只好返回楼下，一边守候，一边分析，最后确认江某就住在那间出租屋内，侦查员决定再次上去探个究竟。然而，没有充分理由再去查问，会引起对方的戒心，通知可能不在屋中的江某，给追逃造成困难。因屋中住的是一男一女，侦查员决定以小区计划生育工作人员的身份，再次入屋辨认，发现头发散乱的女人，跟江某的脸形相似。侦查员灵机一动，突然叫了一声江某的名字，这名女子条件反射地回应了一声，果然是她。

自恃销毁了大量证据，几名犯罪嫌疑人到案后拒不交代犯罪事实。办案人员早有准备，在抓获他们前，从旁证入手，内外结合，相互印证，形成完整的货物流、资金流等证据链。首先调查了涉案货物经营、报关、运输流程，获取了2 000多本涉案公司的往来明细账、货物进出库记账凭证等，梳理出涉嫌资金账号、资金往来、交易记录。从文锦渡海关、B机电公司、广州某针车公司搜集到了40 000多份虚开的增值税发票、会计账册等材料中，找到A公司的报关单、虚假合同，证实了A公司低报事实。同时，办案人员抓住利害关系，给B机电公司的台湾股东做劝说工作，从境外供货商手中获取了1 000套、6 000多页的真实合同、原始发票、装箱单等，与报关资料一一核对数量、型号、单位，计算出每一个零配件的差价，查实了偷逃税额的证据。在苏某、颜某、易某等主要嫌疑人“零口供”或极少口供的情况下，10名犯罪嫌疑人被全部逮捕。

案件的脉络也清楚了：2002年5月，苏某知道B机电公司财务经理换成颜某后，产生了成立公司专门低报价格走私工业缝纫机机头、马达、零配件的念头，与颜某、刘某商量，三人一拍即合，成立了A公司，颜某占60%的股份，苏某和刘某二人各占20%的股份。A公司未申请到进口权前，苏某、颜某、刘某伪造与境外供货商的成交合同及发票、装箱单，低报价格走私进口1 494台SIRUBA牌工业缝纫机机头及零配件一批。进出口权被批准后，苏某安排其侄女伪造进口货物发票、装箱单及成交合同，涂改、套印海关关税（代征增值税）专用缴款书、报关单；江某负责跟单、接货。两人按苏某、刘某的安排，伪造发票、装箱单及合同，为B机电公司低报进口144台SIRUBA牌工业缝纫机机头及1 486台马达和零配件一批，然后按实际成交价格、应缴税额涂改海关关税（代征增值税）专用缴款书、报关单，并虚开大量增值税发票，偷逃国家税款。

缉私部门最终查明以A公司为核心，3家公司相互勾结，低报价格走私3 701台工业缝纫机机头及马达、零配件的犯罪事实，案值1.17亿元，涉嫌偷逃税额2 363.1万元。

追逃犯　摧网络　走私团伙归案

2006年4月，一个不正常的价格信息，被海关总署深圳商品价格信息处监控发现：深圳市C公司、D公司代理进口的食品价格，与其他口岸进口的同类商品比，差别很大。深圳海关稽查处根据这条信息进行稽查时，又发现D公司为大连某公司向海关申报进口的食品，并没有送到大连，而是直接送到深圳E公司的仓库，遂将情况通报给缉私局情报部门。情报部门在调查过程中发现，C公司、E公司有关人员行事诡异，多次变更办公场所。

情报部门判断，这两家公司存在走私嫌疑，稽查处的稽查可能惊动了他们，如果再延长调查时间，有关人员有可能逃跑和销毁证据。为此，深圳海关决定立即开展行动，对C公司、E公司进行联合稽查，获得了大量真实的证据资料。真实发票显示进口食品的实际成交价格是向海关申报价格的2~4倍。

文锦渡海关缉私分局随即成立“5•25”专案组，分成2个小组，分别侦办C公司和E公司涉嫌走私案。

本着“打团伙、追逃犯、破大案、摧网络”的指导思想，专案组决定打击走私幕后主犯，惩治走私首要分子。

专案组对E公司人员审讯后得知，E公司老板与大连某公司老板是兄弟，大连某公司进口的食品全部被运到深圳E公司，然后由E公司支付货款。

专案组决定从单证上显示的经营单位——深圳D公司入手展开调查，民警调查时发现，这个公司的注册地址是虚假的，从来没有人在那里办过公，注册资料上的法人代表黎某说，他从来没有开办过公司。

这时，吴某进入办案民警的视线。办案民警发现，正是此人利用黎某丢失的身份证设立了D公司，同时，还操纵深圳F、G公司。经查证，这三家公司都与香港H公司签订了外贸合同，为大连某公司代理进口过食品，而且注册地址都是虚假的。

报关公司称他们是受吴某委托，为这三家公司进行代理报关，申报价格及报关单证等资料都由吴某提供。

办案民警开始对吴某进行调查，发现早在2004年，他就开始用F公司的名义经营进口食品业务，3个月后改做其他业务的同时，以其胞兄的名义，开办了G公司，经营进口食品。

吴某是本案的重要嫌疑人，抓捕吴某被提到了议事日程。但吴某很狡猾，案发后自己的房不住，车不开，还不断更换电话号码。

在地方公安部门的协助下，办案民警终于发现了吴某的活动踪迹。7月18日，逃窜多时的吴某刚回到深圳住处，办案民警就出现在他面前，他呆若木鸡，束手就擒。

吴某交代说，2004年，他利用F公司经营进口食品业务，以低报成交价格的方式，制造假发票、假合同等单据，向海关申报进口食品，偷逃海关关税大赚了一笔。为了不引起海关的怀疑，3个月后，转而经营其他业务，而以胞兄公司的名义，经营进口食品业务，不久又以D公司的名义进行走私。

但吴某却拒不交代香港H公司的情况，称自己和H公司老板不认识。

办案人员猜测，香港H公司老板可能是吴某或其胞兄，通过伪造身份在香港注册公司进行走私。

这时，另一调查小组掌握了香港H公司的基本情况，并取得了公司老板的照片。办案人员发现，老板与吴某的胞兄十分相似。对两张照片对比鉴定，证实此人就是吴某的胞兄，专案组决定立即对其实施抓捕。

此时，吴某的胞兄正四处逃窜，经过2个多月的排查，在罗湖区的一家酒楼内将其擒获。吴某的胞兄到案后，要么躺在地上装傻，要么尿裤子，企图逃避法律责任。当办案人员指出其在深圳及香港注册公司进行走私的事实时，他才认罪。

最终查实，自2004年以来，吴某兄弟二人为牟取暴利，以深圳D、F、G等公司为经营单位，与香港H公司签订假外贸合同，用假外贸合同、假发票、假装箱单等报关资料，委托报关公司代理报关进口食品，共走私进口食品51单，案值人民币558.27万元，偷逃税款人民币90.96万元。

这起案子侦破的同时，缉私警察也在对另一起有关联的案件加紧侦办。

专案组在查缉中发现，C 公司所在地，同时挂着 C 公司和深圳 J 公司两块牌子。办案人员还在这家公司进出口部的电脑中发现了可根据需要随时填制的虚假发票格式。综合在 C 公司查扣到的真实发票，办案人员认为这两家公司都有走私的嫌疑，两家公司的幕后老板其实是一个人，为了方便走私，用同一班人。为查清楚事实，办案人员将公司法人代表黄某、副总经理吴某及财务部部长唐某等人带回进行连夜审讯。

黄某等人的供述，证实了办案人员的猜测，并牵出了第三家涉案公司——香港 K 公司。专案组调取深圳 J 公司、C 公司的注册资料、报关单，发现这两家公司的老板分别是冯某及其妻子黄某，而与 C 公司来往密切的香港 K 公司老板则是冯某的弟弟。

通过对报关资料及真实发票的比对，办案人员发现，C 公司与香港 K 公司签订的外贸合同的实际成交价格明显高于向海关申报的价格。

在铁证面前，黄某供述了冯某利用她的身份证，在深圳注册成立 C 公司、在香港注册成立 K 公司，冯某本人又在深圳注册成 J 公司，以低报价格的手法大量走私进口食品。

最关键的嫌疑人冯某等人闻风而逃、销声匿迹。专案组决定一边加强审讯，一边追捕冯某及 C 公司进出口部业务员黄某、副主管潘某、主管李某等人。

追逃民警分析认为，刚刚案发，嫌疑人一般不会轻举妄动，急于出击会打草惊蛇，收不到预期的效果，于是决定暂时“放弃”抓捕冯某等人，从房产、车辆等资料中，捕捉嫌疑人可能落脚的地点。

这一招果然让心存侥幸的嫌疑人放松了警惕，开始出来活动。

6 月中旬，实在憋不住了的黄某开始到处活动，频繁与潘某联系。为一举将两人擒获，追逃组暂时按兵不动，等待最佳的抓捕时机。6 月 26 日，追逃组发现黄某与潘某有潜逃迹象，立即兵分两路，分别在福田新洲某花园、罗湖红宝路一公司将两人抓获。

一个月后，追逃组又将藏匿两个多月的进出口部主管李某抓获归案。

为了抓获冯某，专案组故意放出风声，说这个案子已经成功告破，所有嫌疑人都已被抓获，已被移送审查起诉。冯某果然深信不疑，以为自己逃过了一劫，开始四处活动。11 月 10 日晚，正当冯某在罗湖区某咖啡厅内惬意地喝着咖啡时，埋伏在附近的民警将其抓获。

归案后，冯某拒不交代走私事实，态度顽固，办案人员利用嫌疑人相互猜忌的心理，辅之政策宣传和法律教育，出示书证、物证，使冯某心理防线崩溃，供述了走私进口食品的犯罪事实：

他在深圳接到订单后，首先以香港 K 公司名义，与食品供应商签订合同，供应商提供真实价格的原始发票给香港 K 公司后，再由进出口部潘某、李某及黄某，计算出报关的虚假价格，然后，以 C 公司的名义与香港 K 公司签订明显低于真实价格的虚假合同，并申报进口，同时由潘某、李某及黄某在 C 公司制作香港 K 公司开给 C 公司的虚假发票、虚假合同等报关资料，交给报关行报关。

2003 年 12 月至 2006 年 5 月，C 公司以低报价格手法大肆走私进口清酒、调料酒、纳豆和奶油等食品入境，案值人民币 1 200 万元，偷逃税款人民币 222.32 万元。

第五章
禁限物品走私

在阅读本章之前，先看看皇岗海关公告栏内的一则公告：

贺某：你携带氰化金钾 1 400 克入境涉嫌走私一案（皇关查〔2005〕A0828 号）已审结，我关决定对该货物予以没收，并科处罚款人民币 24 000 元整。

吴某：你携带修边刀 90 把、直刀 110 把入境涉嫌走私一案（皇关查〔2005〕A1044 号）已审结，我关决定对该货物予以没收。

叶某：你携带仿真冲锋枪等入境涉嫌走私一案（皇关查〔2005〕A1520 号）已审结，我关决定对该货物予以没收。

罗某：你携带仿真手枪 7 支入境涉嫌走私一案（皇关查〔2005〕A1562 号）已审结，我关决定对该货物予以没收。

吴某：你携带仿真手枪 1 支、BB 弹 1 200 粒入境涉嫌走私一案（皇关查〔2005〕A1664 号）已审结，我关决定对该货物予以没收。

何某：你携带仿真枪弹夹 14 个、BB 子弹 2 000 粒入境涉嫌走私一案（皇关查〔2005〕D1536 号）已审结，我关决定对该货物予以没收。

……

枪支弹药（含仿真品）、化学制毒品、淫秽及反动宣传品等，均属于我国禁止进出境的危险品，一些“水客”为赚取带工费，替人将剧毒物品、仿真枪支、淫秽物品携带入境，从而给海关监管带来困难。

“枪械文化”的严重后果

2008 年 8 月 12 日下午，深圳海关销毁 600 支仿真手枪、步枪、冲锋枪和 112 把管制刀具。类似的销毁活动，每年都进行多次。

由于仿真枪支和子弹短距离内对人身有一定的杀伤力，并且其外观、尺寸、颜色等与真枪相差无几，一旦被不法分子利用，将会造成极大的治安隐患，甚至对人民群众的生命财产安全造成威胁。早在 1993 年，海关总署和公安部就联合发文，将仿真武器列为禁止进出境物品。由于受近年来“野战游戏”在各大城市日益盛行的影响，一些不法分子为了牟取暴利，无视国家法规，将大批仿真枪支及配件走私进境。

违反海关法规、逃避海关监管，非法携带、运输、邮寄武器、弹药进出国（边）境的行为，均构成“武器、弹药走私罪”。《中华人民共和国刑法》第151条规定，走私武器、弹药、核材料或者伪造货币的，处7年以上有期徒刑，并处罚金或者没收财产；情节较轻的，处3年以上7年以下有期徒刑，并处罚金。

我国是世界上对枪支管理最为严格的国家之一。但随着时代的发展、互联网的普及和枪战、凶杀影视片的影响，人们的思想观念、娱乐兴趣、追求爱好也发生较大变化，孕育了“枪械文化”，继而出现了不断壮大的“枪迷”队伍。

现在业余射击成了一种娱乐，有关网站和休闲杂志也迎合“枪迷”的口味，射击俱乐部专门为顾客提供花钱打枪的机会。一些有钱的生意人玩腻了高尔夫球，便跑到乡下以打猎为乐。

国内外仿真枪支价格的巨大悬殊，也让一些“为利而生、为财而死”的枪支走私团伙垂涎三尺，铤而走险。

于是，出现了形形色色的枪械走私案件。

2001年4月4日晚，皇岗海关关员在检查香港一家运输公司承运入境的一车邮政快件时，发现运载货物中混藏了一批枪械，专案组推断，涉案司机谢某有参与走私的重大嫌疑。经审讯，谢某如实供述了藏匿枪支走私入境的犯罪事实。4月9日，专案组抓获了收货人刘某，次日又抓获了另一名货主鲍某（刘某的母亲）。经审讯，刘某和鲍某供述了从香港走私枪支入境贩卖牟利的犯罪事实。专案组还发现，刘、鲍二人除这个案件外，极有可能多次利用同样手段走私作案。在一张购买枪支的发票上，收货人落款是“刀和皮”。专案组据此判断，本案除刘某和鲍某外，可能还有其他收货人。随后几天，专案民警在一家商场里发现了“刀和皮”工艺品店，店铺老板冯某被抓获归案，他交代了本案中的AK47型冲锋枪、MOD.92.FS型手枪等3支军用枪支是其自行从香港订购，委托刘某走私入境的。

2005年7月28日8时，在深圳蛇口东角头码头，一辆红色面包车开出不久即被公安边防官兵拦截检查，当场查获了各类管制仿真枪164支，其中包括仿AK47冲锋枪、仿M16、仿M4自动步枪等长枪

54 支，仿五四式手枪 110 支，与之相匹配的塑胶子弹、铜制子弹（经检验为装饰品）近万发。经专家鉴定，这批仿真枪械近距离可穿透 1 厘米厚的木板。

2008 年 7 月，第 29 届北京奥运会开幕前，深圳海关共查获走私仿真枪 77 支、气枪 8 支、配件 19 件、仿真枪液压气体 60 罐、钢珠及塑胶子弹 2 453 粒。走私方式以人身绑藏为主，缴获的仿真枪有手枪、步枪、机枪、冲锋枪等。

以下是 2005 年 12 月罗湖口岸查获的部分枪支走私情况：

2 日，香港旅客何某（男，29 岁），携带仿真枪支子弹 7 包、28 000 粒和充气瓶 60 支，从罗湖口岸入境时，被罗湖海关查获。何某称，上述物品购自香港，拟携带入境打野战游戏用。

7 日，香港旅客杨某（男，36 岁）经罗湖口岸入境，被罗湖海关列为重点查验对象。经检查，在其携带的行李箱内，发现未申报仿真手枪 54 支。杨某称，上述物品是其为赚取带工费 500 元，而受一陌生人委托携带入境的。

21 日，香港旅客冯某从罗湖口岸旅检入境大厅无申报通道入境，被罗湖海关列为检查对象，经检查，冯某的腰部共捆绑藏带仿真手枪 6 支。

28 日，香港旅客黄某（男，36 岁）携带仿真枪用钢制子弹 13 500 粒，从罗湖口岸入境时被罗湖海关查获，黄某称，携带的仿真枪用于自己把玩。

从查获的案件情况看，枪支和弹药走私以香港旅客、内地居民旅客居多。其中，香港旅客占 70%，内地居民旅客占 25%。多数当事人在案发后称，携带仿真武器入境是帮人携带、赚取带工费，也有受朋友、亲戚委托无酬帮带的。走私枪支主要有手枪、步枪、机枪、冲锋枪等，品种多样，做工精细，仿真程度高，无论从质地、外观、重量、尺寸、颜色等，都与真枪相差无几。这些仿真武器一旦到了不法分子手中，将会扰乱社会正常秩序。为此，2008 年 2 月 20 日，公安部出台了 3 条仿真枪认定标准：一是符合《中华人民共和国枪支管理法》规定的枪支构成要件，发射金属弹丸或其他物质的；二是具备枪支外形特征，并且具有与制式枪支材质和功能相似的枪管、枪机、机匣或者击发等机构的；三是外形、颜色与制式枪支相同或者近似的。

仿真枪走私以罗湖口岸和皇岗口岸为主，走私方式以腰腹和腿部捆绑、提包和行李箱内夹藏、手拖车运载等方式为主。为了逃避海关监管和打击，走私分子还将枪支拆散，“化整为零”走私配件入境后组装。

走私仿真枪案件增多的主要原因是，我国相关法律对走私仿真枪行为的处罚力度不够，对仿真枪走私活动打击不足。此外，因执法部门加大对市场的监管和清查力度，国内厂商大部分停止生产，市场上仿真类武器供货数量明显减少。仿真武器走私存在高额利润，一支气压仿真手枪，在香港市场售价 200 元港币，转售到内地则售价高达人民币 800~900 元。一支电动仿真步枪，从香港走私至内地，售价可卖到人民币 3 000 多元。

力阻“洋垃圾”入侵

2004 年底，商务部、海关总署、国家环境保护总局联合发布公告，宣布自 2004 年 11 月 1 日起将部分废机电产品、废料、旧机电产品等列入加工贸易禁止类商品目录。这是我国抵制“洋垃圾”的一个重要措施。

外经贸部、海关总署、质检总局、环保总局 2002 年第 25 号公告中，把废旧电瓶列入我国明令禁止进口的固体废物名录。但是走私分子为了得到废电瓶当中的铅等金属，不惜铤而走险。

2003 年，中国塑料垃圾、废铁、废纸的进口量，分别是 1990 年的 125 倍、50 倍和 21 倍。另据悉，日本每年向海外出口的垃圾高达 1 000 万吨，其中 90%都倾销给中国。这些垃圾进入国内后，往往被回收再加工，规范一点的作为工业原料进入生产领域，大部分则是被简单分类、清理后进入流通领域，给商品市场造成极大的隐患。有人曾警告：中国正在成为发达国家的垃圾场！

2006年夏初，荷兰鹿特丹港截获了一艘前往中国的英国货船，上面有超过1 000吨伪装好的生活垃圾，被截获的54个集装箱内装满了食品垃圾、塑料废品、饮料罐、旧衣服、废电池及废旧手提袋等。有迹象表明，英国正向发展中国家大量倾销生活垃圾，其中“出口”的主要对象是中国。

全世界数量惊人的电子垃圾中，有80%出口到亚洲，这其中又有90%进入中国。中国已成为世界最大的电子垃圾倾倒场。

……

诸如上述之类报道，连篇累牍出现于报端后，人们对“洋垃圾”一词，再也不像20世纪90年代初期那样生疏了，甚而对其细化、派生出的生活洋垃圾、工业洋垃圾、电子洋垃圾、塑料洋垃圾、服装洋垃圾、工业废品洋垃圾等名词也能知其详，于是，堪忧的国人，对走私“洋垃圾”开始口诛笔伐。

但购销两旺使“洋垃圾”走私仍有愈演愈烈之势。

2002年7月13日，蛇口海关根据情报线索，对一艘申报内贸货物的船只进行检查时，发现船上所载货柜内藏匿有大批境外旧电脑、旧电器。蛇口海关缉私分局在讯问犯罪嫌疑人和前往广西梧州等地深入调查取证后，证实这批旧电脑、旧电器是在香港油麻地海域过驳到该船，分别装载在18个货柜内，于中午抵达蛇口妈湾码头。船员持“国内水路集装箱货物运单”，向码头公司申报18个从广西梧州港到深圳妈湾港的40柜货物。蛇口海关最终查实，这批旧电脑、旧电器是一个有组织、有预谋的走私团伙，利用假内贸货物的形式，企图偷运入境后拆卸其中有用的配件进行翻新，然后假冒国外知名品牌的电脑配件，在国内市场上销售牟利。

2005年10月6日凌晨，海上缉私处七中队两艘缉私快艇出海巡航，3时左右，缉私人员在担杆岛以东海域发现一艘可疑渔船，为了不打草惊蛇，缉私人员耐着性子进行了长时间的跟踪。晚上20时40分，当该船行至汕尾马宫港附近海域准备卸货时，缉私人员迅速上前进行检查，在船舱内查获涉嫌走私固体废物325吨。

2005年12月3日21时30分，海上缉私处901艇在三门岛附近执行缉私任务时发现一艘可疑船只从香港果洲开出，22时许，这条船驶出香港水域。缉私快艇立即进行追击，缉私人员不顾危险登上船，控制住船上8名船员。在船上发现8 000多件废旧电器，共100多吨。走私船只为汕尾“瀛×203”，8名犯罪嫌疑人均是汕尾人，这批货物是他们从香港观塘码头装上船的，准备偷运到汕尾等地倒卖。

类似上面查获的走私船只，海上缉私警察每年都要查获上百起，缴获废物、垃圾数千吨甚至上万吨。查获的“洋垃圾”，主要来自欧美、日本等发达国家和地区，通过两广地区（广东、广西）和华东地区（上海、山东、江苏、浙江）走私入境，香港、越南是国内固体废物走私的主要过境地。1/3废物走私是经海上走私入境的，走私海域主要是香港周边海域和北部湾海域。

2005年以来，海关查获的海上走私废物案件占案件总数的近31%。货运渠道废物走私，主要是以伪报品名方式进行的。“洋垃圾”数量之多，让人触目惊心，仅英国每年输往中国的“洋垃圾”就达200余万吨。

蛇口海关缉私分局的资料显示，2008年1至7月份，他们共立案侦办走私固体废物案件3宗，抓获犯罪嫌疑人18名。

当前废物走私活动呈四大特点：一是海上走私废物单次数量大；二是海上走私固体废物活动，由冲关走私转变为伪报品名、藏匿等隐蔽方式走私；三是海上固体废物来源、流向相对集中，主要来自美国、韩国、日本等国家和欧洲，能够利用的固体废物，经国内沿海村镇翻新、拆解后，流入市场，不能利用的固体废物随意弃置，造成环境污染。因海关不断加大打击力度，走私固体废物团伙千方百计变换手法，逃避海关查缉。四是固体废物涉及的走私分子众多，为逃避打击，走私分子形成严密的组织结构，内部人员相对固定，分工明确，既有专门负责联系固体废物货源和海上运输的，又有专门负责海上接货和内地加工处理、市场销售的，团伙头目则对走私活动进行幕后指挥。

海上偷运固体废物走私案件，一般数量较大，卸货和陆地运输环节所需时间较长，针对这一特点，海上缉私人员采用雷达、GPS 等技术手段，配备灵活的快艇，在海上屡屡查获走私固体废物的船只。

2006 年 1 月 18 日凌晨，根据情报经营，深圳海关缉私局情报处与惠东海关缉私分局、海上缉私处开展联合行动，在惠东县港口镇与平海镇内查获了从惠东港口码头涉嫌走私入境的 20 个货柜，柜内装有手机电池、手机外壳、液晶显示器、废旧电脑配件、电子元器件、线路板和汽车切割件、废旧轮胎、台式电子游戏机、电脑绣花机等“洋垃圾”。

如此大批的“洋垃圾”，是怎样从海关监管的港口码头走私入境的呢？

由于主犯在逃，走私货物报关、通关、查验等环节手续正常、完备，使得案情变得扑朔迷离。侦查员多方调查取证，仍然难识其真面目。针对案件特点，侦查员提出直接运用刑事技术手段介入办案的思路。在详细了解案情后，刑事技术部门拟定了两套方案：一是根据侦查员发现 9 个涉案货柜，与海关前期查验的不同柜号的货柜相似，这一重要线索和现场货柜车的图片，运用“图像识别”鉴定技术来确认可疑货柜车的真实“身份”；二是在涉案货柜车上，寻找犯罪嫌疑人遗留的痕迹物证，采取“以物找人”的侦查思路，来确认犯罪嫌疑人和犯罪事实。

技术人员通过对两组可疑货柜的图像进行分析比对，确定有 9 个货柜与惠东海关前期查验的货柜是同一组柜。走私分子不仅对查验过的货柜柜号与没有查验的货柜柜号进行伪造互换，为了掩人耳目，还对部分货柜车外貌也进行涂改。

侦查员进一步调查取证，逐步发现了其走私过程和手法。原来，这 9 个货柜是犯罪嫌疑人为走私活动准备的道具，他们按照正规进口途径，进口 33 个货柜的正规货物，海关查验后取得放行条，第二次再进口 32 个货柜，其中，23 个货柜装走私的“洋垃圾”，采取偷梁换柱手法，将装有“洋垃圾”的 23 个柜与前期已查验过的 23 个货柜，以伪造货柜号的方式将柜号调换，冒充为查验过的 33 个柜骗取海关放行。剩下的 9 个装有正规货物的货柜，与被犯罪嫌疑人调换下来的 23 个货柜，装有正规进口货物，经过海关查验取得放行条后，又与下一次进口的部分装有“洋垃圾”的货柜进行调换，依此类推，不断充当偷梁换柱的走私道具。

此外，缉私部门将查缉行动与侦办案件结合，行动前摸清海上走私固体废物团伙的活动规律，查明海上走私固体废物犯罪链条，深挖扩线，力争抓捕固体废物走私犯罪幕后主犯。同时，发挥刑罚的威慑作用，从源头上打击海上固体废物走私活动。

有关资料显示“电子洋垃圾”如果回收处理不当，将成为未来环境的主要污染物，将对经济、社会发展产生巨大影响。联合国环境计划报告指出，全球每年产生的电子设备废料高达 2 000 万~5 000 万吨。全世界每小时有 4 000 吨电子垃圾产生。据统计，美国每年产生电子垃圾高达 70 亿~80 亿吨，其中，仅淘汰的旧电脑就有 3 亿台，另有 1 亿部手机报废。日本每年废弃的家电 1 800 万台，重量在 60 万吨，其中含有的各种金属 10 万余吨。

关于电子垃圾（也可以说电脑垃圾），国外的研究报告显示，1 吨电子板卡，可以分离出 286 磅铜、1 磅黄金、44 磅锡，仅 1 磅黄金就价值 6 000 美元。如果利用科学的方法进行回收再利用，可以制成许多可再利用的生活用品。但在拆解过程中，如果处理不当，其显像管内部的重金属气体泄漏，将会极大地破坏环境。制造 1 台电脑需要用 700 多种化学原料，而这些原料约有一半含有对人体有害的毒素。如一台电脑显示器中含有大约 2.5 磅的有毒元素——铅，其中大部分铅包含在用于制作显示器的玻璃中。如果将这些垃圾掩埋在土壤中，而不做任何过滤，这些铅将会渗透出来，对土壤造成严重的污染；如果焚化，这些原料将会释放大量的有害气体和重金属，对空气造成污染。由于电脑垃圾含有有毒、有害物质，不能草率埋掉或者烧掉，旧电脑的处理和回收，成为一项极为复杂的高成本行当。

目前，我国对垃圾回收处理正面临着内忧外患的困局，不仅自身每年要产生大量垃圾，而且还要遭受国外“洋垃圾”的侵入。尤其是随着对外交往和经济的迅速发展，来自海外的“洋垃圾”和国内自身的垃圾数量，以每年 5% ~ 10%的速度迅速增加。

从 1997 年到 2005 年，英国运往我国的垃圾数量狂涨 158 倍，美国每年约有 50% ~ 80%的“洋垃圾”被出口到了亚洲，主要出口地是中国。更为可怕的是，这些“洋垃圾”被国内的一些不法厂商制成各种各样的生活用品，腐蚀和毒害着国人的生命健康。

我国从2000年已经明令禁止进口“电子洋垃圾”，为什么这些“电子垃圾”到了境内却成了香饽饽呢？除我们的环保意识欠缺之外，主要还是受“利”字的驱使。

发达国家实行污染者付费原则，垃圾和废物制造者要向政府缴纳一定的废物处理费，然后，政府再补贴废物处理公司。而发展中国家出口固体废物，不但可以从政府收取固体废物处理费，还可以在出口中获得一定的利润，对废物公司来说，何乐而不为呢！反过来，对走私分子也一样，固体废物购买成本低廉，将固体废物走私入境，卖给一些中小企业，进行简单加工和提炼，有相当大的利润空间。目前，每5分钟就有一船废物跨越国界。

美国最大的废品回收公司之一Belmont的副主席Doug Steen说：“我们的许多竞争对手，通常都是把电脑垃圾产品直接出口给中国，无论是整体产品还是分解后的。我们的国家出口垃圾的做法是不道德的，通过污染世界环境赚取罪恶的私利。”

堵截黄毒　确保家园净洁

《中华人民共和国刑法》规定，以牟利或者传播为目的，走私淫秽影片、录像带、录音带、图片、书刊或者其他淫秽物品的，处3年以上10年以下有期徒刑，并处罚金；情节严重的，处10年以上有期徒刑或者无期徒刑，并处罚金或者没收财产；情节较轻的，处3年以下有期徒刑、拘役或者管制，并处罚金。

面对严厉的法律条款，走私淫秽物品的事情应当较少出现，但从海关查获的走私淫秽物品案例来看，从货运渠道车上夹藏、船上偷带走私的有之，从旅客进出境通道随身携带走私的也有之……

以下是2004年2月，深圳海关查获的走私淫秽光碟的情况：

1日晚，一天内多次往返的一个小女孩，引起罗湖海关旅检现场关员的注意，关员把小女孩叫过来问话，小女孩也不惊慌，问答从容。当关员问她包里装的是什么东西时，小女孩才有些慌乱，支支吾吾地说是课本。关员开包检查，发现包里有4条万宝路香烟和4本淫秽书刊。见包中物品被缴，小女孩哭了起来，也讲了真话。她说她姓陈，香港人，上个月才满8岁。包里的东西是父亲让她带的，每次携带入境后，到达指定地点，就会有人来取，随后，她再返回香港装东西。她说自从学校放暑假后，就经常背东西过来，有时一个下午跑3个来回。

4日，海上缉私处在关区东部非设关地开展海陆联合行动，截查一辆货车，在车上缴获走私光盘29万张。

8日，香港旅客佘某经罗湖口岸入境时，被罗湖海关列为重点查验对象，经检查，在当事人上衣口袋、裤袋及腰部查获藏匿的光碟107张。经鉴定，12张为淫秽光碟，57张为光碟母盘。佘某称是帮人带货过关。

11日晚，一名台湾旅客随身携带91张淫秽DVD光碟入境，被皇岗海关查获。经海关刑事技术部门鉴定，光碟内容均属淫秽，为国家禁止携带入境的物品。

17日晚，惠东缉私分局接到群众举报称，两辆卡车在惠东县阿婆角附近走私光碟，缉私民警立即对目标地区进行包围，在惠东县西南方35公里处截获一辆运载走私光碟的卡车，从车上查获走私光盘48.5万张，其中，淫秽光盘13万张。

18日凌晨1点，缉私民警在惠东、惠阳交界处发现一辆同样挂有“赣F”牌照的卡车，查获光盘99.2万张，其中，淫秽光盘达24万张。18日晚9点，缉私民警在稔山镇巡查时，发现几个人在路边将成箱的物品往一辆卡车上搬运，形迹可疑，遂包抄截击。搬运人员发现缉私警察后，立即四散奔逃，货物丢弃到路边。打开货物包装发现全部为走私光盘，共15万张，部分为黄色光盘。

19日，皇岗海关旅检关员在大厅挑查。这时，绿色无申报通道中，一名身材矮小的旅客沿着远离海关查验人员的墙边走，不时用眼睛瞄瞄关员。值班关员感到这名旅客有问题，将其拦住，在其携带的纸质手袋中，查获光碟159张，大部分光碟上都标有淫秽图案或名称。经鉴定，149张光碟属淫秽物品。

20日，海上缉私快艇中队在小三门附近海域巡航时，发现一渔船可疑，缉私人员上船打开船舱检查，发现船舱里塞满了成箱的涉嫌走私光盘。缉私艇押送这条船返回途中，发现在针岩头附近海域，又有可疑船只向东航行，缉私人员上船检查，发现同样藏满了走私光盘。由于数量巨大，缉私人员花了整整1天的时间，才将具体数字统计出来，2条船共涉嫌走私各类光盘559.7万张，其中，部分光盘有淫秽内容。

23日凌晨，海关缉私快艇在小星山附近海域巡航时，再次截获走私渔船，船上装有涉嫌走私光盘200余万张，其中，部分为黄色光盘。

旅检渠道和海上是“扫黄打非”的重要通道，为此，深圳海关一方面将查验重点放在旅检口岸，利用行李检查机、大型集装箱检查设备等高科技设备，对行李夹带或者客运小车、大巴及货运车辆设置的暗格藏匿等进行查验；对曾经携带过淫秽物品出入境的旅客、车辆驾驶员，实行备案登记制度，列为重点查验对象。同时，加强对海上和沿海陆上的巡查力度，经常性地进行巡查和突查，不给走私分子可乘之机。

此外，还加强对辖区音像生产企业的审批和核查，打击逃避海关监管和非法音像制品的制造、销售，注重对进口注塑机、模塑机及其他光盘生产设备的后续管理，通过下厂核查、核销工作，不间断地对光盘生产企业开展专项稽查，防止设备被倒卖，流入非法生产渠道。

还加强与香港海关、水警合作，形成海上跨境协作缉私局面。

在打击走私的同时，对走私淫秽物品的主要嫌疑人给予法律制裁，从而震慑走私分子。我国法律规定，旅客不得携带色情、淫秽、反动内容的违禁音像制品，及画册、照片等入境，凡走私淫秽录像带、影碟 50 盘（张）以上至 100 盘（张），将处以 3 年以下有期徒刑，拘役或管制，并处罚金。

2005 年 2 月 18 日，詹某从罗湖口岸入境时，海关人员在其行李内起获未申报光碟 582 张，经鉴定，其中有 551 张为淫秽光碟。法官认为，詹某违反海关法规，逃避海关监管，携带淫秽物品入境，构成走私淫秽物品罪，判处 10 年有期徒刑。

2005 年 3 月 11 日，福建籍旅客庄氏兄弟各自携带一编织袋，从罗湖口岸入境，被海关列为重点查验对象，其行李经过行李机检查时，关员从荧屏中发现有可疑图像，遂要求庄氏兄弟将编织袋打开接受检查。在弟弟的编织袋内发现光碟 1 264 张，其中淫秽光碟 448 张；在哥哥的行李内发现光碟 1 273 张，其中淫秽光碟 56 张。两人称携带上述光碟入境是为了自己观看，不知里面有淫秽光碟。案件移交罗湖海关缉私分局后，侦查人员根据光碟的藏匿位置和两人的入境时间等情况进行分析，又到福建、宝安等地调查，查明庄氏兄弟在香港收购光碟后，准备走私入境在国内销售牟利。由于本案取证全面、证据确凿，尽管庄氏兄弟极力否认走私淫秽光碟入境牟利，法院还是采信了侦查机关的证据，依法作出了判决。

打击剧毒化学品走私

氰化金钾、氰化银钾均为剧毒化学品，因其含金、银量较高，又被俗称“金盐”、“银盐”，“两盐”广泛应用于金属电镀、金银首饰的抛光处理等工艺，国内目前需求量较大。由于此类危险化学品的运输和贮藏有极严格的管理要求，且报关入境需要在国家环保总局办理相关许可证，手续复杂。国内一些珠宝加工厂、金属电镀厂便采取种种办法，违法将危险化学品走私入境。

随着我国的经济发展，黄金饰品等奢侈品日益受到广大消费者的青睐，深圳及其他一些地方成为香港地区和欧美等国黄金饰品的主要生产地。一些不符合规定的珠宝加工厂，为能在利润丰厚的黄金饰品市场分一杯羹，纷纷指使香港“水客”走私本应受多个部门管制的炼金化学品——剧毒氰化物。

罗湖海关有关数据显示，仅2006年一年，罗湖口岸旅检渠道就查获旅客携带危险化学品入境案件10宗，查获氰化金钾5000余克和氰化银钾超过12千克，案值折合人民币50余万元。

有关专家指出，剧毒化学品氰化金钾，毒性极强，0.02毫克就足以致命，而氰化银钾也与其毒性相当。

按照规定，剧毒化学品包装必须先装入塑料袋，袋口密封，再装入厚度不小于0.75毫米的坚固钢桶中，桶盖严密，一般每桶净重50千克；或者先装入螺纹口玻璃瓶、铁盖压口玻璃瓶或金属桶（罐），再外加普通木箱。如果用玻璃瓶，外面还要套一层塑料袋，保证一旦玻璃瓶破损，能够防止里面的氰化物不被外泄。

走私分子为逃避海关监管，采取多改少、大改小、化整为零，或撕标签、换包装、改换名称，将氰化物分散装于小瓶中，每瓶最多不过2千克，撕掉剧毒物品包装上所贴的“剧毒物品骷髅头”标志和“化学分子式”标签，甚至撕掉瓶外套的塑料袋。海关检查时，“水客”有谎报“鱼饲料”的，有报称“鱼缸清洁剂”的，还有的干脆将剧毒品和食物混装在一起……

然而，走私分子花招再多，也难逃海关关员的眼睛，一个个剧毒品走私案相继查获。

2006年1月，深圳海关查获了几宗较大的剧毒物品走私案：

18日10时，皇岗海关对一进境货柜查验时发现，车上装有12个黑色密封铁桶和12个红色铁桶，查验关员认为这些化学物品可疑，遂送检验检疫部门检验，证实桶内货物为剧毒化学品氰化钾和氰化钠各600千克。

18日中午14时30分，香港司机刘某驾驶货车从皇岗口岸入境

时，向海关申报为进口表带一批，海关查验时发现，货物中夹藏剧毒品氰化亚铜 90 千克、氰化钾 160 千克、氰化钠 240 千克。

在皇岗海关查获剧毒化学品的同一天，罗湖海关连续查获 3 宗旅客涉嫌走私化学毒品案件，查扣氰化金钾 18 千克。次日，又从香港旅客陈某（男，51 岁）携带的黑色拉杆箱中，查获未向海关申报的剧毒物品氰化银钾 10 袋，净重 10 千克；查获剧毒物品钯盐一瓶，净重 100 克。

28 日，香港旅客贝某（男，32 岁）经罗湖海关入境时，被列为重点查验对象。经检查，在其背包内查获用塑料袋包裹的剧毒物品铑水 11 瓶，共计 1 375 毫升。

……

深圳海关对剧毒物品可能造成的社会危害有清醒的认识，加大对此类物品查缉力度。现场关员也严阵以待，严格按照危险品操作规程操作，采取相应措施进行防范，力阻危险化学品入境。

第六章 钞票和钻石走私

“是谁制造了钞票，你在世上称霸道。有人为你去卖命呀，有人为你去坐牢。一张张钞票，一双双镣铐……”这是20世纪80年代一首歌曲《钞票》，这首歌曾让无数人受到感染。受感染并不是曲调的忧伤，而是歌词入木三分地道出了“钞票”带给人们的警觉和思考……

在进出境海关旅检现场，几乎每天都要查获一些走私“钞票”，甚至是假钞的不法分子；钻石意味着永恒，但钻石稀有，价格昂贵，且国内外差价大，于是不法分子也打起走私钻石的主意。

深圳口岸货币走私屡屡发生

进出境旅客携带人民币现钞或外币现钞如超过规定限额，必须主动向海关书面申报；如果超量且未主动申报或申报不实，海关将按规定予以处理。

对携带钞票进出境的规定，海关早有公告，各报纸媒体也曾广为宣传，但在出入境海关现场，每天还会发现一些旅客违规超带甚至故意走私。据调查，从深圳口岸超带货币出境的旅客主要有四种人群：一是“购物型”人群，超带货币出境购物，他们多来自江浙、山西、山东等省，以及东北等地；二是“经商”、“投资”人群，随着境内外经济往来增多，不少旅客超带货币出境交易或投资；三是“留学生家长”，一些在澳大利亚、新西兰、美国等国留学的学生的家长，为免办手续，携带大额现金出境，到香港后向境外汇款；四是“水客”，大量携带货币走私出境。部分旅客被查获后才知道，按国家规定，携带外币现钞出境的限额为5 000美元，带人民币现钞出境及进境的限额为20 000元。

深圳口岸超带货币案件不断增长，主要因为：放开出境旅游后，出外旅游和商务活动的人数增加，境外消费量大增，外汇资金的需求量也随之大增；深港两地盛行地下赌马、赌球、六合彩等赌博活动，导致大量赌资转移；深港两地的经贸往来日益密切，部分人利用经常往返内地和香港的便利，贪图方便，为交付货款、回笼资金而超带货币出境；国内不法分子在实施贪污、诈骗、走私等非法活动获利后，向国外转移资金或洗钱。此外，一些不法企业私下制定“反海关价格联盟”，以低报价格方式进行进出口贸易后，将实际货款以现金形式，带往香港付账。

以下是2004年1月至3月，深圳海关查获的部分货币走私案，具有一定的代表性。

1月2日，陈某从皇岗口岸出境，海关对其抽查时，在他的行李车4条拉杆内发现藏有港币27.5万元，在其前腹部查获美金60 000元，左右小腿各查获包裹于丝袜内的美金30 000元。陈某说港币是私人存款，准备带回治病，自己对携带外汇进出境的管理规定不了解，不知道携带外币的限额。因担心太多现金放在手提袋中不安全，才藏在身上。

1月3日8时，皇岗海关对旅检出境大厅突击检查，发现出境旅客吴某过境时，神态异常，脚步沉重，遂将其确定为重点检查对象。结果发现其左右大、小腿、腹部、鞋底等部位，捆绑藏匿欧元144 150元、新加坡币22 170元、马来西亚币2 438元、菲律宾币212 500元、日元65 000元、英磅95元，折合人民币145万元。

1月3日，林某因未申报携带美元硬币约700千克出境，被罗湖海关查获。罗湖海关委托中国银行香港分行进行鉴定，确定涉案美元硬币为真币。经立案调查、审理，作出没收决定。香港中银集团派员到仓库验收这批硬币时，发现硬币中有大量的残损品，遂进行核实。经两名人员一个多星期的清点，确定完好硬币125 102枚，币值15 537.43美元，残损硬币311千克。

1月17日，国内居民旅客杨某（男，23岁）经罗湖口岸出境时，被列为重点检查对象。关员在其手提袋内发现港币3 000元；经人身检查，又在其腰腹部发现用女式长筒丝袜套着的港币80万元。海关按规定放行港币4 000元，其余79.9万元港币移送缉私部门处理。

1月21日，香港旅客陈某（女，60岁）经罗湖口岸出境时，被列为重点检查对象。经检查，在其手提包内查获未向海关申报的港币1.25万元；在其携带的7个挖空的芋头中查获港币190.8万元；在其行李车的四条拉杆内查获藏匿港币27.5万元。按规定放行港币8 000元。当事人实际超带港币218.75万元，折合人民币231.87万元。陈某称上述港币是本人所有，一直放在内地亲戚处，因其丈夫患病，拟携带出境用于治病。

2月2日，一位女旅客从罗湖口岸入境，值班关员把她叫过来检查，女旅客却异常主动地掏口袋、掀裤脚、捋袖子，以证明自己什么都没带。经验告诉值班关员，如果她心里没有鬼，不可能这么热情主动，于是把她带进人身检查房，进行彻底检查，却没发现什么，于是值班关员让她收拾行李通关。就在她下蹲绑鞋带时，她的脸上露出一丝痛苦表情。关员感觉她体内藏有东西，喝道："把你体内的东西拿出来!"这名女"水客"一听，脸色顿时煞白。就这样，从女"水客"阴道内掏出港币20多万元。

2月5日，一几内亚籍旅客在罗湖口岸过关时，被列为重点查验对象。在被查出美金2万元后，这位旅客拒绝再检查，一屁股坐到地上，大声嚷嚷，不明真象的旅客也围过来起哄。值班关员用英语向其解释海关规定后，当事人表示只要让他走，检查台上的两万美金可以留下来。关员断然拒绝，对其作进一步搜身检查，又在他的裤子特制口袋中查获美金4万元。

2月13日上午，香港旅客陈某（男，45岁）从罗湖口岸出境，被列为重点检查对象。经查，在其裤袋内查获港币16万元，鞋内查获港币30万元，底裤内小腹部位查获港币13.65万元，小腿处查获绑藏港币112.95万元，共计港币172.6万元。

2月13日晚，香港旅客曾某（男，51岁）从罗湖口岸出境，被列为重点检查对象。关员刚问了两句话，他就从右边裤袋内拿出港币

5 000 元，声称再无其他需申报物品。但在人身检查时，关员在其腰部查获用特制腰封绑藏的港币 102 万元，在其左右脚袜筒内查获港币 40 万元。曾某为当天多次往返旅客，按规定放行港币 4 000 元后，实际超带港币 142.1 万元，折合人民币 150.6 万元。曾某称，这些钱是在内地投资所得，拟携带出境使用。

2 月 23 日，旅客陆某（男，47 岁，浙江籍）经罗湖口岸出境，被列为重点查验对象。关员在其携带的挎包内查获美金 4.51 万元，衣裤袋内查获美金 4 万元，腰腹部查获用丝袜绑藏的美金 8 万元，共超带美金 16.01 万元出境，折合人民币 130 余万元。检查中，陆某极不合作，拿出 2 万美金送给关员，请求查验关员放行。遭关员拒绝后，又称不舒服，耳朵听不到，坐在地上不肯配合。在关员耐心解释下，才勉强配合海关办完有关手续。陆某称，这些美金拟带到境外供小孩读书用。

3 月 2 日，在文锦渡口岸出境大厅的人流中，3 名腰部臃肿的男子进入关员视线。关员上前询问他们是否有物品需要申报，3 名男子称没有，并选择了无申报通道。关员对他们检查时，发现 3 名旅客的腰部均有特制布袋，捆有大量港币，共计 350 万元。

3 月 4 日，皇岗海关关员在旅检出境大厅发现，出境人流中一女子腰腹臃肿，十分可疑，遂将其确定为重点检查对象。查验中，这名女子抢回回乡证并企图逃跑，被关员当场制伏，在其手提袋内及腰腹处，查获大量外币，折合人民币约 376.4 万元。

3 月 23 日上午，大鹏缉私局分局根据线索，在“中英街”特殊边境管理区出入通道截查了一辆别克小轿车，在车内坐位下、门边及司机脚踏布下、冷气槽暗格内，查获未向海关申报、涉嫌走私出境的人民币 258 万元。

3 月 25 日，日本一旅客（男，48 岁）经罗湖口岸出境时，被列为重点检查对象。经检查，在其行李中查获未向海关申报的港币 57 万元。

3 月 27 日，法国籍旅客（男，32 岁）经罗湖口岸出境时，被列为重点检查对象。经检查，关员在其行李内查获未向海关申报的欧元 10.32 万元和港币 0.87 万元，按规定放行欧元 3 500 元和港币 8 700 元后，当事人共超带欧元 9.97 万元，折合人民币 95 万余元。

在深圳海关，旅客超额携带现金出境案件，每年都有上千宗，案值人民币 2 亿元以上。

假钞也走私

以下是 2005 年 12 月，深圳海关旅检渠道查获的假钞走私情况：

3 日，台湾旅客林某（男，44 岁）从罗湖口岸出境时，被列为重点查验对象，关员在其随身携带的行李中发现 100 元面值美元假钞 7 张，另有秘鲁、阿根廷、伊拉克、巴西等国假币 33 张。

5 日，台湾旅客胡某（女，60 岁）经罗湖口岸出境时，被列为重点检查对象。关员在其行李内查获美元假钞 51 张，每张面额 100 元，共计 5 100 美元。经银行鉴定，确认为美元假钞。当事人称不知上述现钞为假币，是帮朋友携带出境的。

7 日，日本籍旅客从罗湖口岸出境时，海关在其行李内查获面值 100 元的假美钞 20 张，当事人承认知道是假币，准备带回日本收藏。

9 日，国内旅客李某（男，51 岁）经罗湖口岸出境时，海关关员在其手提包内，查获面额 100 元的假美钞 100 张。罗湖海关缉私分局立即对李某实行刑事拘留，并深挖扩线，又在凤凰路京达会所抓获供货人靳某（男，52岁，吉林人），并从其住处查获疑似假美钞1 905元，靳某自称是黑龙江省某厅驻北京办事处副主任。

10日，香港旅客黄某跛着脚、拄着拐杖，从罗湖口岸出境。通过海关检查台时，关员发现他脸上表情异常，遂将他列为重点检查对象。经检查，在其手提包内发现用报纸包装成条的港币1条，裤袋内及腰部裤带处，发现同样包装的硬币11条，每条均有硬币50枚，面值5元，黄某共携带硬币600枚，共计港币3 000元。黄某十分紧张，答话语无伦次，在关员的追问下，他承认这些硬币是他在珠海买来的假币，准备带到香港用。

12日，皇岗海关在旅检出境渠道查获两名旅客携带大量小面值美元纸币及港元硬币假币，其中，面值2元的港元硬币500枚，面值1元的美元纸币3 000张。经查，这两名旅客均为江苏人，是做零币收购的，想拿到香港以等价将零币兑成大面额纸钞，从中赚取利润。两人供认，以前在香港兑币时，都会出现假币，这次携带的零币中有没有假币并不清楚。

类似上述的钞票走私案件，深圳海关每年都查获上百起。

其实这也不足为怪。广东本来是内地制贩假币违法案件的高发地。2006年，广东警方缴获假人民币5.6亿余元。通过海上、陆路和境内外相互勾结，走私入港，已成了假币制贩集团牟利的又一“新出路”。假币“制造商”以假币票面额约5%的价格卖出。活跃于深圳、东莞、广州等市的“批发商”，以面值10%的价格卖给下家，这些下家又以20%的价差，向赴港旅客或入境港客出售，或与港人勾结走私入港，分销获利。

假币走私与香港更大范围地接受使用人民币有直接关系。伪钞集团走私假人民币入港，令香港店铺及商场防不胜防。假币集团以多种渠道渗透假币入港：一是组织“水客”以身体夹藏的方式，从陆路口岸入港；二是利用往来港澳小型船舶或渔船偷运；三是雇用粤港货柜车司机搭载进港；四是乘坐直通列车或巴士携带入港。他们一般采取人货分离方式，一旦被截获便否认“货”是自己的。有时，嫌疑人也不知道自己携带的是假钞，只是被告知交货地点和时间。

钻石走私

2006年12月22日，香港旅客蔡某（男，55岁）从罗湖口岸出境，被列为重点查验对象。经人身检查，关员在他佩戴的领带内，发现藏匿钻石14粒；在其西装上衣袋内，发现钻石1粒。次日，张某持港澳居民来往内地通行证，从罗湖口岸入境，其携带的水晶石117粒、K金镶钻石半成品项链1条、K金镶钻石耳环1对、K金镶钻石吊坠1个、碎钻269粒，被海关查获。

深圳海关每年都要查获数百起钻石走私案，从香港走私钻石是目前最主要通道。

钻石走私也像钞票走私一样频繁，真正来自上海钻石交易所的进口钻石微乎其微（国家规定：除工业用钻以外，一般贸易下的钻石进口，必须通过上海钻石交易所集中报关）。

随着国内居民生活水平的提高，钻石消费需求不断上升，国内钻石的产量与居民的消费需求存在较大差距，导致国内钻石加工业和钻饰销售商依赖走私的毛钻和裸钻。2006年7月1日，财政部、海关总署和国家税务总局联合下发《财政部、海关总署、国家税务总局关于调整钻石及上海钻石交易所有关税收政策的通知》，将成品钻石进口环节增值税由17%降低为4%，钻石毛坯免征关税和消费税。税率调整后，一部分钻石商家开始走向正规经营，成为上海钻石交易所的会员，向国家缴纳4%的增值税。虽然钻石进口零关税，但增值税的存在使钻石走私者依然有利可图。按目前钻石走私情况看，每年钻石走私可逃税10亿元，与正规进口的钻石比，走私钻石的利润可多10%以上。据上海钻石交易所统计，2006年我国实际进口钻石近20亿美元，而通过上海钻石交易所进口的钻石仅有1.16亿美元。

目前，走私钻石主要从非洲钻石生产国、俄罗斯、香港3个区域入境。走私者以旅游方式出境，回程时，利用钻石体积小，在行李中夹带不易被发现的特点走私。比如，部分“印巴”籍旅客，从境外购买钻石，通过人身藏匿，从罗湖口岸入境，然后到深圳田贝、水贝一带的钻石加工厂兜售（这部分走私钻石多为“滴血之钻”）。在非洲做生意的中国商人，销售纺织品与机电产品后，获得大量当地现金，为规避汇率风险，在当地用现金购买钻石，然后夹带回国，卖给做珠宝生意的亲戚朋友。

走私钻石主要销售到华东与华南等经济发达地区，通过百货商场的珠宝柜台，可轻易卖出。

我国钻石矿仅有两处，年产毛钻 17 万克拉，仅占全球总量的 0.14%，需进口大量钻石。

上海钻石交易所 2000 年下半年成立，是国内唯一办理钻石进出口手续和钻石交易的机构。2000 年前，我国市场上 99%的钻石是走私进来的。随着上海钻石交易所成立和钻石交易环节增值税的多次下调，“灰色钻石”的比例有所下降。市场上来路不明的钻石，在业界被称为“灰色钻石”（其实就是走私入境的钻石）。走私钻石在市场销售时，要将表面的“灰色”漂去，走私者惯用的伎俩是买增值税发票，对走私钻石进行“漂洗”。

国际钻石贸易由戴比尔斯钻石帝国垄断，其控制的“DTC（国际钻石商贸公司）——看货商——加工零售商”全球产业链条上，没有一家是中国看货商，只能从看货商手上拿钻石，处于链条末端，没有定价的权利。近年来，全球毛钻价格上涨约 30%，中国钻石商的零售利润越来越小。一些钻石销售商在深圳沿海城市购买钻石时，为降低购入成本，不要增值税发票只要收据；再加上钻石行业的恶性竞争，使得钻石商家不得不购买部分走私钻石来降低成本。

戴比尔斯钻石集团的垄断和国内强大的消费市场，使非洲一些国家非法开采的钻石（未取得金伯利证书而非法开采的钻石，俗称“滴血之钻”），只能通过走私流入境内。

钻石等首饰原料，体积小、价值大，受专业知识和鉴定设备的限制，关员仅凭肉眼难以对各种钻石、宝石、黄金等的成色、品质、种类进行准确鉴别，对实际进出口状况难以掌握。

深圳关区进口首饰料件大部分是来料加工企业的，这些企业在申报、加工、废料退运等环节，存在走私风险。经营钻（宝）石首饰加工的企业，进口的首饰原料一般为黄金、钻石等，这类货物的价格主要由品质决定，根据重量、净度、切工、色度等不同，单价存在巨大差异。据海关掌握的价格资料显示，在其他参数相同的情况下，一样重量的钻石，总价可能相差 20 倍。同样大小的钻石，若净度不同，单价也相差很大，如大小约 0.2 克拉/粒的钻石，净度为 IF 级的单价为 1 300 美元/克拉，而 I3 级的却只有 370 美元 /克拉。

第七章 动植物走私

中国海关统计显示：1999年至2003年，中国海关共破获走私濒危野生动物和珍稀植物案件242起，起诉走私犯罪嫌疑人323人。其中，查获国家重点保护和国际公约保护的穿山甲、猎隼、蟒蛇、巨蜥等濒危野生动物活体1.89万只（条）；查获羚羊角、象牙、鹿茸、麝香、熊掌等动物制品价值高达10亿元。

野生濒危动物走私

环保专家介绍，300年前，地球上大约有25亿个物种，现在只剩下1亿个！60%的物种“灭绝”发生在20世纪。而仅存的1亿个物种还正以每天“灭绝”1种的速度灭亡。野生动物因其珍贵、稀少，已经成为世界上仅次于毒品和武器的第三大走私对象。让我们把海关查获野生动物走私的镜头，暂时聚焦到深圳口岸。

2006年9月26日，香港旅客余某（男）携带观赏鱼5箱、15 000尾出境，被罗湖海关查获。同日，香港旅客张某（男，54岁）从罗湖口岸出境，海关检查时，发现其手提包内有活鸟5只，经深圳市野生动植物保护站鉴定，确认为国家二级重点保护动物草鸮1只、黄嘴角鸮4只。二人因涉嫌走私珍稀动物出境，被罗湖海关缉私分局刑事拘留。

查获观赏鱼、活虾、鸟之类的动物走私，在深圳海关早已司空见惯。这些走私动物的价值当然无法与走私的濒危动物相比。对走私分子来说，濒危动物走私更有利可图，当然，其手法也更隐蔽、手段更残酷，活动更猖獗。因此，海关在查获这类走私时，往往陆、海、空全方位出击，要付出更多的心血，也更惊心动魄。

2005年4月25日22时，深圳海关海上缉私处快艇中队在蛇口东头角海域巡航时，发现两条小舢板在鱼排中间徘徊。一般来说，正常航行的船，不会在鱼排中间往来穿梭。而且，东角头海域位置偏僻，距香港只有几分钟的行程，加上正在建设的连接深圳—香港西部的通道大桥，以及周围的众多施工船只、渔排，非常便于隐蔽，因此常有走私船只出没。缉私民警顿时觉得这两条小舢板可疑，为了防止渔船望风而逃，驶往香港，缉私人员从其背后悄悄靠近。5 分钟后，缉私艇堵住了两条小船的退路并上船搜查，结果截获 33 个塞满巨蜥的木箱（巨蜥俗称五爪金龙，和恐龙一样古老），并抓获一名走私人员。

为了弄清这批巨蜥的确切来源，海关将巨蜥送到深圳市野生动物保护站和广东省野生动物保护中心进行鉴定。很快，鉴定结果就出来了：这些巨蜥为国家一级重点保护动物，其产地是马来西亚。我国《陆生野生动物资源保护管理费收费办法》规定，巨蜥的资源保护费为每只 900 元。根据国家林业局相关规定，国家一级保护陆生野生动物的价值标准，按照该动物资源保护管理费的 12.5 倍执行，照此推算，此次走私的 255 只巨蜥价值高达 286 万元。

巨蜥主要产于东南亚地区和我国的海南、广西、广东一带，数量稀少，它既是我国的一级重点保护野生动物，也被国际野生动物保护组织列入《濒危野生动植物国际贸易公约》，严禁进出口。与一般走私物品比起来，珍贵野生动物的利润要高得多，走私分子在马来西亚以一千克几十元的价格收购 255 只巨蜥，一旦走私后进入中国市场，价格将高达 200 多元一斤，上了酒楼的餐桌，巨蜥肉的价格更会翻番。

我国 2000 年出台的有关司法解释，列出了 200 余种受国家保护的一级和二级珍贵动物名录，规定了对珍贵动物实施走私行为的惩处标准。其中，走私金丝猴、大熊猫、亚洲象、野马等动物 1 只（头、匹）就属"情节特别严重"，可处无期徒刑或死刑，并处没收财产；走私巨蜥 4 只、穿山甲 16 只，属于"情节特别严重"，将被处以无期徒刑或死刑。尽管法律规定严厉，但走私分子为了牟取暴利，仍然大肆走私。由于野生动物贸易高额利润的刺激，走私仍然猖獗，在最近 30 年内，全球已经有 4 500 多种野生动物被推到了濒临灭绝的边缘。

面临严峻形势，深圳海关保持高度警惕，打击濒危动物走私，从未懈怠。

2006 年 6 月 3 日，惠东海关缉私分局得到情报，一走私团伙从香港走私珍稀野生动物，将于次日从惠东港口镇入境。次日 3 时，缉私民警赶到港口镇海边树林中守候。9 时，3 艘快艇驶到岸边码头，3 辆面包车悄悄驶过去，从快艇上接货后，立即分头离开。

缉私民警对嫌疑车辆进行跟踪，面包车兜了两个多小时圈子后，才来到惠东县一个建筑工地上。很快，一辆广州牌货车开了过来，将面包车上的物品往货车上搬。最后一部面包车准备卸货时，缉私民警冲了过去。经清点货物，发现是被屠宰后冷冻的穿山甲，共464只。

穿山甲是国家二级保护动物，因国内穿山甲越来越少，不法分子为牟取暴利，将黑手伸向海外。据了解，这次查获的穿山甲来自东南亚，在当地宰杀冷冻后，辗转香港试图走私入境。

野生动物制品走私

1 393张国家一级和二级重点保护的孟加拉虎、金钱豹、水獭等动物的毛皮（价值千万元），铺满1 000平方米的操场，这是拉萨海关缉私局查获的特大动物毛皮走私案的全部赃物，是由印度绕关走私进来的。

深圳没有西藏的高原环境，也没有云南的山林边界，似乎缺少野生动物制品走私的外界环境。但是，动物制品比动物活体容易夹藏，走私分子看好的恰恰就是深圳海、陆、空口岸的便利，携带走私动物制品。

深圳有4个口岸与香港陆路相通，每天有几十万人进出，一些走私分子利用这种便利，大肆走私动物制品。虽然动物制品比动物活体更容易夹藏和携带，海关查获动物制品夹带走私相对更为困难，但海关关员凭着把守国门的神圣责任感和保护生态平衡的良心，发挥主观能动性，屡屡查获携带动物制品走私案。

X光机前老外"亮胆"

2005年1月22日下午，和往常一样，深圳机场海关旅检关员在入境现场验放旅客，旅客不多，10多分钟就已经走得差不多了。这时，一名肩上挎着包、手里拖着大行李箱的外国旅客，引起值班关员的注意。他通过边检后，低着头沿着墙根走，行动可疑。值班关员觉得这名旅客有问题，示意他把行李放到行李机上检查。他不但没有停下来，反而走得更快。值班关员追上去叫他，这名旅客才折回检查房。他将肩上的挎包放到传送带上，却没有将行李箱放上去，而是拖着继续向前走。在关员的又要求下，他才极不情愿地将大行李箱放到传送带上。X 光机显示出的图像很特别，一时也无法准确判断是什么物品，值班关员决定开箱检查。箱子打开后，里面是一团团黑乎乎的东西，还带腥味儿，像是动物胆。经清点，共有 10 040 个，重 37.49 千克。海关将货物送到国家林业局野生动植物检测中心鉴定，确认这批动物胆为蛇胆，其中 9 165 个为网斑蟒胆，875 个为侏蟒胆，全部是被列入《濒危野生动植物国际贸易公约》的物种，总价值高达 9 000余万元。

“狮骨”未寒

2005 年 2 月 3 日 18 时左右，由吉隆坡至深圳的航班将降落在宝安国际机场，当飞机缓缓靠近登机桥的时候，机场海关旅检关员已经做好了通关查验前的准备工作。同往常一样，入境旅客办完边检手续后，陆续进入海关监管区。第一位步入海关无申报通道的中年男子，引起现场关员的注意：这名男子神色有些紧张，通过海关的速度很快，仿佛有特别着急的事情。他衣着朴素，携带的行李也十分简单，除了肩上挎着的黑色帆布包外，行李车上只有一个不大的纸箱，纸箱的外包装上标明是食品。从行李特征上观察，这名中年男子似乎没有携带衣物、日用品，而且从那个纸箱的体积来看，没有专门用一辆行李车推着的必要，除非箱子里的东西很重。想到这里，关员示意这名男子进入海关检查区，准备对其行李进行 X 光机检查。

这名男子进入检查区后，加快步伐，推着行李车绕过海关检查行李的 X 光机，向监管区出口走去。检查台前的关员连叫几次，让他把行李过机检查，这名男子不但没有停下来，反而冲得更快。通道内值班关员见状，快步上前截住他，并将他带回到查验台前。

审查这名男子的证件，确认其为中国籍旅客，有过多次进出境记录。面对查验关员的询问，这名男子故作镇静，说纸箱里装的是马来西亚亲友赠送的一些食品。当其携带的纸箱经 X 光机检查时，显示屏上出现的画面让查验关员大为震惊。从图像分析来看，纸箱内除少量食品外，居然装了满满一箱骨头状的可疑物品。关员决定对纸箱进行开箱检查。

打开纸箱后，发现有几袋马来西亚出产的咖啡粉，几袋咖啡粉下面，有一个塞满了东西的黑色塑料袋，剥开塑料袋，大量长度约 30 厘米左右的不明动物腿骨呈现出来。经过清点，这批动物腿骨共 65 根，重 16.46 千克。查验关员意识到，这些物品有可能涉及濒危野生保护动物，立即向上级汇报。机场海关领导认为案情重大，当即安排关员对这名男子进行有效控制，并请专家进行鉴定。经鉴定，确认这批查获物品为国家一级保护动物马来熊骨 628 克，亚洲狮骨 856 克，其他狮骨 14 977 克，价值近 8 万元。

被忽视的印度龟壳

深圳福永码头位于深圳市宝安国际机场区，每天有 38 班客船往返深圳与香港、澳门之间。深圳机场海关在福永口岸设有一个旅检科，监管着进出境两个现场。

2005 年 1 月 5 日，关员检查一旅客行李包时，发现里面装的是清一色的龟壳，旅客称是普通中药，药店都可以买得到，并递上了药店的发票。关员正准备对龟壳进行清点归类时，另外一位拉着编织袋小车的印度旅客，从通道快速走过，关员把她也拦下来检查，发现袋子里装的同样是龟壳。检验关员分析，印度有传统医药，以草药为主，这两个印度人怎么会成为中医药的专家呢？遂决定进一步鉴定。经鉴定确认，这些龟壳是印度棱背龟壳（印度棱背龟是《濒危野生动植物国际贸易公约》目录中的一类保护动物，无论是活体还是制品都禁止进出口）。海关从二人行李中共查获龟甲达 138 块，重 8.5 千克。

让携蟒蛇皮进境者站住　对买象牙制品旅客说不

2007 年 2 月 8 日，国内旅客罗某（男，38 岁）携带一编织袋由罗湖口岸入境时，被罗湖海关列为重点检查对象。在其行李内查获可疑动物皮 5 张。经深圳市野生动物保护管理站鉴定，为国家一级保护动物蟒蛇的皮。

2007 年 4 月 6 日，黄某驾驶私家车从文锦渡口岸入境，海关对其车辆查验时，在车尾箱查获象牙制品 9 件。经鉴定，其中 2 件为国家禁止进出境的野生象牙制品，共 1.36 千克。同日，郭某持港澳通行证从蛇口入境时，海关在其行李中查出象牙制品 3 件，其中 2 件人像雕刻分别重 1 420 克和 1 440 克，一件龙像雕刻重 3 061.4 克。

在查获的这两起案件中，当事人携带的都是在被访问国通过正规渠道购买的象牙制品，也符合被访问国关于购买象牙及其制品的法律规定，但根据我国法律，这些异国购买的象牙制品，不允许私自入境。按照《濒危野生动植物国际贸易公约》及我国海关法、野生动植物保护法规定，如果没有进出口的证明书，进出口、携带或邮寄非洲象物种及其制品进出境的行为，都是被禁止的，轻则受海关行政处罚，重则会被指控为走私。

象牙制品违法入境，多属于情节较轻案件，涉案物品 95%以上为象牙雕刻、手镯、项链、筷子、发卡、棋子等工艺制品，象牙制品的来源地主要集中在非洲。随着国内居民生活水平的提高，“非洲游”成为出境旅游的新热点。一些旅客在旅游途中，见到当地有象牙制品交易，便购买象牙装饰品携带入境。深圳海关查获的此类案件中，非洲象牙案件数占案件总数的 90%以上，携带象牙制品入境的主要目的是自用或馈赠亲友。1989 年 10 月，《濒危野生动植物国际贸易公约》第七届成员国大会通过了全面禁止非洲象牙及其制品的国际贸易修正案，1991 年 1 月 11 日起，我国禁止非洲象牙及其制品贸易。但绝大多数人对“野生象牙及其制品”是否禁止进口，携带象牙制品入境是否会受到法律制裁并不知晓，认为当地允许交易便可携带入境。为此，深圳海关以境内“非洲游”入境旅客为重点目标，加大查验力度，防范野生象牙及其制品流入境内。

2008 年 6 月 25 日，罗湖海关查获 2 名香港旅客携带的疑似羚羊角 129 个，重 7.6 千克，案值人民币 180 万元。经华南野生动物物种鉴定中心鉴定，为已去除外鞘的赛加羚羊角角芯。该物种及其制品被列入《濒危野生动植物国际贸易公约》附录二，属于国际贸易限制物品，并在《中华人民共和国野生动物保护法》中被列入国家一级重点保护的珍贵濒危野生动物。

近年来，走私分子的走私方式不断翻新，不仅通过海上偷运，还在旅检通道、货运渠道夹藏走私，运作方式也呈现集团化、专业化特点。为此，深圳海关加大对港口、非设关地、行邮渠道现场的查缉力量，加大对集团性专业团伙的情报搜集，力求有针对性地打击违法犯罪活动。

“麻醉花狗”女士挎包昏睡
“批量宠物”水客口岸穿梭

2006年2月15日晚，香港旅客陈某（女，55岁）从罗湖口岸出境，她身上的小挎包经机器检查时图像异常，关员开包查验，发现里面装着一只麻醉昏迷的小宠物狗。陈某称，这只小狗是她花400元购买的，准备带到香港饲养。海关随即将其移交检验检疫部门处理。

在香港，只要留心就不难发现，宠物市场上花、鸟、鱼、虫、蛇、鼠、猪、犬无所不有。香港鸭寮街附近，还有一条专卖水族宠物的街道，所卖的有珊瑚、花蚌、鳗鱼、乌龟等。据了解，这些宠物多数都是从内地偷运走私到香港的。香港和内地，各种宠物差价较大，比如一只花蚌，内地最贵100元，到香港能卖500元以上。

有利可图，走私就难以避免。对旅客携带宠物进出境，国家有明确的法律规定，如“旅客携带动物（犬、猫）入境的，不能超过限额(每人限一只)，必须持有输出国或者地区官方动物检疫机构出具的有效检疫证书，还应当提供有效接种证书”。

旅检现场海关查验很严，这些宠物又是怎样走私偷运到香港的？

据了解，深圳、珠海有几千名靠宠物走私生存的人，包括水客、货车司机、宠物店主，他们组织严密，活动频繁。

从事宠物走私的人，以搬家公司为名招揽生意，如果走私宠物数量大，就选择在东部海上走私，但这样成本和风险会较高，更多采用的是车运，或找“水客”直接带过关。从事宠物走私的人多熟悉经常往返深港两地的货柜车司机，一有生意，就给司机打电话，确定交易地点，然后把要走私的宠物麻醉后，放进驾驶室蒙混过关。有时，他们会联系“水客”，在口岸把宠物交付给对方并付给带工费，待过了关卡，香港方面有专人接应。

为了防止宠物在过关时挣扎或发出声音，走私前给这些动物喂一些安眠药物，等药性发作后，直接将其装进口袋或者行李箱中。上面提到的那位55岁陈姓旅客就是采用这种方式。

佛山大沥新城宠物市场是国内最大的宠物交易市场，每周交易的几千条宠物来自全国各地，有的用飞机运输过来，更多的则是用火车、汽车运过来，再由宠物贩们向外批发、零售。

随着内地和香港经济交往的日益频繁，宠物交易不但突破了地域限制，而且宠物种类也不再局限于传统的猫和狗。

2006年5月9日，罗湖海关对入境旅客例行检查时，觉得两男子随身携带的行李可疑，开包检查发现，他们携带的是活蜥蜴，共36只。他们交代说，蜥蜴是在香港购买的，准备带到内地当宠物出售。依照有关法规，入境旅客携带活体动物、动物繁殖材料、动植物标本等物品入境时，应主动向检验检疫部门申报，检疫合格后方可放行。海关遂要求其出示检验检疫审批证书，但两名旅客均未能出示。

2007年3月12日，一名香港男子由皇岗口岸出境时，用一件外套包住左手，形迹可疑。海关值班关员发觉后，上前截查，打开这名男子的外套后，发现他手中居然握着一只两眼炯炯有神的老鹰。老鹰被胶袋紧绑，不能动弹，只有头部露在外面四处张望。这只鹰高30厘米，经确认是一只成年雀鹰。

还有一些香港人，赴内地搜罗各种受保护的禽鸟后，在特制的木盒子或鞋盒上挖几个洞，把禽鸟塞进去，然后手提着过关，或者让一些跨境司机夹带。通过皇岗、罗湖、沙头角等口岸把宠物走私到香港作为宠物饲养，或转售到中东国家，赚取大量差价。深港间海面相连，走私分子也会在夜里利用快艇，将受保护禽鸟走私到香港。

近年来，蜥蜴、乌龟、老鼠等奇异野生小动物，与温顺可爱的小狗、小猫一样，成为年轻人的时尚宠物。这些“另类宠物”虽然迎合了青少年追求新鲜、另类、刺激的心理，但这些宠物体内携带的病菌和寄生虫，能使饲养者感染皮肤病和呼吸道疾病。一些“另类宠物”带有弯曲杆菌，受这种菌感染的人，会出现胃痛甚至瘫痪。此外，这类动物具有较强的攻击性，不易驯养，容易伤人。但走私这些动物有利可图，走私分子不会因此而“大发慈悲”。

珍稀植物及其制品走私

国家林业局1996年至2003年组织的全国野生植物资源调查结果显示，在被调查的189种野生植物中，有11种野外种群数量不足10株，23种野外种群数量低于100株，36种野外种群数量低于1 000株。48%的物种因资源的过度利用而面临严重威胁；39.7%的野生植物因生存环境恶化而陷入濒危状态；有3种野生植物已经灭绝。

中国农科院权威专家说，一种野生植物的形成需要几十万年乃至几百万年的时间，而其毁灭可能就发生在一夜之间。随着物种的灭绝，这些物种所携带的种质资源（也就是基因资源）也随之永远消失。物种的生存能力与其遗传多样性成正比，物种急剧减少的结果，会导致各个生态系统的脆弱。

目前，部分野生植物种群正面临着生存危机，局部灭绝在继续加剧。一些需求量大的物种，如红豆杉、人参、雪莲、冬虫夏草、肉苁蓉、苏铁、甘草和发菜等资源，数量已下降到濒危程度。

但是，在市场高额利润的诱惑下，一些不法分子仍在大肆乱挖、滥采和非法经营、走私野生植物及其制品。

不法徒让“幽谷佳人”沾满铜臭
走私犯把“兰花姑娘”强嫁海外

兰花，长年生长在罕无人迹的深山密林之中，以其沁人心脾的馨香荡涤着尘世的浮华，被誉为“幽谷佳人”。前些年，在人为的炒作下，兰花的价格上涨几近疯狂，一盆兰花换一幢别墅，一株兰花换一辆汽车。面对兰花的高额利润，众多的不法之徒不顾国法，走私偷运，他们名曰“爱兰”，实为用美丽的“幽谷佳人”牟取暴利。据悉，我国原有近1300种野生兰花，很多珍贵的野生兰花被低价买走后偷运出境。其中，被《濒危野生动植物国际贸易公约》禁止贸易的18种野生兜兰，几乎全部流失到了国外。

经国家林业局等部门批准，深圳市在梧桐山下建立了占地200亩的梧桐山苗圃场，这是我国第一个兰科植物“庇护所”，深圳海关将查获的兰花，转移到这里栽植。400多种处于极度濒危的和95种国家一级保护的兰花，在这里重新得到保护。

兰草是一种名贵花草，因花形特奇，具有很高的观赏价值，属国家宝贵自然资源，部分品种的块茎可用药，曾有“天下第一香”和“活的艺术品”之称，自古被视为君子修身立德境界的象征，受到国内外有识之士的推崇。20世纪80年代，世界各地，尤其是韩国、日本及东南亚各国，相继出现“兰花热”，名贵兰草价格不断攀高。一些商人甚至称兰草为“绿色古董”、“绿色金子”。国际上一株名贵兰花卖到上万美元，个别甚至卖到百万、千万美元的天价。兰花国际贸易的活跃，使国内野生兰花的地下交易猖獗，给野生兰花资源造成毁灭性破坏，观赏价值较高的兰科种属处于濒危状态。

我国是兰草资源大国，兰草品种较多，国外商人只走私名贵品种，而采挖兰草的农民，对兰草缺乏了解，上山后不管好坏，见兰草就挖，将挖掘的兰草成捆成捆背下山，卖给当地的兰草贩子。了解行情的贩子，仅收购品种较好的兰草，其余的被随意丢弃，致使野生兰草资源破坏严重。长期恶性挖掘，使一些地区的野生兰草名种日渐稀少。同时，因国外商人为谋取暴利不断走私，使我国兰草品种大量流失国外，造成国内兰草的品种和数量日益萎缩、资源数量减少，物种群落及原始栖息环境遭严重破坏。如生长在我国江浙地区的蕙兰，古书记载曾有60多个品种，目前已不足30个，其中，多数优良珍贵品种都流失到日本。具有讽刺意味的是，目前，日本已开始向中国返销蕙兰。

野生兰科植物的所有品种，均被《濒危野生动植物国际公约》列为二类保护物种，并被列入《进出口野生动植物物种商品名录》，禁止交易。

兰草走私一般是国外的走私分子入境后，直接与兰草贩子交易，然后将兰草走私出境。兰草携带容易，只需将其洗净，用卫生纸简单的包裹一下，放在手提箱或其他容器内即可出境，而且，海关难以发现。

“花罗汉”观赏鱼入境暂扣
“越南梨”罗汉松走私被查

2006年春节前夕的一个晚上，一旅客在罗湖口岸入境时，突然拿出手机大声地“接听”电话，企图掩人耳目蒙混过关。检验检疫人员立即叫住他，开包查验发现，其旅行袋里有30尾俗称“花罗汉”的活体观赏鱼。工作人员凭经验判断，这可能是一个“水客”集团的有组织偷运行为。为了一网打尽，罗湖检验检疫局迅速联络海关，采取联合打击行动，一小时内相继截留4名“水客”，查获172尾活体“花罗汉”观赏鱼，货值约5万元。这些鱼是空运到香港后，货主利用“水客”从罗湖口岸偷运入境。由于“水客”未能出示任何检验检疫证书，罗湖检验检疫局按规定暂扣并立案处理。

2006年4月7日，皇岗海关关员从3辆挂粤港两地牌的私家车上，截获产自越南红星凤梨苗30箱，共30 120株。司机事先将车的座位撤掉装货物，然后用与汽车内部相同颜色的布匹盖住货物，企图蒙混过关。红星凤梨苗为植物全株，根系完整且附有湿润土壤，栽植成活率很高。

2007年4月18日晚，海上缉私处851艇正在青洲海域巡逻，突然，雷达荧屏上有一个微弱的回波，船长凭多年经验判断，这可能是一艘走私小快艇，随着回波增强，目标越来越清晰，可疑快艇正从香港水域急驰而来，缉私队员迅速登上随船缉私快艇，追了上去。缉私艇上两盏探照灯同时打开，牢牢锁住走私船，在两舷交错时，一名缉私队员飞身跃上船头，控制住走私船，缉获涉嫌走私的活体罗汉松8株。

罗汉松是一种濒危树种，在我国的分布区很窄，目前仅在南部尚未开发的天然林中有少量分布，资源甚少，属于国家级保护植物。

香料原料——沉香

土沉香生长在国家二级保护植物沉香树上，常发源于树疤处。土沉香的提取物可用于高级化妆品和香水中。据了解，一般野生土沉香要积累一二十年才能长成，要得到土沉香，必须从树干深处一斧斧劈砍、挖凿下来。香港是“土沉香”生长较为完整的地区之一，不法之徒在高额利润的驱使下，前往香港山区盗伐，再走私运往内地倒卖牟利。2004 年，广东海关在旅检、货运监管渠道查获 200 多起携带土沉香入境案件，仅深圳关区就查获走私入境“土沉香”案件 100 多宗，近 1 000 千克。

根据《中华人民共和国刑法》第 151 条，走私国家禁止进出口的珍稀植物及其制品的，处 5 年以下有期徒刑，情节严重的处 5 年以上有期徒刑，并处罚金。

土沉香又名牙香树、白木香，属于瑞香科，是一种特有的珍贵药用植物，树干受真菌侵入后产生树脂，也就成了中药“土沉香”。由于沉香可以药用或作香料，国内不法之徒大肆砍伐，使土沉香濒临灭绝。为保护土沉香，国家林业局在国家重点保护野生植物目录中，将其列为二级保护植物，海关也加大打击沉香走私的力度。

2005 年 6 月 3 日凌晨，皇岗海关机动队关员在入境大厅附近蹲点埋伏，这时，一辆香港大巴驶入口岸停靠站，从车上下来两名中年男子，衣服上沾有泥巴，各背一个沉甸甸的背袋。背着这么重的东西，半夜三更入境，非常反常。边检放行后，机动队关员当即将其拦截。查验发现，这两名旅客的背包里用黑色胶带包装的东西，正是国家级濒危植物——土沉香。据他们交代，几天前，二人持旅游证件到香港，在深山中寻找、挖掘土沉香，折腾整整两天，收获颇丰。他们准备将这些盗挖的“土沉香”走私入境后，卖到茂名电白一带的中药铺。

2005 年 8 月 5 日，香港旅客喻某（女，33 岁）经罗湖口岸入境时，被列为重点检查对象，在她的行李中发现沉香 14 千克。根据线索，缉私干警与海关小分队关员，又将货主抓获。货主为广东籍居民，他们怕自行携带难以逃避海关监管，遂以700元带工费，雇用香港“水客”携带。喻某携带珍稀植物土沉香入境，数量较大，符合刑事立案标准，罗湖海关缉私分局对其采取刑事拘留。在送押过程中，喻某大哭大闹，用撞墙、咬舌头、绝食等方式，恐吓办案人员，使看守所误以为当事人有精神病，拒绝收押。办案人员无奈与深圳市某家医院取得联系，对当事人进行鉴定。8月8日，经深圳市某家医院专家鉴定，当事人具有刑事责任能力，无精神病。最终，喻某被收押到看守所。

深圳口岸的藏带沉香入境人员，多为港澳旅客，涉案物品重量多在3千克左右，也有10千克以上的，一般使用背包藏带。涉案旅客都声称沉香是受人委托藏带入境，收取带工费30~50元。

据走私分子交代，按照土沉香的成色好坏，内地黑市价格从每千克几百元到几千元不等，甚至可以达到上万元。以前，国内动植物保护法规保护范围，仅限境内土沉香，对境外走私入境的土沉香，海关只能按照走私普通货物行为处理。走私分子一次走私土沉香的数量有限，依照走私普通货物行为，对走私分子的打击处理相对较轻。

为解决走私“土沉香”案件中存在的执法疑难，深圳海关与国家濒管办、国家林业局和广东省检察院、深圳市检察院、深圳市中级人民法院进行沟通、协调。在深圳海关的推动下，广东省人民检察院和海关广东分署、深圳市人民检察院等部门就“土沉香”定性处理问题，联合召开研讨会，商定对走私“土沉香”1株以上或走私土沉香价值1万元以上的，予以刑事立案；对2年内3次以上走私“土沉香”的，虽价值不足1万，商请检察机关同意后，进行刑事立案，给予法律制裁。

2005年5月23日，皇岗海关关员在口岸空车道抽查陈某驾驶入境的货车时，发现车箱里藏着一个鼓鼓囊囊的编织袋，里面装有几十块深褐色木块状物品，怀疑是某种珍稀植物制品，立即将陈某连人带物予以扣留，移送深圳海关缉私局皇岗分局处理。经鉴定，这些木块为土沉香，重20千克，属于《濒危野生动物植物国际贸易公约》附录中列名的受保护植物，也是我国二级重点保护野生植物。陈某交代，5月23日上午，他在香港受人指使走私土沉香入境，商定走私成功后，可得500元港币的带工费。6月15日，深圳市人民检察院以涉嫌走私珍稀植物及其制品罪，批准逮捕陈某。他也成为全国第一宗以此项罪名被移送起诉的人。9月14日，深圳市中级人民法院经过公开宣判，判处陈某拘役5个月，并处罚金2 000元。

2007年3月，宋某等7人受卢某雇请，前往香港海岛盗挖土沉香运输入境。25日，宋某驾驶一艘快艇从深圳南澳出发，将高某等6人送往香港一海岛，在岛上停留并盗挖土沉香六袋。26日12时，宋某驾驶快艇再次抵达该岛，接6人返回。途经深圳市大梅沙海域时，遇深圳海关缉私艇检查，7人试图驾艇逃跑，逃跑过程中高某等6人将沉香扔进海里。海关人员当场将7人抓获，并将扔到海里的重26千克的6包土沉香打捞上艇，7人随即被拘留。

近来，经过海关等部门的严厉打击和查处，“土沉香”走私现象明显减少。

打击野生动物走私任重道远

1989年我国颁布野生动物保护法以来，已经颁布实施了一系列有关野生动植物保护的法规、文件，但还没有野生动植物国内贸易的相关立法，《濒危野生动植物国际贸易公约》秘书处将我国列为野生动植物贸易国内立法不完善的二类国家。目前，我国难以对野生动植物资源进行及时、有效的监测，影响了野生动植物的保护和管理。

野生动植物是仅次于毒品、军火的第三大走私对象，据估计，全球每年的野生动植物走私贸易额达500亿美元。因国内野生动植物资源的有限和相对需求的增加，周边国家的野生动植物大量被走私到我国，造成野生动植物走私活动泛滥，严重威胁着我国及周边国家的生物多样性保护和持续利用。

野生动植物及其制品的鉴定是一项专业性、技术性强的工作，除受过长期专业训练的人员能胜任外，一般海关关员很难进行。这种情况客观上制约了海关打击野生动植物走私的效果。

近30年来，全球已有4 500多种野生动植物濒临灭绝，过度开发野生动植物资源，是野生动植物物种濒危的原因之一。

野生动植物在我国主要是以中药材、观赏植物、宠物和野味进行贸易。我国拥有的12 809种中药材资源中，有11 146种是植物，占中药材资源的87%，有1 581种是动物，占中药材资源的12%。我国部分地区有养鸟与观鸟的习俗，为了维持观鸟这一习俗，每年要消耗大量的野生鸟类。如红嘴相思鸟、鹩哥、百灵等不能人工饲养、繁殖，只能从野外抓捕，在抓捕、饲养和贩运的过程中，造成鸟类大量死亡。此外，我国是观赏鸟的一大出口国，每年出口的非食用的野生动物1 074万只左右。

在中国南方饮食文化中，无论是飞禽、还是走兽，无所不吃，全国每年仅吃掉的蛇就有1 000多万条，由于过度捕捉，蛇类数量下降，破坏了生态系统的食物链结构，使得鼠害猖獗。20世纪90年代以来，我国蛇类出口大幅度下降，蛇类进口却呈增长趋势，已经从蛇类净出口国，转变为蛇类净进口国。

1981年我国正式签署《濒危野生动植物国际贸易公约》，之后建立了“中华人民共和国濒危动植物物种进出口管理办公室”（简称国家濒管办）和“中华人民共和国濒危物种科学委员会”（简称国家濒科委），管制濒临灭绝的物种。但野生动植物国内贸易的管理，在生产、流通、消费环节分别由不同的部门进行，不可避免存在盲区。

保护野生动植物资源，必须建立野生动植物资源和贸易信息库，加强野生动植物国内、国际贸易立法，控制野生动植物养殖、销售、加工和检疫，开展野生动植物科学研究，使野生动植物资源保护和利用，进入稳定、持续轨道。

俗话说，杀头的买卖有人做，赔本的买卖没人做。野生动植物利润空间越来越大，走私分子一定会千方百计地走私。对海关来说，战斗仍未有穷期！

第八章 毒品走私

深圳有四条陆路口岸与香港相通，此外，还有航空和港口与香港及世界各地相接，每天都有大量旅客进出，其中，仅罗湖口岸每天就有25万人次（主要节假日时高达28万余人次）的进出境旅客，相当于一个中等城市的人口，堪称全国之首。特殊的“国门”环境，让走私毒品的犯罪分子做过无数次“黑色幽梦”——以熙熙攘攘的出入境旅客为掩护，利用方便、快捷的出入境通道，鱼目混珠走私毒品。

法网恢恢，疏而不漏，正义终将战胜邪恶。进出境旅检现场的海关关员，在大多数守法旅客眼里和如春风，却令毒品走私分子不寒而栗。走私分子铤而走险的计划，在他们面前一次次被粉碎，靠毒品一夜暴富的美梦，一次次破灭……

不见硝烟的战争

罗湖海关曾查获一宗海洛因走私案，涉案毒品607克，属重大走私毒品案件。罗湖海关缉私分局为了抓捕一个，牵出一片，抓获幕后毒犯，立即突审当事人陈某。经过几个回合的审讯，陈某败下阵来，供述了货主“阿发”、女朋友“阿芹”和他自己在深圳的住址等3条有利线索。

搜查陈的住所，缴获毒资港币5.6万元，海洛因13克、米达唑仑115克、咖啡因和氨第比林混合体230克。

侦查人员找到“阿芹”，根据“阿芹”提供的线索，找到了按摩女“阿红”，又根据“阿红”提供的线索，找到了代号叫“老爷”的货主“阿发”，并当场查获10万元港币。

在政策攻心下，“老爷”终于放弃无谓抵抗，交代了全部罪行。原来，“老爷”的真名叫苏某，是一名在逃毒犯，他在各种身份证件上都使用假名。据其供述，他原本在香港从事毒品交易，发案后逃至深圳。在深圳接触了一些“毒”味相投的人，因此，常有人向其要“货”（毒品）。被捕前半个月，有一个叫“四眼”的人找他要货，并介绍陈某给他做“马仔”。苏某遂与一个叫“阿镇”的人取得联系，派陈某陪“阿镇”一起去惠州“阿雄”处取货，拿到货后，苏某与

“阿镇”一手交钱，一手交货，然后由陈某负责带货到香港给买主。在苏某的手提包里搜出的10万元港币，就是“四眼”刚刚交给他用来买“货”的毒资。至此，侦查人员基本掌握了走私链的各个环节。根据苏某的供述，类似的交易已有七八次之多，走私的海洛因高达8千克。

侦查人员决定用“老爷”苏某为饵，诱捕“阿镇”。在办案人员的精心布置下，“阿镇”轻松“上钩”，被顺利抓获。

在强大的审讯面前，“阿镇”对其走私罪行供认不讳，并交代了与案件有关的另一个重要嫌疑人“阿雄”。

原来，“阿雄”是长期从事毒品交易的供货商，“阿镇”则是“阿雄”进行毒品交易的中间人。海关侦查人员立刻兵分三路：

一路赴惠州以“阿镇”作饵迅速抓捕“阿雄”，并在其身上查获2大块、4小块，共计1 195克海洛因；

一路在深圳市智擒了“四眼”；

最后一路对抓捕到案的嫌疑人继续进行审讯，进一步寻找线索，固定证据，深挖扩线，争取将毒犯一网打尽。

至此，这个毒品走私团伙的7名成员全部落网，大量毒资及毒品被缴获。

讲完“海关人员和毒品走私分子斗智斗勇的故事”后，我得加一句——请听下回分解！这不只是模仿说书惯例，而是因为这样的故事在深圳海关太多……

以下是深圳海关近年查获的部分毒品走私的案例：

旅客携带美沙酮溶液60.8克出境被查获。2005年12月17日，国内居民旅客郭某（男，29岁，广东籍）经罗湖口岸出境时，被列为重点查验对象，关员在其携带的塑料袋内，发现用透明塑料瓶装的溶液一瓶（毛重69.5克），经鉴定为毒品美沙酮溶液，净重60.8克。当事人称，是香港的姐夫让其到惠东取的，带到香港后，由其姐夫来取货。

香港旅客携带含麻黄素和可卡因入境被查获。2005年12月22日

7时，香港旅客罗某(男，39岁）经罗湖口岸入境，走无申报通道时，被海关关员抽查。关员在其上衣口袋内，查获棕红色溶液8瓶。罗某称自己患有感冒，这是在香港私人诊所购买的止咳药水，准备自用。经鉴定，上述溶液中含有毒品麻黄素与可卡因，净重540克。

罗湖海关一日内查获3名旅客携带毒品出境。2005年12月29日，国内居民旅客魏某(男，31岁，广东籍）因面呈病态、疑为吸毒者，从罗湖口岸出境时被列为重点检查对象。经检查，在其随身携带的手提袋内，查获针管4支、针头2个、地西泮注射液1支、曲马多药片24粒（毛重2克)，并在其外衣口袋内，查获海洛因2小包（毛重3克)。同日，在国内旅客唐某（女，27岁，浙江籍）的手提包内，查获注射器7支，在其钥匙包中查获毒品海洛因23小包（毛重1.5克)；在香港旅客张某（男，31岁）携带的“万宝路”烟盒中，查获疑似大麻膏的黑色物品1.7克，烟纸1卷，卷烟器1个。当事人均称，携带的物品出境后供自己吸食。

一旅客携带无水咖啡因4千克入境被查获。2006年8月15日，香港旅客杨某（男，50岁）经罗湖口岸入境时，被列为重点查验对象。经检查，关员在其手提袋内查获4包白色粉末状物品，净重4千克。经鉴定，为毒品无水咖啡因。

一香港旅客携带海洛因27.5克出境被查获。2006年9月20日16时30分，香港居民伍某（男，53岁）经罗湖口岸出境时，形迹可疑，被关员列为重点查验对象。经人身检查，在其左脚袜筒里，发现一小包灰白色块状物，经鉴定为高纯度毒品海洛因，毛重27.5克。伍某自称是吸毒者。

一香港旅客携带疑氯胺酮1 000克入境被查获。2006年9月30日22时，香港旅客陈某（男，28岁）经罗湖口岸入境，他手提一个纸袋，行李特征较为奇怪，被关员列为重点查验对象。经检查，关员在纸袋底部，发现4包白色晶体状物品。经检验为毒品氯胺酮（俗称

“K粉”)，净重 1 000 克。陈某称知道上述物品为“K 粉”（氯胺酮)，是帮朋友携带入境，赚取带工费 2 500 元港币。

一旅客携带冰毒 18 千克入境被查获。2006 年 11 月 4 日，香港旅客陈某（女，37 岁）经罗湖口岸入境时，被列为重点检查对象。经检查，关员在其携带的塑胶桶内，查获冰毒液体 18 千克（毛重）。初步调查得知，上述物品是陈某帮他人从香港带入，收取带工费 30 元。

一旅客携带毒品海洛因 195.8 克出境被查获。2006 年 12 月 13 日，香港旅客许某（男，33 岁）从罗湖口岸出境时，被列为重点检查对象，关员在其上衣及裤子口袋中，查获特意用胡椒粉胶袋装的粉状物品 222 克，疑为毒品。经深圳海关缉私局鉴定，确认为毒品海洛因，净重 195.8 克。

一旅客携带毒品美沙酮溶液 403 克入境被查获。2007 年 3 月 3 日下午，国内居民旅客吴某（男，35 岁）从罗湖口岸入境时，被列为重点检查对象，海关怀疑他携带的、用绿茶饮料瓶盛装的可疑溶液为毒品，经深圳海关缉私局鉴定，确认为毒品美沙酮。

一旅客携带毒品冰毒 270 克出境被查获。2007 年 4 月 21 日晚，香港旅客温某（男，55 岁）经罗湖口岸出境时，被海关列为重点检查对象。经检查，在其背囊中查获用黑色塑料袋包装的白色晶体 10 包，疑为毒品。经缉私部门鉴定为冰毒，净重 270 克。

港台旅客走私毒品被查获。2007 年 7 月 3 日 12 时，皇岗海关关员发现一辆经皇岗口岸出境的小型客车有疑，遂进行重点查验，在车尾箱的一个旅行袋中，查获毒品氯胺酮（俗称“K 粉”）25 千克，摇头丸 480 克（1 955 粒)，当场抓获 3 名犯罪嫌疑人，其中 1 名为香港籍、2 名为台湾籍。

以上是深圳海关旅检渠道查获的部分毒品案件，类似的案子，深圳海关每年都要查数十起，甚至上百起。

通过对案件进行分析和总结发现，毒品走私案件涉案人以国内旅客为主，多为吸毒者，年龄在 33~46 岁之间，且多声称携带的毒品是供自己吸食或戒毒、止痛用，以美沙酮溶液为主，案件高发时段集中在中午及晚上，主要集中在罗湖、皇岗、机场、蛇口、沙头角等口岸。

国际毒贩难“过关”

国际贩毒团伙为牟取最大利润，降低风险，多采取“化整为零”、“蚂蚁搬家”方式，雇用一些贫穷国家（地区）的人员，以人体、人身藏毒和行李藏毒等方式进行毒品走私，从而形成一批专门进行毒品走私的外籍“水客”，其成员从最初的非洲籍人员、中东籍人员，逐步扩大到现在的东南亚籍人员。以下是 2006 年，深圳海关查获的部分外籍旅客贩毒案件情况：

1 月 17 日 20 时 50 分，深圳机场国际厅里，一位前往吉隆坡的外籍旅客，引起关员的注意。他衣着不整，神色略显紧张，随身只有一个行李箱。关员上前拦住他，让他接受检查。打开箱子，里面并排放着两支各 1 千克的沐浴露瓶，把两个瓶子打开，发现里面装的是白色透明晶体。经化验，白色透明晶体为制毒原料甲基麻黄碱，净重 1 750 克。

5 月 3 日 19 时，一印度旅客（男，24 岁）经罗湖口岸出境时，被列为重点检查对象。经人身检查，在其双腿处，发现用胶带包裹的黑色膏状物 4 块。经鉴定，为毒品大麻脂，净重 2 800 克。

7 月 10 日，从胡志明市起飞的 ZH9782 航班抵达深圳。在陆续到达的旅客中，一名 30 岁左右的女子被两名航空公司工作人员用轮椅推着过海关，这名女子看上去身体虚弱，仅有的一个旅行包也交给工作人员拿着。关员向工作人员了解情况，得知她晕机反应剧烈，在飞机上一点东西没吃，多次呕吐。关员分析，胡志明市到深圳的飞行距离并不长，一个年轻人会被晕机反应折磨得需要坐轮椅有悖常理。尽管检查过程中该旅客不断表示自己很难受，并多次向工作人员要止痛药，但是关员并未受到干扰，而是提高警觉，加强检查力度。经检查，发现这名旅客携带的行李内有6只新的厚底女士橡胶拖鞋，将拖鞋单独过X光机检查时，图像显示拖鞋底部有不规则填充物，且在填充物边缘显示有空隙。拆开拖鞋，从6只拖鞋底部查获用透明塑料袋包裹的毒品海洛因6袋，重1 210克。

7月29日，一名非洲籍的黑人旅客从机场入境，关员询问时，他声称是来深圳采购旅游鞋、纸巾、手表等商品的，关员在其携带的行李中，也确实找到了2 500美元的现钞。体面的装扮、较大数额的现金，似乎令人难以对他的商人身份产生怀疑，但在问话中，关员发现所谓的“生意人”，不仅对中国和深圳的情况一无所知，而且来采购商品却未联系任何公司，甚至连去哪里找这些交易市场也不知道。经进一步检查发现，这名旅客体内藏有毒品海洛因920克。审讯过程中，当事人交代此次走私毒品成功后，境外毒贩答应给他4 000美金，但只预付了500元美金，他所带的2 500元美金中有2 000元美金是他自己的积蓄，目的只是为了增加商人身份的可信度，给自己买份“保险”，没想到机关算尽，依旧落网。

9月10日，一加纳籍旅客（男，36岁）从罗湖口岸入境时，被罗湖海关列为重点查验对象。经人身检查，从他双腿的脚踝处，发现用胶带缠绕的银色长颗粒状物品，重614.6克。从包装外黏附的排泄物和发出的恶臭气味分析，毒品原本吞服在体内，因提前排出，随后捆绑在脚踝上。嫌疑人供称，准备从罗湖口岸入境后，将毒品运往广州。

2006年，因广州海关及其他周边海关，加大对毒品走私的打击力度，走私团伙为了降低风险，开始过境深圳走私毒品。深圳海关立即采取行动，重点放在进出境车辆和有毒品走私特征的外籍人员上，接连查获多起毒品案件。

从查获毒品案件情况看，老外走私毒品的特点是：人体藏毒涉案人员多为非洲籍；走私毒品均为海洛因；毒品犯罪集团操纵迹象明显；毒品包装手法相似，均用白色塑料包装；形状为银色长颗粒子弹状；接货的下家均为在广州的非洲籍人员。

毒贩“忍辱负重” 人体藏毒层出不穷

2006年1月8日，一名几内亚籍的女旅客从罗湖口岸入境时，被海关抽查。在检查过程中，这名女子一直微笑着，一副坦荡的样子。关员从一些细微处看出问题：这名女子喋喋不休、语无伦次、神经质地晃动着双手，同时，不能长时间站立。问她为什么不能长时间站立，她说自己有了3个月的身孕，站着感觉很辛苦。尽管有疑点，值班关员一时也有点犯难，如果当事人真的怀孕，送往医院进行CT检查，会对胎儿造成不良影响。

为了慎重起见，关员决定将其带到医院进行尿液验孕检查，以确认她是否有身孕。到医院后，这名女子说没有尿意，无法提供尿样，却偷偷将关员拿来的矿泉水倒掉，哭闹不止。在医院僵持了4个多小时，直到深夜2时，在关员的一再劝说下，才勉强同意提供尿样。化验结果显示未怀孕，尽管如此，这名女子仍咬定自己有身孕，说是医院检测不准确。为了确认事实，医院提议对当事人进行妇科检查，再次证明当事人没有身孕。

后对这名女子进行CT检查时，发现其腹部、胃部、肠部均有枣状颗粒物体。3时10分，在关员的监控下，这名女子排出银色枣状颗粒物体53粒，经鉴定为高纯度海洛因，净重795克。

仅2006年12月，深圳海关就查获了5宗腹部藏毒案例：

12日晚，一肯尼亚籍旅客从罗湖口岸入境时，被罗湖海关列为重点查验对象，送到深圳市罗湖区人民医院进行CT扫描，发现腹内藏有18个颗粒状异物。经初步审讯，嫌疑人称，这些毒品为海洛因，是12月10日在香港吞服到体内，准备入境后带往广州。

13日，罗湖海关又查获一宗人体藏毒案。当日17时，几内亚比绍籍旅客（女，37岁）从罗湖口岸入境，被罗湖海关列为重点查验对象。经深圳市罗湖区人民医院进行CT扫描，发现其腹内藏有32个颗粒状异物。初步审讯，嫌疑人供称，这批毒品是12月10日在非洲吞服到体内，准备从罗湖口岸入境运往广州。经化验，排出的子弹状物，确定为毒品海洛因，每粒净重10克。

19日7时40分，一黑人女旅客持赞比亚护照，从皇岗口岸旅检入境大厅入境，当值关员将其列为重点查验对象，经CT检查发现，这名女旅客体内有大量颗粒状物体。次日，排出毒品海洛因126粒，约1千克重。

27日晚，一名乌干达籍旅客从皇岗口岸入境时，被列为重点检查对象，关员在其行李箱内发5粒严密包装的颗粒物，初步检验为毒品海洛因，重49.3克。通过CT检查发现，这名旅客体内还有大量颗粒状物体。在关员的监控下，这名旅客从体内排出112粒（每粒约9.86克）严密包装的颗粒物。经鉴定，全为海洛因。

29日17时，一泰国籍女旅客（22岁）持泰国护照，从蛇口港口岸客运码头入境时，被蛇口海关列为重点查验对象，关员对她进行人身检查时，从其下体处查出圆柱形物体一个，包裹12粒海洛因，在行李包内发现1粒海洛因。随即，将其送至蛇口人民医院进行CT扫描，发现腹部还藏有大量颗粒状异物。次日，从这名女旅客体内又排出68粒海洛因颗粒，净重758克。初步审讯，嫌疑人称毒品是28日在印度塞进体内和吞服到胃内，然后坐飞机到香港，再从香港坐船到蛇口港，准备从蛇口港入境后，将毒品运往广州。

机关算尽 难逃“法眼”

近年来，在海关打击的高压态势下，毒品走私分子采取更为隐蔽的走私方式，如行李夹藏，月饼盒夹藏，伪装成止咳药水或饮料，用特制绑带绑藏在腰腹部、裤裆里、小腿处，皮带扣或圣诞、新年等节日的邮包夹藏等。

下面是深圳海关近些年查获的有一定代表性的毒品走私案件：

打印纸夹白粉。2001年5月24日，深圳机场海关对一名从吉隆坡至深圳的菲律宾籍旅客进行检查时，在其随身携带的行李中，发现两包有夹层的A3打印纸，夹层内藏有两包白黄色粉末状物品，经鉴定为海洛因，共计6 800克。随后，缉私人员抓获了在机场候机楼接应的另一名菲律宾籍犯罪嫌疑人。

注塑机里藏毒。2005年11月15日21时，蛇口海关接到深圳海关缉私局缉毒处电话，说根据广州公安缉毒部门情报，一辆怀疑装有毒品的货柜车，进入赤湾集装箱码头。蛇口海关立即组织关员对涉嫌货柜进行检查，发现集装箱里装有注塑机3台，未发现异常。次日蛇口海关将集装箱秘密运往皇岗海关，作技术检查，发现3台注塑机的个别部位图像可疑。当日19时30分，集装箱被运回赤湾集装箱码头，蛇口海关再次组织关员彻底检查。拆开注塑机的液压油箱盖后，发现在铝箔纸和PVC布下藏有用塑料膜、铝箔纸及黄色胶纸包裹的块状物品，旁边接有用途不明的电线。蛇口海关领导当即下令现场所有人员，暂撤到安全距离。经公安部门专家进行安全检查，确认不是爆破物品后，又接着检查，从油箱中掏出154包东西，每包塑料膜内均有辣椒油、辣椒粉。查验人员用毒品试管进行测试，初步鉴定块状物品为可卡因和氯氨酮。经清点，共有154块毒品，每块约2千克，共重306千克。其中，132块为可卡因，重263千克，其余带“V”字样的22块为冰毒，重43千克，初步估算货值2亿元人民币。贩毒走私手段如此之高，可谓经验丰富。

精装书封面藏海洛因。2005 年 12 月 11 日，深圳机场海关关员对一本精装书产生了怀疑，经仔细检查，终于发现了其中的秘密，毒贩将精装书的封面环衬揭开，毒品压成一薄层，附在封面灰板上，再将环衬封板恢复原状。书的封底也以相同手法，藏匿两层海洛因，共计 125.7 克。

相册塑料膜夹白粉。2006 年 1 月 18 日下午，某国际快递公司向深圳机场海关申报进口一票私人物品，报关员说两名货主已经从广州赶到货运现场，要立即提货，希望海关给予通关便利。关员对单证审核时发现，申报的货物为“结婚纪念照”，并不是贵重物品，专程从广州赶到深圳提取，不合常理，这里面可能有名堂。当班关员将这票货物列为重点查验对象，查验时发现，“结婚纪念照”货物包裹内，装有一本相册和一张无内容的音乐贺年卡，相册里并没有“结婚纪念照”，却在摆放相片的塑料薄膜内，夹藏有 3 个密封包装的黑色小塑料袋，里面装的是白色粉末结晶体，经测试为毒品海洛因。

肛门藏毒。2006 年 4 月 8 日 22 时，香港旅客岑某（男，28 岁）经罗湖口岸出境时，被列为重点检查对象。人身检查时岑某十分紧张、刻意躲避，关员怀疑其体内藏有毒品，遂进一步检查及问话。最终，岑某承认自己是吸毒者，体内藏有毒品，并自行从肛门里取出重 7 克和 3.3 克的物品两包。经鉴定分别为摇头丸和海洛因。

内裤里面夹“冰毒”。2006 年 12 月 23 日晚，香港旅客熊某（男，35 岁）经罗湖口岸入境时，被列为重点查验对象，关员在其内裤里查获不明物品 1 包，经鉴定为“冰毒”，净重 4 克。

鸡精袋内装“K 粉”。2007 年 1 月 31 日，一外籍旅客携带一个大行李箱入境时，引起罗湖海关当值关员的警惕，立即开箱检查，发现几包印有“土鸡营养滋补”字样的粉状物品，与毒品相似，准备作进一步化验时，这名外籍男子趁关员不备，突然拔腿逃走，消失在熙熙攘攘的过境旅客人群中。经鉴定，查获的 9 包粉状物品为氯胺酮，净重 6 987 克。

烟盒内纸卷碎叶为大麻。2007 年 2 月 4 日 22 时 40 分，香港旅客邓某（男，25 岁）经罗湖口岸入境时，被列为重点检查对象。经检查，在其左裤袋中发现一个香烟盒，内装植物碎叶状物品的纸卷两支、用透明胶纸包着的植物碎叶状物 1 包，经鉴定为大麻，净重 3.1 克。

西瓜里的黑瓤原是大麻膏。2007 年 7 月 5 日 13 时 50 分，一尼泊尔籍旅客从沙头角口岸出境，随身带一公文包和一个用红色不透明胶袋装的西瓜，关员要求他打开公文包检查时，这名旅客很配合，但在查验过程中，他始终将西瓜袋置于查验台下方，关员要查看塑胶袋时，这名旅客突然将袋子丢在地上，声称袋子不是他的，并试图逃跑，但被阻止。原来，西瓜被分为两半，用网状胶套固定，内瓤挖空，内藏 3 块用透明塑胶纸包装的黑色膏状固体，重 1 536.64 克。经鉴定，为大麻膏。

双层内裤中夹“蓝精灵”。2007 年 11 月 11 日下午，杨某（女，33 岁）经罗湖口岸出境时，被列为重点查验对象。经检查，关员在其两条内裤夹层中间，查获密封包装的“蓝精灵”两袋，共 398 粒。

深港海关联手

2005 年，海关广东分署联合广东省公安厅，举办了第一届粤港澳三地六方缉毒联合会议，实现了粤港澳三地六方海关、警方高层相聚，共同探讨缉毒合作问题。2007 年 5 月 10 日至 11 日，在香港召开的“泛珠三角商贸通关便利化论坛暨泛珠三角区域海关关长联席例会”上，内地、香港、澳门三地海关在《海关积极参与和推动泛珠三角区域合作的10项措施》的基础上，签署了8个合作项目，其中，一个重要项目就是建立泛珠三角区域海关联合查缉毒品走私合作机制，内地海关与香港海关、澳门海关在各自权限、能力及资源范围内，进行缉毒执法合作。

几年来，深港两地海关在各自司法管辖权范围内，密切合作，开展缉毒工作，破获多起毒品大案。

2004年4月1日至10月1日，深圳海关缉毒部门与香港海关毒品调查科，联合开展了为期半年的"海啸行动"，打击深港两地毒品走私犯罪活动。行动初期，破获一个代号为"海鲜集团"的特大走私毒品犯罪团伙，缴获各类毒品2.57千克，抓获犯罪嫌疑人9名。

"海鲜"熄了火，另一条"大鱼"又出水了。

缉私警察在对"海鲜集团"毒品走私团伙进行侦查时，发现香港人陈某的一处神秘"鸟房"和其"干弟"不正常。2005年6月22日，深圳海关缉私局成立专案组，全力侦破此案，并将这个走私毒品犯罪团伙定名为"海狗集团"。

经过10多天侦查，侦查人员发现香港人陈某是"海狗集团"中负责供货的主犯。

陈某在深圳某小区拥有两套房子，一套房子供他和情妇住，另外一套养鸟，请了一名香港老头伺弄。"鸟房"很神秘，养鸟的老头住一间，另一间一直锁着，窗户遮得严严实实。侦查人员注意到，毒品交易前，陈某会到"鸟房"，同时出现的还有他的"干弟"林某。

陈某是一个老练的毒品走私分子，反侦查意识很强，交易毒品地点，一般在离家不远的一个茶餐厅进行，"鸟房"到茶餐厅中间是一大片开阔地，每次交易时，陈某步行过去，如有人尾随或附近有人活动，他都能轻易察觉。

香港买家需要货物时，陈某在深圳准备好，通过中间人层层转手，将货物从皇岗口岸带出境。任何一个环节出现意外，走私活动立即暂停。

经过一个多月监控，专案组发现这个团伙成员分工明确，供货人陈某和下家黄某负责运送毒品样板，林某尝试海洛因纯度，李某负责藏毒出境。

根据情报得知，7月31日中午，陈某将把毒品交给李某运送出境，专案组决定收网。

7月31日10时，陈某从住处出来，一反往常做法，招手叫了一辆出租车，驶往水围村，出租车停下后，陈某从车门缝中将一个袋子交给路旁等待的李某，然后二人分头离去。

抓捕人员尾随李某，待其从皇岗口岸出境时将其抓获，在他的皮带中缴获海洛因142.6克。另一组抓捕人员也行动起来，在海滨广场将陈某抓获，从他身上缴获海洛因351克。与此同时，侦查人员在太白路将黄某及其情妇抓获，在下沙附近，将林某及其情妇抓获，从林某身上搜出海洛因70克。

民警立即对“鸟房”进行搜查，发现“鸟房”里有搅拌机、电子秤、毒品包装纸、封口机、防毒面具等制毒工具。原来，陈某是加工毒品能手，只要香港买主要货，他就带着林某来到这里，带上防毒面具，把从“上家”手中拿到的海洛因，按照香港买主要求勾兑，然后林某试毒，制造出品质合格的毒品。

在“鸟房”中，侦查人员共缴获海洛因15.1千克、咖啡因5.93千克、鸦片622克、艾司唑仑6.6克、毒品添加剂3.3千克、毒资8万港币。

根据审讯得到线索，当日15时，专案组又抓获前来进行毒品交易的香港人方某、谭某。专案组乘胜追击，又将谭某的“马仔”香港人温某抓获。

经审讯，一条跨国毒品走私的幕后毒枭浮出水面。原来，陈某的毒品是从一个叫乔治的非洲籍黑人那里拿到的。

8月2日晚，乔治出现在楼道里，专案组民警将他和其情妇抓获。

8月28日，多次走私毒品入境的“海狗集团”主要成员、非洲籍黑人麦克在机场出境时被抓获。

在这次行动中，缴获海洛因21.75千克、毒资40多万元，11名主要犯罪嫌疑人全部归案，一条长期运作的国际海洛因走私通道被切断，一个国际毒品走私犯罪集团被彻底打掉。

通过侦查和审讯，这个国际毒品集团贩卖毒品的黑幕终于被揭开。从2004年8月开始，以麦克为首的非洲籍毒品走私犯罪团伙，从阿富汗、泰国等地购买海洛因后，雇用非洲人或东南亚妇女，用锡纸包装后在外面套上避孕套，通过人体藏毒或行李夹藏方式，将毒品走私入境，每次走私海洛因 1~3 千克。藏毒妇女空腹吞下毒品后，几天中除了喝少量水外，不能吃任何食物，直到将毒品运送到目的地后排出。陈某伙同林某将这些高纯度的海洛因拆包，加入咖啡因、鸦片等进行稀释，并用制毒工具把毒品压模成块。香港人黄某联系香港买主，将毒品需求信息提供给陈某，陈某再将毒品交给林某、李某、黄某等人，把毒品走私到香港。

这个贩毒集团走私的海洛因供香港几个区的需求，占到整个香港毒品需求量的 1/4。深圳海关彻底打掉这个团伙后，香港那边的毒品立即涨价。

协作配合　连端团伙

深圳口岸毒品走私的数量有逐年增多的趋势，1999 年，深圳海关侦查毒品走私案件 12 宗，查获各类毒品 7.35 千克。此后，走私毒品大、要案突出，个案查获的毒品数量不断攀升，案发地主要集中在罗湖、皇岗、机场口岸旅检现场。毒品走私流向，从走私入境为主，转为走私进、出境并存。

为加强缉毒工作，2003 年初，深圳海关对缉毒机构进行调整，成立了专职的毒品犯罪侦查机构，把“缉毒”纳为海关工作的重要内容，将监管现场作为缉毒的主战场，加大缉毒投入，为旅检和货运现场配备多种先进的便携式毒品检测仪、毒品化验仪、指纹鉴定设备。完善口岸现场的视像监控系统，对旅客通关管理系统进行二次开发，增配行李检查机、安全门等行李检查设备，增强缉毒科技含量，提高现场查缉毒品能力。

同时，加强对罗湖口岸旅检渠道，皇岗、沙头角、文锦渡陆路货运渠道和盐田港、蛇口港海运渠道走私毒品犯罪的监控，加大对有人体藏毒嫌疑的非洲籍旅客的人身探测和检查力度，提高对有吸毒、携毒迹象旅客的抽查率，对不明成分的粉状、膏状物品及有牛皮纸、锡纸包装的物品进行重点检验。

深圳海关邀请海关总署缉私局、广东省公安厅、香港海关等单位的查毒专家，讲解毒品识别、查缉技巧、装备应用、现场保护、证据搜集等方面的知识，提高查验现场关员和办案民警的查缉技能；还编写了《集装箱走私毒品藏匿手法剖析》、《易制毒化学品执法监管实务手册》、《查缉毒品的挑查依据22条》等查缉毒品实用教材；将已查获的毒品案件信息，录入深圳海关网站，供关员参考；重视缉毒情报工作，广泛搜集毒品走私动态信息，分析毒品走私渠道、流向、特点和手法，编写《情报动态》，为现场缉毒提供有针对性的指导意见。深圳海关坚持“主动出击，破大案、抓毒枭、打团伙”的缉毒工作方针，密切与地方公安等部门的联系、协作，形成打击合力，打了一个又一个胜仗。5年来，查获的毒品走私犯罪案件数占全国海关的1/5，查获毒品数量占全国海关查获总量的1/3。

昆明毒贩自投罗网

2004年5月13日晚，深圳海关缉私局接到海关总署缉私局来电，说昆明海关缉私局发现一个利用邮递快件走私冰毒的犯罪团伙，装有毒品的邮递包裹，正从昆明发往深圳，要求深圳海关缉私局与昆明海关缉私局密切合作，一举破获这个利用邮递快件包裹贩毒的团伙。

根据昆明海关提供的收件人阿甘的住址，侦查人员开始进行外围摸查，并联系邮政部门，要求其给予必要的配合。专案组派侦查员在阿甘居住的大厦周围埋伏好后，又派侦查员乔装成邮递员。5月14日18时，根据大厦保安提供的资料，侦查员发现阿甘同伙阿波和一名女子返回小区，乔装成邮递员的民警走上去假装投递包裹，在确认无误后，侦查人员迅速出击，制服了两人，并缴获了一份毒品订货单。接着，民警冲入其住所，抓获正在分装毒品的阿甘和另一名毒贩，缴获冰毒、摇头丸、氯胺酮等毒品2 961.2克。

阿甘等人被捕的消息，其他毒贩还不知道，可能会继续前来取货，侦查人员立即向邮政等相关部门通报情况，争得了他们的配合，准备一网打尽。

果然，与阿甘失去联系的寄件人王某焦急不已，先致电查询了包裹情况，得知包裹尚未被领取，王某遂与阿英联系后，立即从昆明飞来深圳，想领回自己寄出的包裹。

乔装成邮递员的侦查员利用王某取包裹心切的特点，与其取得了联系，并约定在罗湖一家肯德基餐厅交投包裹，毫无察觉的王某和阿英，还向侦查员详细描述了自己的特征。到了约定时间，埋伏的侦查员一眼就认出了二人，在他们准备收取包裹时，将其制服。

王某交代了团伙主犯詹某的行踪，昆明海关缉私局立即行动。5月18日，詹某在昆明火车站被抓获。深圳海关缉私局又将有关情报提供给哈尔滨海关、乌鲁木齐海关等，使这个贩毒团伙寄往哈尔滨、乌鲁木齐等地的毒品也被查获。这次行动，共查获冰毒1 000克，摇头丸300粒，氯胺酮82克。

这个走私冰毒入境并在国内分销的犯罪团伙被摧毁。

飞成都送包裹智取毒贩

2006年1月27日，某快递公司向深圳机场海关申报进口一批快件包裹，其中一票快件货物，引起查验关员的注意。这票货物申报品名为“印刷品线路板样品1个、光碟20个”，重量10千克，申报价值为人民币1 239.8元，收货人为王某，投递目的地为四川成都。关员想这么平常的物品，为什么要从马来西亚邮寄过来呢？带着疑问，关员对这票货物进行查验，发现纸箱内有普通线路板1个、计算机软盘20个、32开白纸1打、资料册1本、红色礼品包装盒1个。用手触摸红色礼品，感觉为粉状物品。当班关员判断，粉状物品极有可能是毒品，立即向南头海关缉私分局通报情况，南头缉私分局迅速派人进行鉴定，确定袋中的粉末是毒品氯胺酮，重320克。由于收货人远在成都，4名民警便连夜飞往四川，追查毒品入境后的下线。

专案组民警在成都海关缉私局的协助下，对包裹上注明的地址进行摸查，掌握了王某的居住情况。

考虑到收货人正等着这批“货物”，专案组民警决定将计就计，派侦查员乔装成快递公司投递员去送包裹，摸清情况后再实施抓捕。侦查员进入房间后，发现房中只有王某一人，于是以上洗手间为由，向埋伏在外的民警发出行动信号，一举抓获正在查看包裹的王某，并从房中缴获用于称量和包装毒品的电子秤、小勺、透明小塑胶袋等。对王某进行突审，王某说他不知道包裹中有毒品，大呼冤枉。办案民警出示缴获的电子秤、小勺和透明小塑胶袋等物证后，王某才开始交代，他说1月15日，新加坡毒贩安排他来成都，要求他租用地方民房安顿下来后，将租住的地址和邮编反馈回去。19日，这名新加坡毒贩将毒品用快件邮寄过来，由他分装后，在当地贩卖。

这个利用邮递快件包裹贩毒的团伙还没开张，就被歼灭。

跨国大案

2006年1月11日，一条来自美国司法部缉毒署（DEA）的重要毒品线索，传送到了海关总署缉私局：一跨国（境）贩毒集团已将一批可卡因，从南美洲走私到中国，具体地点不详，近期，贩毒集团可能到香港或深圳活动，与内地毒贩接头。

海关总署迅速成立“1·11”案件协调指挥组，统筹协调指挥侦办工作，并将这条线索通报给深圳海关，要求深圳海关缉私局坚决、彻底地打掉这个团伙。深圳海关立即组织精干力量组成专案组，着手侦办此案。

1月21日，香港海关向深圳海关缉私局通报，外号叫“曲奇”（委内瑞拉籍）的贩毒集团成员抵达香港，准备到深圳接头。1月24日18时，“曲奇”从香港入境，在罗湖口岸某酒楼会见一个代号为“芝士”的男子，二人密谈3个多小时后，“曲奇”又返回香港。

侦查人员随即对“芝士”进行秘密监控，发现他住在罗湖区布心花园某住宅内。通过调阅相关资料，确定“芝士”来自哥伦比亚，2005年11月来深圳落脚。从表面上看，他不具备贩毒条件，不懂中文，没有社会关系，对深圳也不熟悉。

不久，侦查人员发现“芝士”和一名代号为“肥杰”的上海男子来往频繁，与代号为“金莎”的香港女子也有联系。但“金莎”的举止正常，侦查人员便将“肥杰”作为重点监控对象，发现他只是负责联系“芝士”的住所、行程等，也没有什么异常。

春节就要到了，缉私民警分析，春节期间，毒贩们可能会有行动。果然，1月27日“芝士”到了香港。香港海关在监控中发现，他到港后，直接与“曲奇”会面，商谈成交事宜。

之后几天，“芝士”频繁与“曲奇”、“金莎”等人会面，但没有实际动作，似乎在等待。

缉私警察日夜守候在各出入境口岸和布心花园，密切注视着毒贩和关系人的活动。监控中，侦查人员发现毒贩和“金莎”等人都使用西班牙语进行交流。调查“金莎”的背景，才知道“金莎”曾在哥伦比亚生活过6年，2004年、2005年到过南美洲。

在香港海关、美国司法部缉毒署的配合下，侦查人员发现了一个关键人物——“金莎”的老公梁某。梁某是香港黑社会组织14K的一名中层分子，会说普通话、粤语，还精通英语和西班牙语，曾在哥伦比亚等南美国家生活多年，与哥伦比亚贩毒集团有密切来往。1980年以来，一直在黑社会组织中从事贩毒和走私等犯罪活动。梁某行动诡秘、行事警惕，即使在餐馆用餐、商场购物时，也会不断看是否被“盯梢”。

2月15日，香港海关毒品调查科发现，这个贩毒集团已与香港买家商谈好，以每千克3万美元的价格，交易可卡因20千克。2月20日，“曲奇”、“芝士”分别从香港来到深圳，入住在不同酒店。次日，“芝士”坐大巴到中山与代号为“白莎”的女子秘密接头。

专案组判断，“白莎”可能是中山看管毒品成员，几个人的反常行为，意味着有一笔生意要做。

2月22日，贩毒集团高层人物代号为“栗子”的哥伦比亚籍男子，经巴黎来到香港。“栗子”到达香港当天，“曲奇”就到广州与一泰国来的西非人会面。“芝士”也在“肥杰”的陪同下，从中山拿毒品样本赶往广州，交给西非人。

几天后，“金莎”夫妇从香港入境，到中山与“芝士”会合，当晚返回深圳，到高档场所吃喝玩乐。过去，这几个人经常出入低档场所，不管是吃饭还是住宾馆，都选择便宜的地方，这次却花钱大方，可能是庆祝与西非人的交易成功。

3月2日晚，香港海关调查人员发现，这个走私贩毒集团成员“果仁”（哥伦比亚籍），将1千克高纯度可卡因样品，交给了香港买家。本来，按照香港法律，可以对“芝士”等人抓捕、定罪，但是这个集团的大批毒品藏在哪里还不清楚，如果采取抓捕行动，会增加变数，甚至可能让毒贩从眼皮底下溜走。

海关总署指挥人员立即召集广东分署、深圳海关、广州海关、香港海关、美国司法部缉毒署人员，进行紧急磋商，各方一致认为，最终目标是捣毁藏毒窝点，决定一周后开展联合搜捕行动。

3月15日，侦查人员得知“金莎”夫妇和“肥杰”下午要在深圳接货，遂对其进行严密监控。13时，“肥杰”从住处出来，乘中巴到火车站和“金莎”夫妇在一茶餐厅汇合。两个小时后，3人乘出租车前往益田路某餐厅门前。下车后，“金莎”、“肥杰”在一旁望风，梁某快步走到旁边的绿化带旁，拿起一个黑色旅行包后，与“金莎”、“肥杰”搭乘出租车往罗湖方向驶去。

侦查人员驾驶4部车辆，交替对其进行跟踪，紧紧咬住3人搭乘的出租车。出租车快到布心花园时，现场指挥员果断下达抓捕命令。“肥杰”从出租车里一露头，侦查人员便一个箭步上前，将其扑倒在地，还未来得及下车的“金莎”夫妇，也束手就擒。

侦查人员在梁某携带的黑色旅行包中，缴获可卡因5.024千克。

随后，侦查人员对“肥杰”的住处进行搜查，在衣柜和垃圾筒内，搜出可卡因146克、冰毒544克，毒资人民币17万元、港币3万元。同时，抓获另一名涉案嫌疑人甘某（“肥杰”的女友）。

专案组立即对4名涉案嫌疑人连夜审讯，梁某、“金莎”、“肥杰”拒不交代，审讯无法进行。特别是梁某，态度顽固，一直用谎话应付办案人员。缉私警察从其慌乱的目光和不安的神态里，察觉出梁某掌握一些不可告人的秘密，遂调整思路，从其要害处下手，梁某终于败下阵来，交代中山“白莎”的住宅内藏匿有可卡因130多千克。

缉私警察立即赶赴中山，与中山监控人员汇合，在中山警方的配合下，对“白莎”的住宅进行突击搜查。进入住宅后，发现这间住宅和普通的住宅没有什么区别，表面上看不出有藏毒迹象，对衣柜、书桌等进行搜查后，办案人员将视线转到了卧室的席梦思床上。当挪走床垫、翻开床板时，一摞摞用黄色胶带紧密包装的块状可卡因，呈现在办案人员眼前，经清点，共136包、135.76千克。

捣毁中山藏毒窝点后，专案组将情况通报给香港海关。香港海关立即行动，抓获“芝士”和“果仁”，在搜查梁某香港的住所时，发现一份租赁珠海市某住宅合同。情况反馈到深圳海关后，办案人员再次审问“金莎”夫妇，梁某和“金莎”二人都避而不谈。3月16日晚，办案人员又赶赴珠海，在当地警方的协助下，找到了这幢住宅，发现是一栋4层楼房，大铁门和防盗网十分严实，位置偏僻，附近杂草丛生。当地派出所民警介绍，2005年，这幢住宅里发生过绑架撕票案，尸体高度腐烂发臭后才被发现，无人敢租住。为防止发生意外，深圳海关请求当地公安特警部门配合搜查行动，办案人员联合5名特警队员，从临近的房屋屋顶翻越到这座住宅屋顶，查明无人后，破门而入，缴获大量废弃的乙醚、盐酸等易制毒化学试剂的空瓶，以及制作和包装毒品用的烘干设备、封口机、包装袋和电子秤。这个毒品加工厂被捣毁。

据嫌疑人交代，“栗子”是这个贩毒集团的高层人物之一，负责联系买家；“曲奇”是“栗子”的助手，协助“栗子”联系买家；“芝士”是该集团负责在中国看管毒品的人；“果仁”是跑腿的，负责送货；“金莎”夫妇是该集团在香港、深圳、广州、中山、珠海等地的联络人和具体操作毒品买卖的成员；“肥杰”是“金莎”夫妇的“马仔”，负责安排“芝士”在国内的住所、行程等；“白莎”是“金莎”夫妇雇来在中山看管毒品的。

窝点布网　引蛇出洞

2006年3月，深圳海关缉私局在侦办其他毒品走私案时，了解到一条重要线索：一深港跨境毒品走私团伙，专门从海上将毒品氯胺酮偷运至内地或深圳，有一辆吉普车，曾运送过毒品。

缉私警察立即对这一线索展开调查，通过对深圳各大酒楼、夜总会和桑拿中心停车场的排查，终于，在华强北一家饭店停车场，发现了这辆吉普车。缉私警察立即对这辆车进行监控，发现这辆车经常中午或下午由盐田驶往罗湖，在翠竹路某小区地下停车场停几分钟后离去。司机郑某极其警惕，经常突然停车，放慢速度或急转弯，在餐馆用餐时也会频繁审视周边，打电话时说话声音极低。缉私警察还发现，车上放有两个上锁的背囊。

2006年9月底，正在路上行驶的郑某，接到一个电话后，掉头朝盐田驶去。侦查人员判断，他有可能是去接货，于是对其进行跟踪。郑某赶到盐葵公路边装货后，又急匆匆赶往翠竹路一地下停车场，将货物交给胡某后离开。

随着调查的进一步深入，罗某、刘某、蔡某等团伙成员浮出水面。这个团伙由内地人和香港人组成，在香港组织"K粉"货源后，由罗某、蔡某等人利用小船，从海上将毒品运到盐田区明斯克航母至大梅沙海域的非设关地上岸，郑某负责将毒品运到翠竹路一地下停车场，交给胡某卖给国内买家，刘某收取毒资。

此外，缉私警察还了解到这个团伙的毒品窝点有7处。

2006年11月15日，郑某又像上次一样，接电话后急匆匆地赶往盐田。

缉私警察分析认为，这次可能是大买卖，决定在郑某必经的路段及各个藏毒窝点布网。

当日下午，罗某乘坐蔡某驾驶的小船，将毒品运至盐田港第三期码头扩建工地海域上岸，郑某接完货后，驱车进入市区时，被跟踪和伏击守候的缉私警察当场截获。郑某拒绝打开车门，缉私警察将车窗敲碎，将其擒获，在两个背包内缴获毒品氯胺酮8包38千克。

郑某落网，抓捕行动全面打响，7个搜查小组民警带领缉毒犬，对相关窝点进行搜查。在翠竹路一商住楼内，搜获氯胺酮9.3558千克，抓获接货的犯罪嫌疑人胡某；在盐田区一商住楼内，搜获毒品氯胺酮980克；在凤凰路一商住楼内，搜获毒品氯胺酮84.7克、冰毒6.5克。同时，搜获毒品包装物、电子秤、点钞机等工具，抓获涉案人员10名。

第一轮抓捕行动后，缉私警察立刻展开对"漏网之鱼"的追击工作。12 月 14 日，缉私警察在龙岗区罗某住处埋伏，次日凌晨，在管理处的配合下，缉私警察切断了罗某住所的电源，引蛇出洞。果然，停电不到 1 分钟，罗某就拿着手电筒走了出来，当他看到外面站着一群警察时，掉头沿着二楼突出的屋檐逃跑，缉私警察也沿着屋檐围追堵截，将其制服。

17 日 21 时，在盐田区海鲜一条街附近，抓获驾船偷运毒品入境的蔡某，

这是全国海关破获的最大非设关地走私“K”粉案。

海关缉毒之路依旧漫长

毒品问题是影响国家富强、民族振兴、社会稳定的一大祸患。

“金三角”、“金新月”等境外毒源，已经形成“多头入境、全线渗透”的复杂态势，南美的可卡因、欧美国家生产的新型毒品，也通过东南沿海等地区不断渗透入境，尤其是近年来“金新月”毒品来势凶猛。

深圳毗邻港澳，邻接国内毒品集散地广州，地理位置特殊，社会情况复杂，成为毒品走私的集散地和过境通道。据统计，深圳登记在册的吸毒人员 1 万余人。2007 年，深圳市地方执法部门查处毒品案件总量达到 1 千余宗，涉案毒品数量 700 多千克。深圳不但毒品市场巨大，而且流通量也很大。

2007 年 4 月 23 日，深圳海关缉私局开展“天盾”缉毒行动，破获一起特大跨境贩毒案，打掉一涉及台湾、香港和内地的走私、贩毒团伙，抓获犯罪嫌疑人 34 名，缴获氯胺酮 114.3 千克、毒资 310 万元、涉毒车辆 6 台和制毒工具一批。

为配合国际禁毒部门打击空港旅检渠道毒品走私，2007 年 6 月中旬，根据海关总署统一部署，深圳海关组织开展了查缉行邮渠道毒品走私专项行动（“猎鹰行动”），重点打击口岸旅检渠道、快件货运渠道毒品走私，行动期间，查获毒品走私案件 5 宗，缴获各类毒品 29.67 千克，抓获犯罪嫌疑人 7 名。

深圳关区毒品走私有4个特点：一是旅检行邮渠道藏毒走私是毒品走私的主要手段；二是藏毒手法日趋隐蔽和多样化，走私手法从以往的行李和人体藏毒，发展为玩具和鞋底藏毒，非洲籍黑人采取吞服到胃的方式藏毒，东南亚女性将毒品藏于下体、肛门，另外，东南亚籍嫌疑人还采用改装的行李设备，将毒品平铺在行李箱底，或将毒品藏于鞋底（鞋底挖空），或在玩具内藏毒走私；三是非洲、东南亚籍人员贩毒活动发展迅速，与香港贩毒团伙一道，形成了深圳关区毒品走私的主要群体，涉案人员普遍经济困难，以个人旅游或探亲访友名义入境，随身携带行李简单，现金不多（通常几百美元），带有返程机票；四是人体藏毒走私线路日趋复杂，非洲籍人员的走私线路主要是迪拜—东南亚某国（新加坡、马来西亚等）—广州或者深圳，东南亚籍人员的走私线路主要是印度新德里—香港、澳门、马来西亚或泰国—广州，或者印度新德里—香港、澳门、马来西亚、泰国—经深圳、汕头、桂林、长沙等地入境—广州。

受工作压力大和文化多元化影响，深圳成为精神类药物和新兴毒品的销售地、输出地，传统的毒品如海洛因、大麻，新型毒品如冰毒、摇头丸等占的比重较大。

深圳有全国最大的旅检和货运口岸，地理位置特殊，交通发达，人流、物流量大，历来是毒品走私活动的高发区，海关面临着境外毒品渗透加剧和国内毒品来源增多的双重压力。

随着个人港澳游的进一步放开，深港之间人员往来更为密切，海关缉毒也更为困难。

第九章
非设关地走私

“国家在对外开放的口岸和海关业务集中的地点设立海关。海关的隶属关系，不受行政区划的限制。”这是我国海关法确立的设关原则。我国幅员辽阔，担负进出关境监督、管理任务的直属海关有41个，隶属海关有562个。进出境口岸众多，靠5万人的海关关（警）员队伍来实施监督管理，有诸多困难。走私分子在沿海、沿边、内陆的非设关地点，铤而走险，伺机大肆走私……然而，魔高一尺，道高一丈，等待他们的是海关铁拳和法律惩处。

深圳非设关地走私现状

深圳关区沿海地带海岸线长，可以上货的码头、海滩多，加上陆路交通发达，来去方便，造成走私活动点多、面广、线长的特点。走私团伙主要成员大多为当地渔民，具有航海经验，“走私暴富”思想严重，形成走私牟利共同体。“红油”、冻品、电子产品是非设关地走私的主要物品。走私团伙内部分工明确，部署严密，反侦查能力强，从接货到运输、押货等环节，有专人负责，接头人单线联系，货主遥控指挥。现场抓获的当事人，大多数是被雇用的司机或“马仔”，无法提供有价值的侦查线索。

非设关地走私有固定的势力范围，走私线路、上货点和停泊点相对集中。一般由当地人驾驶超大马力摩托艇，作为海上运输工具，陆上接驳的运输工具视走私物品不同而不同，主要有厢式货车、面包车、商务车、吉普车和轿车等。大型货车主要运载体积大、价值低的商品，这类运输工具多为外地人驾驶；小型车辆主要运载电子类产品，这类运输工具多为当地人驾驶。

走私分子选择的上货地点路线复杂、逃走方便，动用多辆查缉车辆，也难以将逃跑路线封死，即使封死道路，走私分子还可以将货物重新装回走私船上。

走私工具先进，快艇马力一般在500匹以上，航速超过40节，车辆配备有感应式缴费装置，可快速通过高速公路收费站。走私分子还精心改装、伪装运输工具和伪造单证，用改装过的小型面包车，装运走私货物，机动性强，便于逃避查缉。如走私分子在油罐车上涂印“中国石化”字样，伪装为正常运油车辆走私“红油”。

走私分子还纠集当地人员做“看水”（“看水”在广东话中为望风、盯梢的意思），跟踪、盯梢海关，缉私车辆情况多被走私分子掌握。走私分子遭遇海关检查时，还采取设置路障、撞车等恶劣手段，妨碍、抗拒缉私，不但干扰了海关缉私，对缉私船艇、车辆和人员也会造成明显的安全威胁。

针对非设关地走私猖獗的现状，深圳海关在缉私过程中，总结出一套对付办法，即有选择性地让走私分子装好货物后运出，再选择合适地点查缉。对走私物品体积较大、运输车辆速度较慢的，选择“以快打快”方式；对走私物品体积小、运输车辆速度快的，选择“沿途监控，固定证据，适时抓捕”或“多路堵截”方式，在有利地段将其查获。此外，还采取海、陆联合作战，迂回及声东击西等战术，提高查缉成功率。

“秋风行动”捷报频传

2006 年 10 月 26 日，深圳海关召开治理非设关地走私专项会议，提出发挥海关打击走私主力军、主渠道的作用，以情报为导向，从团伙走私和日常走私两个渠道开展打击；成立“秋风行动”领导小组，研究部署“秋风行动”方案。之后，缉私局领导率有关人员走访深圳、惠州两市政府，通报了沿海非设关地走私现状，提出加强综合治理工作的意见与建议。一场联合打私、重拳出击的“秋风”行动正式拉开了帷幕。

11 月 1 日凌晨，深圳海关缉私局侦查一处、惠州港海关缉私分局、惠东海关缉私分局、海上缉私处，共 200 多名警员，与大亚湾打私办等部门一起，对惠州沿海非设关地走私热点地区相关犯罪嫌疑人的居住地等，进行搜查、取证。当天，查获涉嫌走私冻品和旧电器一批，富士相纸 35 箱，查扣涉嫌走私货车 17 辆，抓获涉案当事人 20 名。接着，各海关缉私分局也主动出击，战报频传。

联合打击追缉走私犯　拒检冲道弃车仍被擒

11 月 2 日上午，南头海关缉私分局和宝安区打私办开展联合行动。12 时，联合行动人员到达预定位置，不久，发现涉嫌运载走私物品的面包车出现，缉私人员要求其停车接受检查，司机却加大油门逃窜。缉私人员立即跟踪追缉，因 107 国道路况复杂，车辆、行人众多，缉私人员一直没有机会拦截，在连续追缉 20 公里后，面包车突然逆行冲上匝道，缉私人员立即包抄过去，走私分子见无路可走，窜过绿化带，将车辆冲进一停车场后，弃车逃走。缉私人员立即对周边进行搜索，一小时后，缉私人员发现以找厕所为借口，试图探视情况的面包车司机，立即将其抓获。

三处两局缉私联合出动　电器貂皮冻品查获多宗

11 月 3 日 19 时至 11 月 4 日上午，缉私情报技术处、海上缉私处、侦查一处、惠州海关缉私分局、惠州港海关缉私分局等多个部门，联合开展行动，在海陆非设关地开展查缉，海路由海上缉私处派出 10 艘缉私艇在海上守候、巡查，陆路出动警力 50 多人不断巡查。行动中，查获 4 宗案件，缴获冻品 7 吨、废旧电器 12 吨，抓获 5 名涉案人员。

11 月 7 日晚，惠州港海关缉私分局根据情报，在大亚湾石下灶村一出租屋内，查获无合法证明的 LCD 镜片 11 880 块、硬盘（80GB）140 块、液晶显示屏 450 台、mp3 手机 1 090 部。接着，又在澳霞大道大亚湾管委会附近，截获小型面包车 1 部，查获整张貂皮 486 张、狐狸皮 145 张，碎皮拼装貂皮 48 张，抓获犯罪嫌疑人 1 名。

海上查岸边堵陆上追　走私人货插翅休想飞

11 月 8 日 22 时，沙湾海关缉私分局与海上缉私处联合开展行动，采取“海上查、岸边堵、陆上追”的策略，在龙岗区大鹏镇下沙村路边，查获一辆载重货车及走私冻品6吨。

11月16日，缉私局有关部门查获电脑硬盘1 160个、三星笔记本电脑硬盘1 000个及其他电子元器件一批，23时再次出击，在西部通道工业八路出口，截查两辆涉嫌走私的大货车及面包车，查获数码相机300部、工业缝纫机28部，抓获涉案人员3名。

11月23日，缉私局与深圳市工商局经检大队联合行动，在水贝、田贝及西丽火车站3个仓库，查获香烟32 295条，案值250多万元。

11月29日上午，沙湾海关缉私分局和南头海关缉私分局开展联合行动，在龙岗区坑梓龙新北路大塘村路段截获一货车，从车上查获走私水貂皮300多千克，案值100万元人民币，抓获涉案人员2名。

缉私队伍多头并进　私货堆点处处被查

12月5日凌晨，蛇口海关缉私分局、大鹏海关缉私分局、沙湾海关缉私分局分别开展行动，在蛇口东角头南海玫瑰园三期建筑工地附近、盐田区盐田港西港区填海区以及南头关口附近查获走私案件，缴获涉嫌走私棕榈油5吨，相纸80余箱，半成品液晶显示屏200多块，三洋牌DVD激光头45箱共22 500个，抓获涉案人员12名，查扣装运私货的面包车2辆和改装大货车1辆。

标志正规实为走私车　“红油”不“红”因是走私货

惠东海关缉私分局一个月内，连续查获7宗走私“红油”案件，查扣“红油”95吨。其中，伪装油罐车走私“红油”4宗，涉案“红油”76吨。查获的油罐车表面喷印“中国石化”、“粤美特”等正规石化公司的标志，具有很强的迷惑性。

据统计，自11月1日至12月31日，“秋风行动”共查获案件130宗，行政立案70宗，刑事立案12宗，刑事拘留55人；破案10宗，逮捕26人；结案5宗，移送起诉12人；查扣车辆112台、船只27艘；现场抓获人员245名；查获500匹超马力走私快艇10艘，毒品48.43千克，光碟23.2万张，成品油607吨，冻品308吨。此外，还查获大批废旧电器、动物毛皮、电脑及其配件、数码产品、通信器材、影视器材等。

“秋风行动”共出动人员9 388人次及车辆1 127台次，陆地巡查里程72 782公里；海上出动船艇409艘次，巡航航程18 541海里。行动中，还与香港海关、香港水警展开联合行动，对沙头角海面实施了10多天封锁清查。

“秋风行动”按计划进行了60天，以惠州沿海地区、深圳南澳、大鹏湾沿海地区非设关地为重点，围绕打掉若干团伙、提高成案率、加强巡查防范、推进社会综合治理四个目标进行，取得明显成效。

类似这样的行动，深圳海关根据情况，每年都会有针对性地开展2~3次，以此保持对非设关地走私打击的高压态势，震慑走私分子。

走私分子“狗急跳墙”

非设关地走私分子在海关的接连打击下，私利受到了严重影响，暴富梦破产，为继续他们的发财美梦，变得更加丧心病狂。

面对利令智昏的走私犯罪分子，海关缉私警毫无畏惧，英勇应对，与走私犯斗智斗勇，将查缉走私行动进行到底。

2006年11月8日夜，惠州港海关缉私分局民警驾车在一条通往海边的狭窄土路上巡查时，不慎落入走私分子挖掘的陷阱中，陷阱直径80厘米、深50厘米。返回时，巡查民警又发现了2个类似陷阱。挖陷阱是非设关地走私分子阻挠执法的新手法，此外，在缉私巡查路中间放置石块、堆土，也是走私分子常用的方法。走私分子还采取冲撞海关车辆等手段，影响海关办案，危及海关人员安全。

由于海关不断加大打击非设关地走私力度，加强对非设关地的日常巡查，走私分子也不断变换手法，雇请固定或临时“看水”人员，配备高档车辆、高倍望远镜、高亮度手电筒、对讲机和野外监视设备等，监视海关的一举一动。走私分子还记录、整理了上百辆查私车的车牌号码，分发给“看水”人员，监视海关的查缉动态。非设关地

"看水族"活动逐渐向职业化、规模化发展，人数多、线路长、组织严密。他们用出租车、摩托车搭客等方式，分段接力"看水"，手机通话用特定含义的语言，以迷惑海关。"看水族"也不断变化盯梢方法、盯梢地点，甚至在高速公路上也有专门车辆进行"看水"。

2007 年 3 月 13 日凌晨，惠州港海关缉私分局根据情报，在金门塘村非设关码头开展查缉行动。民警依法表明缉私警察身份后，要求一辆白色面包车接受检查，这辆车的司机不但没有停车，反而加速逃跑。缉私车辆立即追击，这时，出现了两辆"看水"车和一辆掩护车(无车牌绿色三菱吉普车)，一辆车挡在查缉车前方，其他车辆呈一字排行，对查缉车辆刻意阻拦，甚至撞击缉私车辆。缉私民警英勇奋战，终于在淡澳大道西区环岛附近，将面包车截停，司机弃车逃跑，掩护车辆也已逃离。

这次行动，查获电子产品一批，无人员伤亡，两辆查缉车辆不同程度受损，截获的白色面包车头部，因撞击查缉车，大面积损毁。

2007 年 5 月 8 日凌晨，惠州港海关缉私分局根据情报，组成 2 个查缉小组，前往金门塘设卡查缉，当缉私车辆行至金门塘大路入口处时，发现一涉嫌走私车辆，从金门塘村向疏港大道驶去，查缉人员依法表明缉私警察身份，要求其停车接受检查，司机根本不予理会，加速绕过逃走，缉私人员立即追击。当追至疏港大道距惠州港 3 公里处时，从左侧方前进至与该车并行，民警再次表明身份，要求停车接受检查。这辆车突然向左打方向，车头撞向查缉车辆右侧，造成查缉车辆侧翻，撞向路边大树，车体中部断裂，车辆严重损毁，涉嫌车辆逃走。5 名缉私人员不同程度受伤：徐学武左脚跟部裂伤，缝 7 针，身体多处挫伤；李元锋头皮裂伤，缝 9 针；骆进富左腿股骨粉碎性骨折；王磊群左前臂割伤，左膝关节切割伤，缝 26 针；吕伟荣全身多处软组织挫伤。

这次暴力事件，反映出海关对非设关地走私的持续打击下，走私的空间受到挤压，走私成本增大，因此，走私分子铤而走险，暴力抗拒海关执法。

2007 年 7 月 19 日凌晨，惠州港海关缉私分局查缉小组驾驶两辆警车，在深汕高速东行沙田路段，发现涉嫌走私的蓝色箱式大货车，立即展开追缉，追至与这辆车并行时，民警（着制式警服）降下车窗表明身份，要求其停车接受检查，走私车司机却加速逃跑。另一追缉车辆，遂开启警灯、拉响警报，与嫌疑车辆先并行，后行驶至其前侧，再次表明身份，要求其接受检查，嫌疑车辆仍拒不停车。

在追击过程中，嫌疑车辆高速蛇行，蓄意阻挠缉私车辆。当追缉车辆从左侧再次与嫌疑车辆并行时，嫌疑车辆故意向左猛打方向，造成追缉车辆右反光镜擦伤。另一追缉车辆与其并行时，嫌疑人员将车内防盗锁砸向缉私车辆，使警车左侧车门处凹陷，车窗升降系统受损。缉私民警无奈鸣枪示警，嫌疑车辆仍不停车。最后，行驶至深汕高速凌坑路段青山隧道时，嫌疑车因撞击隧道左侧路肩造成侧翻，车上 3 名嫌疑人被当场抓获。

非设关地走私大案

与设关地走私活动相比，非设关地走私有其不同之处：海岸线长，供走私分子上货的点多且分散；多数走私活动选在下半夜和节假日；走私团伙性特征明显，内部分工明确；单线联系，货主遥控指挥，难以抓到幕后主犯；中间环节多，很难取得人证、物证；走私分子挖陷阱、码石堆、设障碍，派看水、配设备、反侦察，撞警车、砸警员、暴力抗拒、阻挠执法。

目前，深圳关区东部海域有上百艘、西部海域有数十艘超马力快艇，从事走私活动，采取“快装、快运、快卸”方式，一旦遇到缉私艇，立即驶回香港海域或河道浅滩逃走。

走私分子傍晚从海边上岸，利用货车分装后，就近分散躲藏，待缉私人员撤离后，白天再上路运输。为逃避打击，将老款面包车更换为东风“风行”商务车、三菱吉普车、捷达等，转移私货的机动性更强。由于公用码头目标大且易被监控，在香港码头装卸时由公用码头改为私人码头，装卸时间也改在深夜，增加走私活动的隐蔽性。

近年来，由于海关保持打私高压态势，“红油”、冻品等热点商品走私成本不断增加，这类物品走私得到遏制。随着关税水平的下降，非设关地走私回报也有所下降。但走私电子产品、海鲜等货物，仍有较大的利润空间。

根据非设关地走私特点，深圳海关加强与地方打私部门的联系配合，采取定点巡查与机动巡查相结合、情报经营与专项行动相配合的措施，打击非设关地走私。对上货地点及周边的地理环境进行侦查，制成辖区地形图；了解不同时期海水涨潮、落潮规律，根据潮水涨落情况，察看上货地点水位，掌握走私活动的作业时间，使打击行动更有效。

2006年10月10日，海上缉私处例行巡查时，在葵涌镇上洞沙滩入口处，发现一可疑货车，遂示意停车接受检查，司机却加大油门，撞开缉私人员设置的路障逃跑。缉私人员立即展开追击，并通知前方人员设卡拦车。追击10多分钟后，在盐坝高速公路土洋出口处，将这辆车截住，抓获司机陈某，缴获一批涉嫌走私皮革，价值52万元。

经审问，陈某既不是车主，也不是货主，是一名临时聘来的司机，提供不了有用的线索，但车上的一张电话充值卡，引起了缉私人员的注意。

缉私警察从电话充值卡入手，分析陈某的活动情况，将排查范围缩小到龙岗一住宅小区。缉私警察悄悄寻到这个小区，在小区里活动两天后，发现有辆货车与查获的货车是同一个地区，断定这两辆车的车主有联系。侦查人员灵机一动，让小区保安大喊："谁家车！这里不准停，赶紧开走！"一位中年妇女从阳台上往下望了一眼，匆忙从楼上跑下来，说是她老公的车，马上打电话叫他回来。几分钟后，两名中年男子回来。侦查人员立即围上去，将两人控制住。

经核对身份，确认其中一人是车主何某，他共买了3辆车，之前被扣押的那辆就是他的。另一人是何某聘来的司机。

经审讯，缉私人员了解到，何某受"鲨鱼头"李某指使行事。"鲨鱼头"可能是这个案件的核心人物。

"鲨鱼头"住在父母家中，出行开一辆白色宝马车。经过两天蹲守，缉私人员发现"鲨鱼头"驾宝马车来到一处民宅，且后面跟着一辆小车，两辆车的人下来后，寒暄了几句，一起进入楼内。过了一会儿，又有人骑摩托车赶来。侦查人员分析，他们可能是来商量走私的，决定一路人马堵住住宅楼周边的几个路口，切断逃窜途径，一路人马从正面破门而入，对屋内嫌疑人实施抓捕。

一群走私分子围在一起，话题还没展开，就被缉私警察戴上了手铐。“鲨鱼头”等5名团伙主要成员被抓获。

经审讯，“鲨鱼头”等人交代了走私活动情况：“鲨鱼头”与胡某、何某等人利用“中飞”（快艇），从事“蚂蚁搬家”式的海上走私，“鲨鱼头”负责将走私货物从香港偷运到上洞一带沙滩，何某雇请车辆，将走私货物运到接货人杨某指定的地方，胡某负责掌管走私活动资金，温某负责联系装货、记账，薛某负责监视执法部门行踪(俗称的“看水”)。据涉案人员交代，一年来，这个团伙被海关、边防等执法部门抓获10多次，但都没有伤筋动骨，一段时间后，继续走私。仅2006年10月28日至12月5日，这个团伙走私的皮革和电子产品价值就超过5 000万元。

根据非设关地走私特点，深圳海关加强与香港海关、水警等执法部门的联络沟通、开展联合执法行动，共同打击走私违法行为。

2005年，香港水警查获一走私团伙在香港用“中飞”向东部非设关海域走私电子产品案，但主要涉案人香港居民苏某（外号“阿罗”）一直潜逃。香港水警将有关情况通报给深圳市打私办，打私办又将线索提供给深圳海关缉私部门。

经过一年侦查，发现“阿罗”与内地陈某联系密切，对陈某进行秘密调查，发现陈某正是“阿罗”的合作伙伴，负责海上运输，是走私团伙的核心人物。侦查人员还掌握了客户杨某、林某及负责境内运输的郑某等人的基本情况、活动场所和住址。

2006年11月21日，缉私部门在惠深高速公路龙岗段进行伏击，查获这个团伙走私的250万元电子产品，缴获走私车辆一台。司机郑某交代，这批货是从海上运来的，具体地点和货主不详。

为了不打草惊蛇，缉私部门决定放长线钓大鱼，加大监控力度，监视走私分子的一举一动。11月28日，缉私部门决定收网时，这个团伙却突然停止行动。原来，天气预报预计12月初有台风登陆，海事部门为确保安全，对海面进行了封锁，走私分子也因此停歇了几天。

12 月 4 日，海面封锁解除。走私分子立即忙乎起来，联系货主，组织货源，准备当晚在惠阳澳头海域冲滩上岸，然后将货物运到深圳分销。缉私局联合深圳市打私办，出动 180 余人，分成 16 个小组，进入龙岗区布吉街道、沙头角镇、海山街道、福田区皇御苑等预定埋伏现场。此外，惠阳行动小组还在走私运输车辆途经路段设下埋伏。

5 日凌晨 2 点多，第一辆满载走私物品的面包车，进入惠阳行动小组视线，为抓获所有走私车辆，指挥部下令采取腰斩措施，放第一辆车过去，由布吉关口行动小组抓捕。20 分钟后，第二辆和第三辆面包车驶出惠阳。这时，布吉抓捕小组反映，平常在家遥控指挥走私的陈某一反常态，亲自到惠阳监督走私，有可能在第一辆车内。指挥部指示设在宝荷路的行动小组跟踪第一辆车。不料，这辆车发现盯梢后，开足马力驶下高速路，闯红灯一个急转弯，掉头飞奔而去。为了摆脱跟踪，这辆车一会开进闹市，一会开进小巷，一会儿又开上国道。经过一个多小时的追击，行动小组在惠深高速荷坳路段，将车截住。司机拒绝打开车门接受检查，行动小组把车窗敲碎，将司机温某擒获，但“一号人物”陈某并不在这辆车内。

指挥部又传来新的消息，陈某和司机正开车从深惠公路驶向市区，埋伏在布吉关口的行动小组立即行动起来。5 分钟后，陈某乘坐的车辆出现了，趁这辆车减速转弯时，行动小组出现在他们面前，将人车控制住。陈某故作镇静地说找错人了，缉私人员从他口袋内掏出身份证后，他才低下头。

福田区皇御苑抓捕林某的行动小组，也展开行动，敲门无人回应后，在小区管理处的协助下，进入林某的住所，发现房间内空无一人。行动组分析各组情况后认为，林某不可能知道这次行动，决定守株待兔，在消防梯间埋伏守候。半小时后，一男一女出现在林某家门口，缉私人员上前询问，对方称自己是来找林某谈事的，那名男子说着话便想趁机逃跑，缉私警察上前将其制服，搜出身份证一看，正是林某。在林某住处，查获 800 多部走私手机。

行动小组在抓捕杨某时，杨某不肯开门。行动人员撬开房门冲进去时，杨某正在销毁证据资料，缉私人员立即将其制服，在垃圾筒内搜到被撕毁的账册 7 本，上面是近两年的走私记录，在洗衣机内搜出他和陈某尚未结算的走私款项记录本。

接着，“阿罗”及其妻子黄某（香港人）等也相继落网。

通过3个小时的大规模查缉和搜捕，查获涉嫌运输私货的车辆5辆，现金22万元，走私进口相机镜头99个，进口手机3 021部，液晶片460个及内存条一批，端掉3个私货收货点，抓获17名涉案人员。

审讯中，陈某、“阿罗”、杨某等拒不交代，特别是陈某，态度顽固。办案人员调整策略，从外围入手，收集发货单证等证据，并根据主要嫌疑人的不同性格特点，先审讯杨某等人的“马仔”，摸清基本走私脉络再审时，陈某、“阿罗”、杨某最终交代了走私犯罪事实。

他们交代说，为牟取暴利，杨某、“阿罗”、林某等人与陈某勾结，先在香港组织货源，存放到香港沙头角的仓库后，“阿罗”将货物名称、数量、运费及内地收货人报给“阿华”，由“阿华”安排船只，把货转到“中飞”上，然后再过驳到小艇上，运到惠阳、惠东一带，冲滩上岸。惠东的“阿军”等人接货后，组织人员将货物送到陈某的马仔郑某、温某等人手上。郑某等人将货物运到深圳交给林某、杨某等人，随后，林某等通过快递公司，将货物送到国内买家手中。

这个走私团伙成员还交代，从2006年9月到被抓获的当日，不到两个月的时间里，共走私手提电脑、CPU、硬盘、IC卡、手表芯、内存条、记忆卡等货物48船，货值约1.9亿元，偷逃税额3,000余万元。

深圳华强北电子市场，日客流量约50万人次，日资金流量达10亿元人民币，是中国交易额最大、最具影响力的电子市场之一。以林氏兄弟为首的特大家族走私团伙，凭借合法外衣作掩护，“购、运、储、销”一条龙运作，盘踞华强北市场，大肆走私、贩卖电子产品。其走私手法是根据市场行情，从台湾将货送到香港，通过非设关地偷运或口岸货物运输夹藏等手段走私入境。货物到深圳后，在华强北仓库打包装、贴标签，然后销往北京、上海、沈阳、成都、西安等地。

林氏犯罪团伙成员众多，犯罪关系复杂，正常贸易与走私捆绑联合经营，成员多来自海陆丰一带，相互间除合伙走私外，还有亲戚、同乡关系。

2007年6月22日6时，152名民警集结待命。9时，行动开始，29个抓捕、查缉小组奔往全市各处，开展统一“围剿”行动。行动一直持续到次日凌晨，共搜查了6家公司、8处仓库及相关人员住所，查获涉嫌走私的CPU、显卡及电脑U盘等电子产品一大批，查扣涉案车辆8台，抓获涉案嫌疑人40名，11名主要犯罪嫌疑人无一漏网，一举捣毁了这个家族式特大走私集团。

非设关地“看水族”

“看水族”是帮走私分子侦查情报、通风报信的另类“水客”，他们为了蝇头小利，与走私分子为伍，靠做“看水”得小利。

“看水族”问题日益严重，已经到了有走私，就有“看水”，有查缉，必有“看水”的状况。查缉部门在明处，“看水族”在暗处，查缉部门一出警，上货地点的走私分子就会获得消息，立即中止上货或转移上货地点，使海关的查缉行动流产。每个“看水”人员每次“看水”的报酬50元至200元不等，走私分子一次性同时雇请100名“看水”人员的总投入不过数千元，与之相比，每次走私货物价值却高达几十万甚至上百万元，用忽略不计的“看水费”，确保价值巨大的走私货物的“安全”。同时，一个“看水”人员，一个晚上，可以先后为不同的走私团伙提供服务，收取数份“看水费”。而且“看水”风险不大，因此许多人把“看水”作为谋生手段。

“看水族”成员分为两种：一种是专业“看水公司”的“看水”人员，由“看水公司”统一“接单”，服务于不同的走私团伙；另一种是走私团伙内部“看水”人员，服务于自身所属的走私集团。不同“看水族”有不同的势力范围，分路段、分码头包干“看水”。一些地方已出现黑恶势力扶持的“看水族”。

“看水族”活动的主要方式有5种：

一是以缉私警察办公场所驻地为中心，在其附近地域设立小卖部、修车厂，利用违建住房、临时工地等为掩护，扮作相关人员掩盖“看水”身份，通过目视或望远镜，暗中监视、盯梢查缉部门车辆部署和人员出警情况。

二是“看水”人员利用摩托车、小汽车等机动性较强的交通工具，停靠在交通干道路边或主要路口附近，扮作休息或闲谈，暗中留意过往车辆及行人，对查缉部门人员和车辆进行监视、盯梢。

三是“看水”人员聚集在特定的码头、沙滩及其附近地域，在走私团伙准备“上货”前数小时，对整个区域内的陌生人员和可疑车辆进行“地毯式”排查，为走私分子提供“预警式服务”。

四是“看水”人员驾驶摩托车、小汽车等机动车辆，扮作正常的路上行驶状态，实则尾随查缉部门的查缉车辆，同时，通过手机、对讲机，向走私分子报告查缉部门警力行踪、查缉线路等情况。

五是“看水”人员利用各种手段，干扰查缉部门进行查缉行动，在狭窄路段，“看水”人员故意长时间保持所驾车辆的低速前进状态，阻碍查缉车辆快速前进和通过；拨打110报警电话，谎称在路上发现了假冒警用车辆或假警察，利用当地执法部门向查缉部门核实情况的空当，延迟查缉行动。

由于“看水族”的跟踪、盯梢和通风报信，走私分子往往在查缉人员赶到查缉现场前，可以全身而退，查缉人员既无法抓到人，又无法扣到货，只好无功而返。为了迷惑“看水族”人员，摆脱“看水族”的监视和盯梢，保障查缉车辆和警力在查缉行动中的正常使用，查缉部门采用了替换当地车牌、警民车牌混用、租用民用车辆及警力“分散出动、场外集结”等多种“反看水”方法和措施。

情报部门曾尝试吸收“看水族”人员充当线人，配合技侦手段，希望掌握“看水公司”或特定走私团伙的内部运作、人员结构、组织关系、活动规律等内幕情报。

为了打击“看水”人员，深圳海关加强与当地公安、城管、交通、工商等执法部门的联系沟通，开展定期或不定期的联合打击行动，改善执法环境。此外，缉私部门通过行使查验权和盘问权，采集并记录相关人员的证件号码、姓名、籍贯，以及车辆证件号码和号牌情况，建立“看水族”人员、车辆数据库，为日后追究“看水族”人员责任、罚没相关运输工具提供参考。对查实的“看水族”人员，如果无法追究其刑事责任，就追究其行政责任。

《中华人民共和国治安管理处罚法》、《中华人民共和国海关行政处罚实施条例》对“看水族”这类阻碍执法的行为，虽有处罚规定，但因阻挠行为具有隐秘性，运用法律手段对其制裁难度较大。面对“看水族”干扰阻碍缉私情事的频频发生，深圳海关专门研究制定了《打击“看水族”执法指引》和《对沿海非设关地涉嫌走私货物、运输工具处置与涉嫌走私行为取证工作的执法指引》。分别从4个方面采取措施：一是调整查缉战术、策略，加强查缉组织、部署，采取“迂回”、“声东击西”、“化装潜伏”等多种查缉战术，提高查缉成功率和成案率；二是研究打击“看水族”的法律措施，运用法律手段打击“看水族”，并建立“看水族”、“看水车辆”的专门档案，增强反“看水族”工作的针对性；三是强化查缉现场证据固定意识，在查缉、办案过程中，利用摄像机、照相机，固定“看水族”对缉私警察的盯梢、跟踪等不法行动，并按照法律要求转化为相应的证据材料，对一批猖獗“看水”人员实施治安拘留；四是加强与地方政府部门和兄弟执法部门的联系和配合，加大综合治理力度。

第十章

加工贸易（保税）货物走私

加工贸易是指从境外保税进口全部或部分原辅材料、零部件、元器件、包装物料，经境内企业加工或装配后，将制成品复出口的经营活动。

加工贸易采取保税方式（进口原材料和零部件先“手册登记”暂不征税，加工成品出口后予以核销）进口加工成品所需料件，海关监管起来战线长、周期长、环节多、难度大，多数保税进口料件国内、外市场差价较大，利润空间看好。因此，一些不法分子受利益驱使，盯上加工贸易这块牟取暴利的“肥肉”，采用虚报品名、规格、数量，进口以多报少，出口以少报多，高报单耗，以次充好，甚至采用“假单证、假印章、假签名”等手段，利用加工贸易从事走私，将加工贸易（保税）进口的货物在国内倒卖。

深圳加工贸易概况

我国从事加工贸易的企业有83 000多家，涉及生产、运输和仓储，经过近30年发展，在各类产品中高新技术产品占有相当大比重，促进了技术进步。国外对加工贸易采取事前征税、事后退税或银行担保的方式，划定封闭区域进行“圈养式”管理，我国则一直是“放养式”粗放管理。从税收保全制度看，与国外相比，我国的加工贸易管理还不够完善。现行制度把过多的管理环节集中在口岸，使海关成为各种矛盾的汇集点，在“前面放开，后面管住”的要求下，海关疲于应付，海关监管、查私力量薄弱与加工贸易快速增长的矛盾一直比较突出。

深圳是加工贸易中心，有2万多家加工贸易企业，每年出口额占关区外贸出口总值的80%以上。海关既要为企业办理备案、减免税审批等加工贸易手续，又要下厂稽查、核销，工作性质差别大、任务重。为解决隶属海关分片过细、职能过多、执法不够统一的状况，2002年2月，深圳海关推出“内外勤分离”作业体制，将属下沙湾海关、南头海关、现场业务处，确定为内勤海关，分别负责办理龙岗区、宝安区、特区内的加工贸易合同备案、减免税审批等海关业务；

将布吉海关、同乐海关和驻特区办事处作为外勤海关，负责上述三区对加工贸易企业的稽查、核销等业务；梅林海关负责对联网监管的保税工厂实行专项管理。海关业务管理趋向专业化、集约化，提高了海关执法的规范性，加大了监管力度。此外，还与地方政府部门联合开发了“加工贸易业务综合管理信息平台”，集网上审批、单耗业务管理及单证流跟踪等多项功能于一身，解决了合同规范化备案问题，实现海关与地方政府主管部门间的信息资源共享。

由于保税料件（指经海关批准未办理纳税手续进境，在境内储存、加工、装配后复运出境的货物）反复进出，企业跨省、跨地区，管理周期长、环节多，监管难度大。目前，走私活动中，货运走私占大头，加工贸易则是货运走私的主渠道，查获的走私案件中，总偷逃案值一半以上是通过加工贸易渠道进行的。

加工贸易渠道走私手法不断变化，根据加工贸易渠道走私违法犯罪情况，深圳海关将10类加工贸易企业列为重点对象：（1）账册管理混乱的企业；（2）大量进口不作价设备而产品出口量成反比的企业；（3）超额度进口减免税设备的企业；（4）边角废料数量较大、价值较高的企业；（5）国内销售比以往明显减少的内销大户；（6）实际进出口量与生产能力明显不符的企业；（7）进口保税料件倒挂、多进少出的企业；（8）多个大额到期合同未核销的企业；（9）账面连年亏损或利润很小而生产规模不断扩大的大型跨国企业；（10）其他有情报线索或经风险分析认为需要重点稽查的企业。

深圳海关立足实际，树立“一盘棋”的工作思路，内外勤海关、缉私部门、加工贸易管理部门与一线口岸海关，加强沟通和配合，及时通报情况，建立信息交流平台，形成监管、打私合力。对新申请成立的加工贸易企业，以有无生产能力和其生产能力大小来判断真假，对于投资额小，厂房简陋，设备陈旧，产品单一的企业，重点进行审查，杜绝“三无”企业（无工厂、无加工设备、无工人）取得合法的进出口资格。对加工贸易企业的生产经营、进出口和用料情况跟踪监管，对只进不出或余料过多的合同，配合验厂批注清楚，给审批、报关、核销提供依据。加强与检察院、法院的联系，加大对违规公司的处罚力度，共同打击走私犯罪。

斩断“飞料”走私链条

清水冒充油漆　三千万化工原料内销
真假两百工人　三亿元保税布料倒卖

2004年6月23日，惠州海关调查科到某涂料有限公司核查，发现这么大的工厂，只有几个工人在生产，油漆桶内都装着水。

惠州海关企业管理关员得到信息后，立即对合同备案情况和保税料件进口、保税货物出口及报关等环节进行核查，发现有假出口嫌疑，便将案件移交给了惠州海关缉私分局。

惠州海关缉私分局迅速派两个小组，前往这家公司厂房和其设在惠州市的办事处搜查，扣押了与该案有密切关联的账册，并带回厂长杨某、报关员邹某讯问。

邹某交代，这家公司自建厂以来，从未正常生产过，进口的原料及半成品，销售给了70多家国内客户。但厂长杨某、财务主管、仓管员等人，均不承认走私。

缉私干警通过对企业电话记录、传真件、工作日记等业务记录收集、分析，发现假出口走私线索。对企业产品研发状况、生产流程，实际加工、生产能力进行调查后，核实企业没有实际加工。对国内运输、仓储、出口承运、银行、外汇管理等部门进行调查取证，并结合出口报关随附商业单据审核，查出该公司存在假出口事实。通过将仓管部门的实际进出库品名、规格、数量、包装，与申报出口的品名、规格、数量进行核查对比，发现有收购国内其他同类成品顶替出口的情况。

掌握充足的证据后，再提审杨某等人，几经较量，杨某等人招架不住，交代了公司从2003年9月建厂后，在未缴纳关税情况下，进行倒卖进口保税料件活动。杨某等人供认，公司在惠州一酒店设办事处，以某贸易有限公司名义，负责公司的进口和国内客户销售业务，公司股东巫某、蔡某等人在办事处办公。为掩盖走私，杨某安排蔡某等人，以水冒充油漆出口，或反复出口同一批油漆，以骗取海关核销，平衡合同手册。从2003年9月至案发，一年的时间里，共走私丙烯酸树脂、丙烯酸酯、醇酸树脂等18种进口保税原料2 068.237吨，案值2 955.71万元，偷逃税款849.33万元。

案发后，首犯巫某举家搬迁，不断变换躲藏地点。半年后，办案人员发现他逃回惠东老家，4名民警在当地公安部门的帮助下，将其抓捕归案。到案后，巫某一再说自己没有犯罪，大呼冤枉，在专案组出具证据资料和同伙的供述后，他才不再喊冤。

假出口走私是加工贸易走私犯罪中的一种重要形式，特点是以假出口方式骗取海关核销，进而擅自销售，偷逃应缴税款。加工贸易假出口走私涉及保税料件海关备案、进口、加工、保税货物出口及海关核销，牵涉企业报关、生产、仓管、销售等，加之加工和生产专业性强，其走私行为认定和查证是海关缉私的难点。

当前，出现了专门为加工贸易企业办理假出口活动的犯罪团伙，与加工贸易企业走私分子相互勾结，在国内组织货源，安排运输车辆，办理货物假出口报关手续等一条龙服务，以收取好处费。假出口犯罪团伙还以帮助国内企业办理货物出口外销为名义，收取代理费用，同时，又为加工贸易企业出口货物、核销合同手册，赚取好处费。

假出口走私主要在“假”字上下工夫，走私分子用非加工生产的货物，冒充加工贸易企业生产的保税货物报关出口，甚至将沙子装入密封胶桶中，外面贴上化工产品的商标，冒充化工产品报关出口。

转关货物运输车辆过通道时，电子地磅读取的数据，要与口岸海关电子通关系统读取的主管海关申报数据对碰，若重量相符则自动放行，如果不符，系统则自动报警。为保证重量，不法分子用清水冒充玻璃胶，用碎石块冒充橡皮筋，蒙混出口，掩盖其倒卖保税货物的真相。

2005年初，缉私局收到一封只有50多字的匿名举报信，内容很简单，1个叫叶某的人名、2个模糊企业、3个电话号码。

缉私民警立即对信中反映的内容展开秘密调查，基本情况很快摸清：1997年开始，叶某先后在深圳注册经营A服装公司、B服装来料加工厂和C服装加工厂，地点都在莲塘。办案人员发现，3家工厂一片繁忙，200多名工人经常加班加点。

办案人员认为，繁忙只是假象，问题隐藏在背后。

果然，进一步调查得知，3家工厂都是国内个体企业，以极少租金从叶某手里租用厂房，承接国内订单进行加工生产。200多名工人也与叶某没有关系。早在2002年7月，叶某曾试着进行一次“飞料”走私，尝到甜头后，他就放弃正常经营，开始大规模倒卖进口保税料件。因担心引起海关注意，用妻子和亲戚的名义，又注册了5家加工贸易工厂，专门从事走私。对涉案车辆跟踪调查发现，保税料件从文锦渡、沙头角等口岸入境后，直接开到梅林关口，停到深夜，再运至博罗县的石湾镇倒卖。

办案人员还掌握了这个走私团伙在博罗县石湾镇的私货集散点——某货运公司的情况，这个公司以“包税通关”方式，在国内公开招揽进出口生意，并为涉案货车和企业制作虚假单证，办理海关报关、假出口、假核销等非法业务。仓库主要用于存放、发售走私进口的保税货物，收购国内产品假出口。

通过“由车追厂”的方法，很快掌握了这个走私团伙向某服装公司等7家企业，购买进口指标或购买国内料件，代替加工成品假出口的情况。

为将这个走私团伙全歼，防止有“漏网之鱼”，专案组对走私团伙主要成员进行24小时监控，等候最佳抓捕时机。

2005年9月1日，叶某从香港到深圳活动，办案人员决定收网，并成立深圳片区指挥部和惠州片区指挥部，80名缉私警察兵分四路，在深圳、惠州两地同时展开抓捕行动。当日23时，叶某与刘某（另一“飞料”走私团伙主犯）在酒楼合谋走私时，被抓获，其他犯罪嫌疑人也悉数落网。

得知叶某落网后，惠州片区指挥部立即对仓库、某货运公司及相关人员，同时实施查缉抓捕，查扣车辆6台，走私布料100吨，抓获涉案人员6名，此外，还扣留私货运输单、报关单、企业合同手册、司机驾驶证、通讯工具等。这次行动共抓获走私团伙成员21名，突击搜查了7家涉案公司及走私窝点。

抓捕行动后，缉私局成立了“9•01”专案组，指定文锦渡缉私分局负责侦办。文锦渡缉私分局立即开展审讯、取证工作，组成审讯、取证、追逃小组，对案件展开侦查。取证小组对查扣的报关资料和账册单证，进行梳理、甄别，固定证据和线索，同时，对另外3家有重大嫌疑的企业展开调查。追逃小组对其他涉案人员展开追捕，又抓获11名涉案人员。审讯组对叶某等主犯进行攻坚，在铁证面前，叶某等人的心理防线崩溃，供述了大肆倒卖进口保税料件的犯罪事实。为便于"飞料"走私赚大钱，叶某在香港成立贸易公司，作为走私据点，以这家公司制造虚假进出口合同和有关单证，招揽布匹生意，采用进口货物不进厂的方式，将保税料件进口后，直接运到专门设立的仓库，倒卖给国内企业。为了核销平衡，进口环节采取伪报、瞒报、少报多进等方式，出口环节采取多报少出，或购买国内料件加工成品出口等方式，骗取海关核销。

2002年7月以来，"叶氏"走私团伙利用来料加工手册走私保税布料3.2亿元，偷逃税款8 402万元。

倒卖两亿元料件　废海绵充保税成品出口
偷逃四千万税款　玉米粉替代保税品申报

2004年6月8日，大鹏海关对深圳平湖某海绵厂申报的出口货柜查验时，发现这家企业出口的压缩海绵、不规则海绵是废旧垃圾海绵。大鹏海关没有就事论事，又对其他几家来料加工企业出口的海绵进行重点查验，发现某珍珠海绵厂、龙岗某海绵厂、宝安某海绵厂、惠东县某塑胶海绵制品厂也存在同样问题。

案情重大，大鹏海关随即将案件移交给大鹏海关缉私分局。缉私分局立即派人到东莞大岭山等地，找到装运废旧海绵的回收站，证实查扣的废旧海绵是他们收购的。

商品检验报告也出来了，验证废旧海绵不是这些来料加工厂的保税制成品。

大鹏海关缉私分局立即成立专案组，对涉案企业和人员展开调查。专案组调取涉案企业2002年年底到案发期间的手册、报关单证、运输单证等资料数千份，进行梳理，同时，询问报关员。报关员介绍，厂家与废旧海绵出口商取得联系，谈定“交易”价钱，报关行按出口商传真的货物明细资料，将废旧海绵伪报为来料加工厂的保税货物，以来料加工厂的出口货物申报出口，骗取海关核销。

侦查发现，香港某公司驻深圳办事处其实就是废旧海绵出口商，经理龙某、周某向10多个废品收购站收购废旧海绵，然后向美国出口。仅2002年，通过林某介绍，龙某先后与平湖某海绵厂老板杨某、程某等人合谋走私，出口废旧海绵近400个货柜。

为获取巨额走私利润，2004年初，杨某、程某又注册了某珍珠海绵厂，购买的机器还在调试时，就开始走私，从登记注册到被查获的几个月里，用完两本手册，两本手册的出口成品全部以废旧海绵代替。从2002年到案发，这8家来料加工厂走私海绵及成品667货柜，近10 000吨，案值2.3亿元，偷税4 731万元。

缉私警察在一家报关行调查取证时，了解到代理涉案企业报关的是一个姓马的男子。经查，马某向海绵加工厂购买保税原料指标，用厂家的清单及手册进口原料并倒卖，之后再通过免费代理出口，从废旧海绵出口商手上，取得代理出口权，将废旧海绵伪报为保税货物，用来料加工厂的报关单和手册报关出口，帮助厂家核销合同手册。

案发后，马某闻风而逃。为了躲避追捕，在福建龙岩、厦门、泉州等地，不断变换住所。专案组民警几次赶到福建追逃，都无功而返。2005年2月4日，得知马某在龙岩老家出没，民警再次赶赴龙岩，在地方公安的配合下，将其抓获。

经过深挖扩线，又发现另一个海绵厂也有重大走私嫌疑，并迅速锁定犯罪嫌疑人。一天下午，3名侦查员佯装成生意人赶赴该厂，与厂内负责生产的人员接洽，谈妥次日下午与经理黄某谈具体事项。第二天下午，警觉的黄某并没有出现在厂内，侦查员等到18时仍不见其踪影。在等待过程中，侦查员进行了秘密侦查，发现厂房二楼有几间联起来的小屋，外面有一道铁门紧锁，工人说是黄某的住房。为引蛇出洞，专案组佯装有事先走，20时，在附近监控的侦查员发现，小屋内有人影，专案组立即实施抓捕。打开小屋铁门后，发现屋内衣柜有颤动迹象。侦查员大喝一声，黄某一下从衣柜中瘫倒出来，面色惨白地说了句“我认罪！”

之后，程某等犯罪嫌疑人也相继落网。经过一年多的努力，这个走私海绵团伙被摧毁。

加工贸易渠道团伙性走私时有发生，走私团伙有严密的组织和专业分工，往往控制某个行业或某个市场，走私规模很大，危害性更大。

加工贸易走私分子最常用的一种手法是通过帮助国内企业出口同类产品，使“合作双方”都得到好处，没有进出口经营权的国内企业，通过走私分子出口了产品，涉案企业通过这种形式，达到进出口平衡目的。从他们的立场上看，能够达到“双赢”目的。

2005年6月23日，一辆粤港两地牌货车通过文锦渡海关自动核放通道后，没有按正常路线行驶，而是驶向远离查验关员的通道，引起查验关员的注意，于是将这辆车列为重点查验对象。经查验，这辆车以A饲料厂的名义申报出口猪饲料，实际出口的却是B饲料厂生产的鸡饲料。表面上看，涉案货物是来料加工出口产品，案值7万余元。在接下来的检查中，查验关员却在驾驶室储物箱里发现一张B饲料厂的销售出货单，上面记录了装货时间、数量、价值和车牌号码，备注栏内写有“赊欠人民币521 412.8元”字样。经追问，司机供认他从未到过A饲料厂装货。

文锦渡海关立即将案件移交文锦渡海关缉私分局。缉私警察迅速出动，兵分两路，分别对B饲料厂和A饲料厂展开调查。

B饲料厂负责人交代，他们是国内企业，没有进出口权，为了降低通关成本，让有进出口权的A饲料厂办理出口手续，A饲料厂是否走私，他们不清楚。

另一组办案人员对A饲料厂展开调查，发现工厂里有2台粉碎机、1台起重机，厂内堆放着各种生产原料，墙上贴有生产流程图，20多名工人正在工作，货物流动单证一应俱全。办案人员没有被这种假象迷惑。经细心观察，他们发现粉碎机只能生产玉米粉，没有搅拌加工功能，这证明货物流动单证是伪造的。询问仓管员李某，他却一问三不知。后来在办案人员的教育和劝导下，他终于交代，饲料厂成立后，以开办来料加工为幌子，利用来料加工手册，大肆倒卖氨基酸、蛋氨酸、维生素、加丽素等保税原料，用自己生产的玉米粉或购买的普通饲料，冒充饲料成品替代出口，骗取海关核销。缉私人员调取有关单证资料发现，从1999年10月至2005年6月23日，A饲料厂共倒卖保税原料5 436.5吨，案值2.2亿元，偷逃税款4 267.2万元。

侦办中缉私人员还发现，这个走私团的伙骨干之间是亲戚关系，幕后老板是香港人谢某，但他从不直接出面。这个厂的法人代表兼报关员翟某是谢某的表侄，负责办理报关、核销等手续；业务主管谢某是其堂兄，负责货物进出及工厂日常管理。

审问翟某和谢某时，二人为维护亲戚利益，拒不交代。办案人员向他们出示了掌握的证据，并阐明替他人顶罪的严重后果，从而打消其侥幸心理，突破了他们的心理防线，这样二人才不得不承认，明知公司倒卖进口保税原料，依然为A饲料厂办理进出口手续的事实。

“小鬼当家” 报关员倒卖保税指标
“偷梁换柱” 免税进口饲料另有去向

走私分子利用口岸海关为实现快速通关放行，查验重点放在指运地海关的工作特点，转关后，在到达指运地的途中，偷卸货物或非法销售进口料件，以达到既销售货物，又偷逃税款的目的。这种走私方式，一般称为“飞料走私”。

2005年1月，蛇口海关缉私分局在对辖区内加工贸易企业进行风险分析时，发现A服装公司的备案合同异常：这家公司大量进口敏感商品已鞣制羊皮革，而其出口产品中却没有羊皮服装。缉私人员随即对这家企业进行秘密调查。

缉私警察乔装成废品收购商，以收购废碎羊皮为名进入这家公司，发现厂里不但没有废碎皮料，连加工羊皮革的设备都没有。

缉私人员因此断定，进口的保税皮革入境后就被倒卖了。

侦查人员对运输进口羊皮革车辆调查后发现，为A服装公司运输进口羊皮的是一辆粤港两地牌货车，每隔10天从文锦渡口岸入境一次，入境时间一般在下午，半小时内出境返港，从未到过A服装公司。缉私警察分析，从文锦渡口岸入境的重车，行使至南山区西丽并卸货，半个小时内再返回根本不可能。因此他们断定这辆车入境后，直接将货物卸在了文锦渡口岸附近的一个隐蔽窝点。

侦查员还发现，这辆车除为A服装公司运载羊皮入境外，还为B皮革制品公司运过羊皮、狐狸皮、水貂皮入境。对B皮革制品公司进行调查后，发现这家公司是一家在海关备案的进料加工企业，正在执行的一本备案合同已进口水貂皮、狐狸皮、羊皮等保税皮料750多吨，价值高达2亿多元人民币，合同已于2005年7月到期，2005年5月份就停止进口了，但合同一直未核销。侦查人员认为，这家公司有重大走私嫌疑！

接下来的调查证实了侦查员的推测。以A服装公司名义进口的皮革，从未到达过A服装公司，那辆货车每次运皮革入境后，直接到距文锦渡口岸10分钟车程的B皮革制品公司卸货，一部分存放在公司仓库，一部分用面包车拉走。

2005年7月15日，A服装公司又从文锦渡口岸入境进口一批羊皮，侦查人员决定收网。17时40分，那辆货车从文锦渡口岸入境后，直接开到B皮革制品公司，正要卸货时，缉私警察突然出现，将接货的B公司3名陈姓走私分子和香港司机邓某抓获，现场查获走私进口皮革33箱，重1 260千克。同时，缉私人员在A服装公司抓获报关员黄某。当晚，蛇口海关缉私分局联合深圳海关特区办事处，对B皮革制品公司进行稽查，查扣保税皮革料件12 510千克，抓获涉案人员9名。7月16日，蛇口海关缉私分局又派人奔赴广州，抓获B皮革制品公司广州销售点负责人黄某和吴某，同时，查获大量相关证据材料。

缉私人员进一步侦查时发现，B皮革制品公司是一个组织严密、分工合作的走私犯罪团伙，报关员黄某是团伙主要成员，她已从事代理报关业务十几年，熟悉海关业务，经她代理报关的来料加工和进料加工企业有11家。她用化名，同时为A服装公司和B皮革制品公司当报关员，利用A服装公司老板不懂海关业务，私自将该厂备案合同加签了已鞣制羊皮革，然后，通过A服装公司的手册，进口给B公司。皮革进口后，伪造到厂卸货记录，加盖A服装公司公章，制造到货假象。B皮革制品公司是掩人耳目的虚假招牌，2002年9月，B皮革制品公司就将生产车间和设备租给他人，从事私营皮衣加工生产，没有任何进出口贸易。B皮革制品公司以此制造生产假象，瞒骗海关、逃避监管，将所进口的保税皮料全部倒卖。

经核定，B皮革制品走私团伙通过A服装公司手册等方式，伪报贸易性质，走私进口皮革价值4.12亿元，偷逃税款9 535万元。其中，濒危野生动物南海狮皮504张，价值人民币1 209.6万元。

报关员利用老板不懂海关业务，擅自做主，通过倒卖保税料件形式走私，真正的老板还被蒙在鼓里，这种现象在加工贸易企业中比较普遍。

2006年4月初，惠州市惠城区某手袋厂因涉嫌违规，海关将其企业等级由B类降为C类，老板到海关查询才知道，2005年3月，自己的厂少报多进牛皮料件，被文锦渡海关处罚过。

老板一肚子火气，赶回去一查，发现报关员王某擅自利用加工合同保税指标，为他人走私进口牛皮，遂向海关报案。惠州海关马上抽调关员前往调查，发现这个厂正在执行的来料加工合同手册的保税料件牛皮、羊皮短少，涉及税款300多万元。

案情重大，惠州海关立即将案件移交惠州海关缉私分局。缉私分局派出侦查员前往调查，发现手袋厂共进口了20多批皮料，由一辆粤港货车拉货，老板说皮料根本没有进过厂。

侦查员想找报关员王某问询，老板说事发后就与他失去了联系。侦查人员认为，运货车司机黄某可能知道底细。

4月22日，黄某在文锦渡海关过境时被布控抓获。黄某交代，他是受香港人阿强指使，将走私牛皮、羊皮运进境后，拉到东莞横沥镇，交给接货司机阿深。

办案人员奔赴东莞，将阿深抓获，还搜查到阿深送货收条，上面记录了他送货到广州多个厂家的时间、金额等。办案人员断定，送货记录上的几个厂家就是货主。

阿深交代他受阿强、吴某指使，自2004年以来，多次从黄某等人手中接货，再送往广州。

经过审讯和侦查，侦查人员理清了这个案件的基本线索：阿强与某公司广州办事处人员勾结，为该公司客户林某和俞某走私进口牛皮、羊皮。阿强向境内企业购买保税指标，以伪报贸易性质的方式走私进口皮料。一年多时间里，共伪报走私进口牛皮 26 780 千克、羊皮 25 328 千克，案值人民币 8 838.5 万元，偷逃应缴税款人民币 1 838.76 万元。案子涉及两个走私团伙的 10 多名案犯。

这是一起典型的报关员倒卖公司报关指标引发的走私案。

传统加工贸易货物被擅自内销，多为加工贸易企业通过非法手段截留保税货物后，再寻找买主，走私行为相对分散、随机。当前已形成一种先有市场，再有走私的运作模式，走私货物向海关申报进境前，已经有了买主，走私分子根据买主下“订单”，利用加工贸易企业的保税进口指标，申报进口相应货物，形成境外采购、进口、销售“一条龙”走私链。一些企业为了谋利，将整本手册的全部清单倒卖，走私分子购得清单后，在进口环节采取伪报、少报多进、夹藏等手法走私。

2005 年 8 月中旬，南头海关通过风险分析，发现某饲料厂（来料加工）存在走私嫌疑，立即联合南头海关缉私分局下厂查验。有关人员到厂一看，已人去楼空。正欲离去，发现厂长李某正好到厂办理退租手续，一见海关人员，拔腿就跑，当场被关员擒获。李某交代，这个厂存在倒卖保税料件行为，老板林某关闭工厂，就是怕海关来查，人也藏了起来。

办案兵贵神速，南头海关缉私分局立即立案，联合南头海关、同乐海关组成联合办案组，开始侦查。

林某很狡猾，为了便于走私和保密，开厂时，让情妇的哥哥当生产主管，外甥负责仓库管理，进出境货物亲自开车运送。

一时难以找到林某，专案组决定从报关员入手，经过走访，发现报关员邱某行踪，立即将其抓获。邱某供认，他知道饲料厂有保税料件走私行为，但不知卖给了谁，也没有书面单证。

办案组回头重审李某，李某终于交代饲料厂曾帮龙岗一家饲料公司出口过鸡饲料，以平衡在海关备案的来料加工合同手册。

侦查人员发现，从 2002 年至 2005 年，这家饲料公司共卖给香港客户黄某鸡饲料 225.8 吨。黄某以每吨 100 元的价格，委托林某驾车运往香港。经核定，这些鸡饲料折回原料，案值人民币 1 500 万元，偷逃税额 287 万元。

假出口有了，缉私人员开始查找进口的保税原料去向。

深圳 A 饲料公司与 B 厂的一张转账记录，引起了侦查人员的注意。A 公司是私营企业，主营饲料，老板姓余。通过外围摸查，办案人员查明，余某聘有两个司机、一个仓管，在宝安租有一个仓库，存放进口饲料添加剂。通过多方取证，综合分析，侦查人员初步判定 A 公司存在走私行为。

2005 年 9 月 13 日，办案人员直奔 A 公司，将余某及司机抓获，在他的办公室和衣柜角落里，查获大量单证。同时，在仓库内抓获仓管员，扣押价值 50 余万元的饲料添加剂 900 余千克。连夜突审，余某供认，2003 年初，他经营的 A 公司越来越难做，准备转向国内市场需求大的进口饲料添加剂。可是，如果正常报关进口纳税，利润很薄，甚至赚不到钱。这时，大学同学陈某找上门，说林某手里有免税进口饲料添加剂指标，每千克付 20 多元港币的“通关费”就可以了，大家都有利可图。余某一听，认为这是好事儿，三人一拍即合。通过支付“通关费”，他向林某购买 B 厂免税指标，从香港进口各种饲料添加剂到国内销售。办案人员对所获单证分析、整理，查实余某利用购买的指标，走私进口色素、维生素、泛酸钙等 130 余吨，货物价值人民币 8 405 万元，涉嫌偷逃应缴税额 1 639 万元。

大案扫描

揭秘厂中厂　现猫腻
破 U 盘密码　证据出

一些加工贸易企业建立“攻守同盟”，向海关申报相同的单耗或价格，形成“行业性”走私行为。深圳海关查处的皮草行业走私案件中，整个行业进口皮草的合同备案价只有国内市场价的 1/4，每千克相差约 4 000 元。

一个企业的走私行为，在这个行业中具有普遍性，查处一家，牵出一片。容易出现问题的行业主要是化工、五金、塑胶制品、皮革等。

2004 年 7 月 26 日，同乐海关对宝安区石岩镇 A 厂进行稽查，发现该厂进口的保税货物塑胶粒 830 吨涉嫌倒卖。在随后开展的稽查中又陆续发现 B 厂、C 厂、D 厂等 3 家企业有类似情形。同乐海关将这 4 宗案件移送南头海关缉私分局，南头分局随即立案侦查。在侦办这 4 宗走私塑胶粒案的过程中，同乐海关又先后向南头海关缉私分局移交了 E 厂、F 厂、G 厂、H 厂涉嫌走私案 4 宗。经过前期工作发现，这 4 家厂走私手法与前 4 宗案件有惊人的相似之处。从海关、外经部门调取的资料中发现，这几家厂除了香港公司注册人身份真实以外，其负责人、管理人员用的全部都是假名字、假证件。到案的犯罪嫌疑人指认胡某为境外母公司的组织者，所有证据都指向在逃的香港人胡某。为了彻底打掉这个走私团伙，南头海关缉私分局将这 8 个案件并案侦查，成立“7•26”系列案办案组。经进一步侦查发现，该案是湖北省天门市一伙同案犯，分别利用香港人胡某在香港设立“空壳”公司，以外商投资的方式在境内设立“假厂”，通过保税进口塑胶粒在国内倒卖牟取暴利，总案值人民币 1.7 亿元，涉税 3 848.82 万元。这个案件侦破后，共抓获犯罪嫌疑人 19 人。

为了应付海关稽查，走私分子将自己的厂房、设备以不收、少收租金，或给承租人提供订单为优惠条件，转包给他人经营，或者承接国内订单进行加工生产，或者雇用少量工人，制造正常生产的假象。

传统加工贸易企业走私是利用海关某一个或两个监管环节的漏洞，而当前的走私手法，则渗透到加工贸易管理的每个领域，贯穿进口、生产、内销、出口、核销等一系列环节，且呈现连续性、关联性。

2005 年 7 月中旬，深圳海关缉私局通过信息资料分析，发现有几家加工贸易企业没有正常生产，却大量进口国内紧俏的蓝湿牛皮。经过一段时间调查，缉私人员发现 A 厂、B 厂、C 厂和 D 公司，有不正常经济往来。

7月25日凌晨，缉私局采取突击行动，成功抓捕D公司的数名主要负责人，并成立了代号“7•25”专案组调查取证，对A厂进行彻底搜查、取证。在调查中，侦查人员找了两个工人进行询问，发现两人交代的主管不一致。他们还发现，厂区内有两个食堂，工人们分别从两个财务部门领取工资；对车间勘查后发现，一楼小车间堆满碎皮，有正常生产迹象；二楼的大车间则积满尘土，鞣制牛皮专用的转鼓已经生锈。

种种情况表明，这是个“厂中厂”。

厂区内有近百名工人，统一佩戴着A厂厂牌。怎样才能证实这是“厂中厂”呢？侦查人员灵机一动，对在场工人大声喊道，A厂的站左边，另一家厂的站右边！聚集在一起的工人立即分散开来，侦查员一看，又大吃一惊，A厂的工人只有12人！

办案人员对厂办公室彻底搜查，进一步确认“厂中厂”的事实。原来A厂将厂房和大部分机器，以极低价格出租给E厂使用，厂区内的大部分工人都是这个厂的，而A厂只设厂长（兼报关员）、仓管员、会计、叉车司机、污水处理工和几名保安员，从未进行过牛皮加工生产。在“厂中厂”的掩护下，A厂几年来共倒卖进口蓝湿牛皮10万吨，价值7.789亿元，偷税1.539亿元。

缉私局立即对有关人员实施抓捕，审讯时，走私团伙成员拒不交代。办案人员另辟蹊径，在查获的单证中找突破口。在众多物品中，一个普通U盘引起办案人员的注意。U盘中的文件全都被上锁加密，几经努力，办案人员破译了密码，打开了U盘。他们发现上面记载着一些奇怪的数据，数据由两个英文字母和4个阿拉伯数字组成，每组数据间没有关联，也无规律可循。凭经验，侦查员断定，数据背后隐藏着重要信息。通过查找大量资料，比对各种文书证据，办案人员发现，这组数据是用来记载走私进口牛皮货柜号的特殊方式。本来在进出口运输中，一个正常的货柜号由4个英文字母加一串阿拉伯数字组成，狡猾的走私分子在记录走私货柜号时，只取前两个英文字母，再加上首位和末3位阿拉伯数字。破解了特殊数据后，办案人员将这些数据与A厂、B厂和C厂的进口蓝湿牛皮报关单进行核对，发现D公司利用3家来料加工厂的进口保税料件指标，进口大量蓝湿牛皮，运输中途倒卖给国内企业的事实。

负责侦办B厂走私案的侦查员也遇到了犯罪嫌疑人赖某拒不交代任何犯罪事实的难题，而且同案的其他犯罪嫌疑人又未追捕到案。专案组调整思路，将重点转移到外围取证上，把侦查方案确定为测试用电量，核对报关单，排查往来电话。首先在B厂进行了用电量测试，证实在正常情况下，每月以20天计，该厂用电量应在2万度以上，但实际情况是自赖某接管B厂后，每月的用电量仅为4 000度左右，其中，还有900度为电表正常损耗，这样，就证实该厂存在假生产。将U盘中相关走私证据与该厂的相关资料对比，发现11份该厂的报关单指标，被D公司用于走私进口了384.21吨蓝湿牛皮，价值159.24万元，涉嫌偷逃税款32.04万元。办案人员还调取了必要的通话记录，从众多通话清单中，发现B厂负责人与D公司负责人之间电话往来频繁，证实D公司犯罪嫌疑人许某，到B厂与其会计黄某联系拉货的犯罪事实。在对B厂进一步搜查中，发现D公司业务员许某在B厂出货单上的签字。

经调查，这3家来料加工企业将进口蓝湿牛皮，经过初加工或者完全不加工，装柜充当制成牛皮，以数个道具柜反复进出境，平衡进出口合同，将“节省”下的蓝湿牛皮用于倒卖。据统计，这个走私团伙共走私牛皮11万多吨，案值人民币8.275亿元，涉嫌偷逃税额人民币1.637亿元。

漏网之鱼不思悔改
明察暗访难逃法网

过去加工贸易走私的手法是将保税料件“正常”进口后，走私分子直接倒卖料件或擅自内销成品，但现在的走私方法已经有了新的发展。走私分子在境外就开始实施走私，境外采购的私货运到香港后，交给内地加工贸易企业设在香港的办事处，根据订立的“合同”，在内地收货，内地加工贸易企业为其提供保税进口指标“代理进口”。由于倒卖保税货物购销关系的订单、送货单及其他贷款结算的业务单证都是以国内贸易企业名义进行的，所以主要的走私分子不易被发现。

2002年，深圳海关缉私局通过侦查，掌握了一个以香港人为首的走私犯罪团伙，利用多家加工贸易工厂走私布料的证据。5月30日，缉私局调动大批警力，展开抓捕行动，查获多辆装有走私布料的货车，主要成员陈某等人也一并被抓获。

2003年6月，深圳市中级人民法院对陈某等4人走私布料一案作出刑事判决。案件判决后，缉私局在侦查中又发现，这个走私团伙并没有消失，反而更疯狂地走私布料。缉私局决定成立专案组，展开进一步侦查。

专案组通过对以往案件重新整理发现，龙岗区的几家加工贸易企业与这个走私团伙有一定联系，于是专案组决定对这几家工厂进行重点侦查。2003年10月初，专案组对A厂调查后发现，一辆装有布料的香港货柜车入境后，23时左右驶入工厂，将车上的布料卸下一部分，堆放在地上。这时，几辆内地的车开过来，将包装好的服装装上香港的车后，再把地上的布料装上内地的车。之后，这辆香港车又到另外两家工厂，先卸布料，后装成品服装。就这样先卸后装，一路驶往黄埔、广州，将车上的布料分发出去，然后收购成衣制品。布料分发完后，收购来的成衣也装满了货柜，最后返回香港。

经过20多天侦查，办案人员掌握了这个走私团伙的活动规律。

原来，这个团伙上次失手后，并没有罢手，他们又在深圳、东莞等地物色多家服装加工厂，以每月8 000元至2万元不等的金额，购买这些厂的部分进出口合同手册，获得进口布料资格后，在香港大量收购廉价布料，运到深圳、东莞、广州的窝点进行分发，同时，收购一些廉价服装成品出口，进行出口假核销，偷逃税款。

10月21日晚，专案组发现又有两车货从香港入境，分别将货物运送到B厂和C厂。次日5时，开始分发布料，11时驶往东莞、广州。专案组果断出击，在广深高速公路、深惠公路等多个地点，同时开展抓捕行动，一举抓获涉案人员27人，查获正在运输走私布料的货车5辆，查扣涉嫌走私保税布料一批。接着又突击搜查了3家涉案工厂，在B厂搜查时，发现这个厂只有20多部缝纫机，根本没有生产能力。A厂和C厂尽管有生产能力，但合同手册被走私团伙控制，生产的服装都是国内客户的，基本上不外销。工厂搬运工被告知不得穿拖鞋，见到警察要警惕，一旦有情况立即外逃。

专案组捣毁了这个走私团伙在深圳布吉、广州市西郊大厦、东莞市大朗镇等地设立的走私窝点，获取大量原始货运单证和会计凭证。在布吉海关、同乐海关、南头海关、沙湾海关的配合下，专案组查阅了涉案企业原始备案资料和报关单证数万份，调取电子数据和书证5,000多份。为追查走私布料的去向，专案组分别调查走访了深圳、东莞、中山、广州等地的30余家服装公司，收集了大量的书证和证人证言，查清了走私团伙走私进口布料的犯罪事实。

为将在逃人员缉捕归案，专案组还奔赴黑龙江、上海、安徽、广西、浙江、山东等地，在各兄弟海关缉私局和地方公安机关的协助下，经过一年多的艰苦努力，共抓获涉案人员51人。刚服刑完毕的走私团伙主要成员陈某，出狱不久又参与走私，在上海被抓获。

审讯中发现，这个走私团伙是一个典型的家族犯罪团伙，主要成员都是亲戚。走私团伙在香港注册了多家物流公司，在深圳、广州、东莞也设立多家无证经营的物流分公司，采取“包税”通关方式，提供“一条龙”服务。在香港承接进口布料等货物，入境后，在深圳、广州、东莞等地分货，派送给内地客户。在内地承接出口成衣等货物，出口到香港后，交给承运人指定的境外客户。为牟取走私利润，他们操纵17家来料加工制衣厂，在进出口报关环节把承接的一般贸易性质货物伪报成保税货物，采取伪报品名、少报多进等手法，偷逃税款。

专案组开展抓捕行动后，17家企业有9家人去楼空，另外8家也变成“死厂”。经查实，17家企业实际是走私团伙设立的“假厂”，全部是“一块牌子，两套人马”，工厂的港方代表、报关员、合同手册、公章和报关清单，全部由走私团伙控制。工厂设备、生产加工和日常管理等由内地私营老板控制，根据内地订单加工成衣。他们以这17家工厂的名义申报进口保税布料入境后，在工厂仓库仅停留几个小时，就被转移，交给收货人。这个团伙还安排多名香港货柜车司机，直接到东莞大朗的走私窝点装载成衣，冒充17家企业生产的保税成衣出口，以达到平衡合同手册和骗取核销的目的。

错盖印章　“串料”露馅
顺藤摸瓜　走私案告破

2003年9月26日，加工贸易监管处对一批加工贸易企业进口报关清单进行录入时，发现盖有A厂公章的进口报关单上的“发货单位”和“收货单位”却是B公司和C厂，备案合同的编号也是C厂的合同编号。由于清单和备案号不符，这份清单无法输入电脑。东家的报关单盖的是西家的公章。关员调出C厂和A厂的加工贸易备案手册，发现两厂在相同时期进口原料的品名一模一样。录入关员凭直觉认为，这不是偶然巧合，两个厂可能存在相互串料。

加工贸易监管处为此下发了一份核查跟踪表，要求布吉海关进行核查。布吉海关立即派人到厂核查，果然发现情况异常。A厂短少牛皮革、染色布等保税料件价值约45万元，主管人员无法解释原因；到C厂一看，只是一个占地500平方米的小厂，仅有18名工人，如此小的工厂，不具备加工皮料能力，却大量进口牛皮、羊皮、水貂皮、狐狸皮等皮料。11月17日，布吉海关再次对C厂突击调查，详细调查其进口皮料的使用和流向，结果发现这个厂生产的成衣制品主要是老年女性混纺或化纤夏装，根本不需要进口狐狸皮、水貂皮、羊皮和牛皮等高档皮料，仓库里也没有保税皮革原料。调查人员要求C厂老板出面解释，但老板避而不见。

种种迹象显示，C厂老板很可能干着不可告人的勾当。

这时，C厂关闭大门，人去楼空。

2004年3月，计税部门仅以现有证据，就核算出C厂涉嫌走私牛皮、羊皮、水貂皮及狐狸皮等保税货物，案值人民币1.78亿元，涉嫌偷逃税款人民币6 448万元。

缉私局立即成立专案组，进行调查。专案组认为，除了老板，知道进口皮料真正去向的人，就是把皮料从香港运到深圳的30多个香港司机。经进一步排查，他们发现梁某运输的次数最多，有上百次，找到他是此案的重中之重。然而，梁某也一直待在香港。

专案组认为，梁某早晚要来深圳的。果然，一个月后，梁某出现在皇岗口岸，办案人员立即将他抓捕。

审问梁某比较容易，三言两语，他就承认为C厂拉了100多趟货，可从来没有拉到C厂，而是拉到位于龙岗区的D厂。

缉私警赶到D厂，找到厂主施某。施某说，他虽然打的是D厂招牌，实际上受香港人杨某控制。他还交代，2003年3月，杨某找他妻子，双方协商后开办了这家来料加工厂。杨某还在厂里建了一个铁皮仓库，存放从其他地方弄来的货物。缉私警分析，这个仓库是3个企业走私团伙的中转站。姓杨的人，就是C厂案的幕后主使。

考虑到杨某的身份，缉私警察决定暂不打草惊蛇，等他自投罗网。2004年“五一”长假期间，杨某驾车从香港入境；5月4日，杨某从文锦渡口岸出境时被抓获。抓住他时，他很意外，说他以为海关不再办这个案了。

杨某供认，C厂、A厂都是他一手操纵的，是专门为走私活动作掩护的工厂。2002年5月，他成立了B公司和C厂，进口布料、狐狸皮、羊皮、水貂皮、牛皮等保税原料。为了走私，他又以福建老乡——施某妻子的名义，成立D厂，设立仓库，用来存放和倒卖用C厂备案合同进口的保税原料。他在香港组织货源，聘请香港司机把货物拉到深圳，存放到D厂仓库，然后倒卖给内地客户。来料加工企业的产品必须出口才能完成核销，所以他又从内地收购伪装度极高的成衣，冒充C厂的产品出口，欺骗海关。

经过深入侦查，海关最终认定杨某走私保税皮革原料价值人民币5.18亿元，偷逃税款人民币1.33亿元。

打击加工贸易渠道走私面临的困难

加工贸易的发展为我国工业化提供了条件，引进了国内短缺的资金和技术，带动制造业形成较强的国际竞争力；同时，为本土企业开展自主创新，发展成为跨国公司提供了基础。

加工贸易企业保税货物出口主要有两种形式：一是货物由企业报关直接出口；二是加工贸易企业之间的货物结转深加工，海关监管上将其视为货物报关出口。

加工贸易企业把保税料件在国内销售后，没有料件进行生产，如果采取加工贸易企业之间办理假结转报关出口的方式，可能会引发一系列问题，所以，大多数加工贸易走私企业采用货物报关直接出口的方式。由于走私企业已将保税料件倒卖，无法生产出合同手册登记备案的保税货物，一般采用假出口形式。

走私分子将进口的原料在国内销售后，为平衡合同手册，会在国内收购相同、相似产品或废旧产品进行包装，最后在包装封口处摆放少量加工生产好的产品，以保税货物的名义报关出口。此外，走私分子还以代理国内企业产品出口外销为诱饵，将国内企业产品充当保税货物报关出口，骗取海关核销。因海关监管能力有限，对加工贸易企业货物出口的查验率相对较低，加之货物品种、规格繁多，海关查验人员难以在短时间内识别货物真实性质，从而给了走私分子可乘之机。

随着加工贸易深加工结转监管模式的调整，深加工结转比重越来越大，走私分子抓住深加工结转手续复杂、涉及关系方多、延续时间长的特点，更多地使用了更为隐蔽的假结转、空转等走私手法。

在海关加大对一般贸易渠道走私打击力度的情况下，走私分子逐步将价格瞒骗手法转移到加工贸易领域，备案时模糊申报货名，以平均价或总价申报，然后利用加工手册的核销期，从时间上淡化价格变化情况，达到低报价格的目的。为绕开海关对一般贸易货物进口的重点审价，他们将货物转向以保税料件名义进口，一段时间后，再以低报的价格向海关申请内销。走私分子还利用与境外企业的特殊经济关系，转移支付特许权使用费、利润等，以偷逃海关税收。此外，加工贸易企业常与经营公司串通，加工产品出口到香港后，以低瞒报价的方式，通过经营公司将产品再进口、销售。

加工贸易立案标准一直以来没有明确规定，执法中使用的2万元的立案标准至今已经沿用了近十年。2004~2006年，海关查处的行政违规案件案值不超过5万元的小案件占总数的13%，这些案件情节轻微，危害不大，但也必须经过核查、稽查、调查、审理等环节，处理起来耗费人力和物力。

为适应我国加工贸易发展和企业经营方式的变化，海关不断地调整监管理念和手段，推进深加工结转监管模式改革和联网监管改革，提高了监管效能和效率。但加工贸易监管周期长、环节多，涉及的产品包罗万象，升级换代快，也使海关监管难度大，而且风险高。

第十一章
粤港两地牌车走私

深圳企业家协会的一名副会长说，他在深圳和香港都有自己的企业。公司的深港两地牌的汽车很抢手，内部使用本来就很紧张，还常常有朋友要借。

随着深港合作的不断深化，两地间人流、物流、车流的往来也日渐频繁，使深港两地牌汽车更为吃香。可是，两地牌汽车方便了正常工作的同时，也让一些挖空心思搞走私的不法之徒有了可乘之机。

两地牌小车走私

2007年1月11日，皇岗海关通过风险分析，对一辆两地牌车辆实施风险布控。17时，陈某驾驶这辆车经皇岗口岸入境时被截获。对这辆车进行人工查验和技术检查时，在车底盘两翼及气囊夹层处，发现三星手机461部，案值逾100万元人民币。次日，皇岗海关旅检机动队对一本田7座旅行车进行人工和机检查验时，在车底盘两翼、气囊夹层处，查获手机810部、CPU818块、IC卡1 920块、手提电脑硬盘200块，案值人民币100万元。

皇岗口岸旅检通道2003年实施24小时通关以来，每天进出境车辆1万多辆次，进出境旅客和两地牌小车明显增多，走私分子趁机大肆走私，被海关查获时，司机多以“不知情”为由推卸责任。为此，皇岗海关成立旅检机动小分队，专门打击旅检渠道的两地车牌小车走私。

2007年2月25日凌晨，关员正在交接班，一辆两地车牌面包车，从小车通道入境。关员发现司机吴某神情有些紧张，不敢正视关员，且电子闸口开启放行时，启动车辆有些不顺畅。关员遂将这辆车列为重点查验对象，对车厢、车体进行查验时，发现副驾驶座位安全气囊盖有松动痕迹，用工具开启盖子，发现安全气囊被掏空，里面夹藏赛扬CPU（2.1G）696个，案值30万元。

2007年5月7日17时，持港澳通行证的汕头司机张某开车从无申报通道入境，皇岗海关旅检机动小分队对车辆进行重点查验，没看出什么，对车进一步细查时，在后排座位下油箱上方发现一个铁块。张某说铁块是油箱坏了以后补上去的。关员让他打开，张某说焊死了，没法打开。查验关员对张某说，再不说暗格在哪里就撬了。张某也不示弱，说想怎么撬就怎么撬，把车弄坏了要赔偿。关员便说把车开到查验场，用大型X光机作“照肺”，张某一听，脸色大变，拔腿就跑，几名关员立即追赶，将其擒获。

拆卸这辆车油箱发现，这个油箱1/3装油，剩下的部分夹藏走私物品，共藏有笔记本电脑硬盘463个，案值30万元。

这个暗格设计得很巧妙，加装了一条电线到油箱，把电线剪断对碰后，油箱上的铁门就自动开启。司机口袋里有一个遥控器，可开启这个铁门。

走私分子将货物走私入境后，在口岸周边的地下停车场或人员稀少的路边，与国内车辆对接，由国内车辆将私货转移到私货窝点，或直接运往市场销售。因通关便利，粤港两地牌车一天内可以往返多次走私。在高速路上，走私分子一旦发现缉私人员追踪或情况发生变化，便利用高速公路隔离带断口掉头改道，逃避追截。这些断口大部分是公路建设过程形成的，有些则是走私分子故意改造的。

深圳各口岸海关每年都要查获上千起两地车牌走私案件，以下是皇岗海关2006年11月查获的部分案件：

9日，陈某（汕头人）驾驶丰田吉普车，从皇岗口岸小车通道入境，经技术查验，在车厢尾部下方发现一暗格，内藏各种型号的集成电路（CPU）8 175个，货值542.9万元。

10日22时40分，一辆香港小轿车经皇岗口岸入境，通过海关闸口时，司机神情有些异样。关员当即将其列为重点查验对象，将车带到查验场搜查，用工具敲击备用轮胎时，回声沉闷，拆卸后发现，备用胎内塞满化妆品，两侧车门的特制夹层里面也藏有走私化妆品。经清点，共1 700多只。

13日，皇岗海关对一辆两地牌小车实施布控。7时30分，这辆车经旅检入境时，被海关查控，用集装箱查验设备对其“透视”，发现4个轮胎中有可疑阴影，拆卸后发现，轮胎内轮毂与外胎之间的充气层内，加装了金属特制夹层，做工精密，隐蔽性强，将轮胎切割开发现MP3手机（无电池）803部，案值30余万元。

运输工具藏匿是走私分子惯用的手法，小型汽车走私中最为常见。香港有专门对轿车进行改装的汽修市场，根据走私分子要求，将气囊、油箱、大包围等部位，改装为专门用于藏匿走私货物的暗格，被改装的部位一般在3~8个之间，最多的有17个。

2007年11月29日，皇岗海关对进出境的旅检小车监控发现，一辆别克轿车近3个月的时间里，9时30分左右出境，12时左右复进境，14时30分左右再出境，17时左右复进境，每次出境在港滞留两个半小时，很有可能是装载私货。

皇岗海关对这辆车实施重点布控。次日18时26分，张某驾车从小车通道入境时被查扣，听说要对车辆进行检查时，张某十分紧张，双手紧握拳头，有点不知所措。查验关员打开车头盖时，发现发动机舱内有异常，两个车头灯后上方分别盖有一块铁板，异于同类车，固定铁板的六角螺丝有拧动刮花痕迹，车底部有铁板遮盖。关员立即对这辆车实施技术检查。对车头、中柱、车尾等部位作图像分析后，重点锁定两个车头灯后下方，图像显示，这个地方藏有体积不大、密度不高的块状物品。“确诊”后，关员又联系汽车修配店专业人士来开拆这两个部位，发现两个长22厘米、宽16厘米、高13厘米的暗格，内藏进口手机液晶显示屏743块、手机线路主板516块，案值15万元。

类似皇岗口岸这样的两地牌小汽车夹藏走私，在文锦渡口岸及新开通的深圳湾口岸也同样存在，文锦渡海关、深圳湾海关几乎每天都会查获这样的夹藏走私案件。

两地牌货车走私

2003年6月10日9时30分，香港司机高某驾驶货柜车，从沙头角海关入境，向海关申报进口ABS塑胶粒。值班关员对货物相关资料核对时发现疑点，立即对货柜车进行查验，发现这辆车实际进口货物为等离子监视器、传真机、汽车音响等，案值800多万元人民币。

类似这样的车辆，每天都在深港两地往来，类似这样的走私，每天都可能在发生。随着深港两地经济交往的日益频繁，进出境车辆也日益增加，深圳口岸每天进出境的两地牌车辆有4.23万辆次，一些走私分子便利用粤港两地牌车的通关便利，进行跨境走私。

2007年11月27日，深圳海关和香港海关联手开展“猎狼行动”，行动中，查获利用两地牌车辆跨境走私案25宗，查扣涉案车辆17辆，缴获手机及配件、电子产品、大麻、水果、轮胎、盗版光碟、汽油、食品、香烟等涉案物品，案值约1 600万元，涉税270余万元，抓获涉案人员27名，拘捕25人。

与两地车牌的小汽车相比，两地车牌货车走私，更是有过之而无不及。两地牌货车除夹藏走私外，还在车体空间上做文章，为走私创造条件。如利用光学原理，给货柜内表面涂上黑色亚光涂料，再用黑色布料将私货遮盖后放在货柜最里面，申报空车入境。由于货柜较长，即使货柜门敞开，在车外凭肉眼也难以发现，必须深入货柜内部才能识别。此类走私物品多为体积小、价值高的高科技产品。另外，轮胎走私也比较常见，部分货柜车进境时，全部是新轮胎，到达特定汽车维修点后卸下新轮胎，再全部换上旧轮胎出境，每天如此，日积月累，数量惊人。

位于皇岗路和彩田路交汇处，有一个近2万平方米的废弃停车场，四周砌了墙，东西各有两个进出口，因两边是高速公路，几乎没有行人经过。废弃停车场内有十几个铁皮棚，每个铁棚前都堆放着轮胎，货柜车进出频繁，每隔几分钟就有一辆进来，不到两分钟又驶离。为防止海关查获，走私过来的轮胎当天就运到外地。

几十辆大型货柜车每天来往深港两三次，过关后，到停车场卸下轮胎（一般3~5个），待铁皮棚的老板在司机的本子上签字后，随即开走。

轮胎多安放在备用胎和挂车位置，看上去也正常，令海关查缉人员难以察觉。这些货柜车从来不装货，所有的猫腻都在轮胎上。一天下来，一辆货柜车可带进十几个轮胎，获利上千元。

深圳特区报的一位记者乔装打扮，进入停车场附近观察，从3时至5时，发现有50辆货柜车进入，卸下200多个新轮胎。这名记者把掌握的情况反映给深圳海关缉私局，缉私局立即采取行动，派出三路人马查缉：第一路在现场附近选取最高点观察举证，记录进出货柜车牌号，通知第三路控制进出车辆；第二路潜伏到现场，行动后封锁路口，控制走私分子；第三路在离现场3公里处待命，时机成熟时捣毁窝点。18时，第二路、第三路缉私民警开始行动，几十名缉私民警迅速控制了停车场的两个出口，当场查扣产地为日本、韩国、泰国、印尼等国的轮胎500多个、汽车刹车皮320个，同时，查扣香港货柜车5辆、内地转运货车2辆，抓获涉嫌走私人员11人。据嫌疑人交代，这些轮胎在香港每条需人民币850~900元，转到内地卖时，每条可以卖到1 200~1 600元。

这是走私分子利用两地车牌走私的一种方式，其实，走私分子还采用“蚂蚁搬家”方式走私，且几乎每天都在发生。他们通常不把大批走私货物放在一个地方存放，当天走私过来，当天就拉到外地去，造成海关查获的走私案值不高，难以给走私分子定罪。

2007年4月2日，文锦渡海关在对进出境空车进行监控时，发现一辆两地牌车经常夜间通关，一个月进出境97次，其中，空车进出68次，同时，空进空出21个来回。对这辆车的空车进出电脑数据进行分析时，发现进境重量比出境重量多300~500千克，明显不符合常规，此外，这辆车经常选择不同口岸进出，时间也不固定，故意扰乱海关视线，有走私嫌疑。文锦渡海关决定对这辆车实施布控。

第二天，这辆车再次入境时被控获，关员对驾驶室检查时，发现里面凌乱地堆放着一些物品，副驾驶位和睡床上，放着两个旧纸箱。一般来说，长期从事运输的职业司机，每天大部分时间都在车上度过，驾驶室就是第二个家，如此拥挤、脏乱，显然不合常理，查验关员怀疑是司机故意这样摆放，企图掩饰和隐藏什么。查验关员决定彻查驾驶室，将所有杂物卸下车后，在休息床位的床垫下，发现有一个140厘米×65厘米×6厘米的空间，内藏用黑色油纸包裹的银砖20块，重310千克。

根据记录，这辆车空进空出重量相差300~500千克，查验关员估计，其他部位还藏有银砖，于是将车进行技术查验。通过图像分析，发现驾驶座位下有异常阴影，对这个部位重点查验时，发现副驾驶座地板被切开，脚踏部位钢板被焊切成38厘米×32厘米大小的盖板，下方设置一个38厘米×32厘米×42厘米的特制夹层，内藏银砖5块，重77千克。这样，从这辆车上查获走私进口银砖25块，387千克，案值135万元。

因为货车体积大，部位多，暗格（夹层）走私案值也普遍较大。

一般来说，什么货物走私利润多，走私分子就走私什么。国内银器、电镀、电子元器件加工需用白银，白银走私进口后销路较好。另外，我国2007年7月1日调整了出口退税政策，在7月1日前，将白银大量报关出口，然后再非法将货物偷运入境，实施假出口，骗取出口退税，一出一进，走私分子赚取双份的钱。

2007年5月底，情报反映，一潮汕白银走私团伙，利用两地车牌，从事白银走私活动，车辆进出境不定口岸、不定时间，进出时间跨度大。

对拉运私货的小货车跟踪发现，这个走私团伙反侦查能力很强，运货前会派出“看水”人员，装货后小货车利用路口多、车辆少的特点，不断变换行驶线路。侦查人员还发现，运货的小货车在107国道旁的三围村一偏僻木材加工场内消失，跟踪人员判断，这里可能是走私团伙的隐蔽仓库。在这里，一绿色大货车将运来的私货收集后，沿广深高速公路向广州方向驶去。

通过侦查，这个团伙的走私链条基本清晰：香港老板组织货源，通过粤港两地牌货车夹藏方式，将银砖从文锦渡、皇岗口岸走私入境。入境后，白银由境内某饰品公司销往全国各地，同时，这个团伙还利用手中的大量白银“坐庄”，地下炒作白银期货。

6月20日，缉私局抽调80多名民警，分成4个行动组，对深圳、广州3个走私窝点，同时展开查缉行动。行动中，查获走私白银68块及银珠、银具、银盘等一批，共计1.05吨，价值350万元，抓获涉案嫌疑人16名，查扣涉案车辆11台。

接下来，情报人员在深圳、东莞两地来回奔波，顺藤摸瓜，以车找货，以货找人，掌握了另一白银走私团伙运、拆、销一条龙的走私网络。

6月26日上午，缉私警察再次集结，开展打击行动。

在东莞长安镇颜屋村口一马路边，监视人员在一汽车修理店外，发现走私分子卸下藏在货柜车上的银砖，正准备往一国内小货车上装，侦查人员立即冲上去，控制现场，查获白银砖32块。

对涉案人员进行突击审讯，办案人员了解到因无法联络，接货人还在周围活动，侦查员立即带一送货人，诱使接货人现身，又将接货人抓捕。接货人交代了走私白银私货仓的具体位置，说仓库内还有存货。侦查人员立即押解接货人，赶赴深圳私货存放仓，缴获银砖190块、2.94吨。同时，抓获涉案团伙成员9人，查扣涉案车辆4台。

两起走私案共缴获白银4.48吨，抓获涉案人员25名，刑事拘留嫌疑人15名，捣毁了两个长期从事白银走私的团伙。经核实，这两个团伙半年内共走私白银297.017吨，案值10.395亿元，涉税1.767亿元。

粤港两地油价相差近一倍，粤港两地牌车通过改大油箱、加装油箱，多次往返两地，以“蚂蚁搬家”方式，走私汽油、柴油出境，非法销售牟利。这类车主要是奔驰小轿车、吉普车、丰田7人座小客车及大货车，车辆原装油箱一般是80~100升，经过改装后，一般能够加大至160~200升，最大的改成700多升。以汽油为例，深圳汽油每升5~6元人民币，香港市场的汽油每升12元港币，以油箱加大至160升计算，每运一次汽油到香港倒卖，可以获利200元。

由于油箱位置特殊，没有相应的测量设备，很难准确测量，只能以估算或者司机报数为准。现行法律、法规对于擅自改装加大油箱的行为，没有相应处罚条款，只能责令司机将油箱恢复原状。目前，车辆改装加大油箱的水平日益提高，改装的油箱有可移动功能，被海关查获后，可以立即将改装的油箱拆除，换上原装油箱，待到海关放行后，立即将原装油箱拆下，换上加大的改装油箱。

针对粤港两地牌车加装油箱的违法行为，深圳海关加强监管，提高人工抽查率，加强与粤港车辆主管部门的联系配合，车体改装行为一经发现，即发函至车辆主管部门，并在司机手册备注栏上批注，现场拍照留底。此外，还采取不定期查验、重点查验、集中时段查验等方式进行查缉。

用法律制裁两地牌车走私司机

有人说，暗格（夹层）类走私，都是小打小闹，翻不起大浪，其实，这类案件的危害不容小视。假设一辆货柜车每天作案一次，平均每次走私案值50万元，一个月将高达1 500多万元。

皇岗口岸日进出车上万辆次，两地牌车辆走私较为严重，特别是实行24小时通关以来，走私分子给夹层涂铅以防X光机照射，并采取多次空车进出试探是否被布控等方式走私，加大了海关查验的难度。两地牌车的“蚂蚁搬家”式走私，也使缉私部门难以给予刑事打击。

为此，深圳海关在现场打击同时，还采取法律手段，对走私司机进行制裁。

2004年3月8日，香港人叶某驾驶丰田面包车，从皇岗口岸旅检小车无申报通道入境，海关检查发现，车尾两个车灯位置、车中座位右边烟灰盅位置、车座位右边空调出口位置、车后座位左边烟灰盅位置、车顶部灯位置等多个部位设有特制夹层，内藏有各型号的KINGSTON电脑内存条4 865条，LG手机747部，LG电池720块，偷逃税款达人民币51.7万元。

海关将案件移交司法机关后，广东省高级人民法院对这起走私案进行了公开审理，认为叶某的行为构成走私普通货物、物品罪，判处其有期徒刑3年，处罚金人民币20万元，走私物品及改装的运输工具全部没收。

2004年11月，香港司机李某因利用小汽车特制夹层走私手机、电脑配件等物品，偷逃税款人民币27.54万元，被海关查获。李某辩称其是帮公司打工，只负责开车。但鉴于其利用特制的运输工具，走私国家限制进口的货物入境，其行为已构成走私普通货物罪，深圳市中级人民法院依法判处李某有期徒刑1年6个月，处罚金20万元。

也是2004年11月，香港司机曹某驾驶两地牌小车进境时，海关在这辆车的3个特制夹层内，查获手机869部及记忆卡20张，偷逃税款达人民币 19.2 万元，曹某依法被判处有期徒刑 1 年，处罚金 19.2 万元。

2006 年，皇岗海关共查获 27 宗两地牌小车走私大案，其中，25 名涉案司机依法被判处有限徒刑或拘役。

为了应对两地牌车辆的夹藏走私行为，深圳海关加大科技开发和投入力度，一批新设备开始运行，为海关打击走私增添了力量。文锦渡和皇岗口岸分别安装了被称为电子“火眼金睛”的 H915 集装箱检查设备以来，共检查车辆 60 多万辆次，查获各类案件 8 000 余宗，案值人民币 7 亿元。

深圳海关与深圳车辆管理部门加强联系，实行通报制度，加大对进出境两地牌车辆的监管力度，提升对两地牌车的管理水平，双方开展打击两地牌车辆走私专项斗争，摧毁了一批走私团伙和走私窝点。

深圳海关将有走私违规前科的两地牌小车及司机列为重点查验对象，延长扣留被查获车辆的时间，增加其走私成本；将多次走私和专门用于走私的车辆，上报广东省交警部门，建议取缔其两地牌照。

深圳海关还加强与香港海关的联系，双方定期共同开展行动，重拳打击两地牌车的跨境走私，取得明显成效。

通过打击和法律制裁，深港两地牌车辆走私案件数量有所下降。

打击两地牌车辆走私需多方努力

粤港两地牌车辆走私由来已久，近年来，随着进出口贸易的增长，有愈演愈烈之势。深圳关区有皇岗、文锦渡、沙头角、深圳湾 4 个陆路口岸与香港连接，每天进出境车辆在 4 万辆次以上。

粤港两地牌车辆走私，以车体和暗格藏匿为主。货柜车由于体积大，构造复杂，司机利用驾驶室自然缝隙，简单改造，即可藏匿走私。小车因结构限制，通过改造车体加设暗格藏匿走私，车辆被改装部位一般有 8 个，气囊空间、车牌连接处空间、间隔油箱等部位，都被改装为暗格。尤其是将夹层、暗格，设置在发动机两侧，X 光机平面扫描时不易发现。

轿车车体较小，具有位置隐蔽、开口小、内部空间大的特点，人工检查不易发现，尤其是车辆多为高级轿车，结构复杂，开拆车体容易对车的美观度造成影响，海关在实施车体拆卸检查中，要承担行政赔偿责任风险，只有在暗格走私风险明显较高情况下，才会开拆车体检查。

“空进空出”蚂蚁搬家式走私也较为突出，有的司机一天进出境10多次，每次携带少量涉税物品，难以达到惩处标准。

走私分子对海关现场查验程序和工作规律比较熟悉，事先派出“看水”车辆，查看海关查验重点和关员动向，一旦有可乘之机，立即开车入境。走私车辆与正常车辆的进出境规律相似，有的甚至利用公务车特殊身份作掩护，海关难以识别，且一旦走私被查处，走私分子会迅速到省车管部门，更换走私车辆或备案司机，案件查处期间仍可走私。

目前，对进出境两地牌车辆的管理，实行的是“主管部门审批，海关确认备案”，两地牌车辆管理分为多个环节，由不同部门执行，业务上可以做到前后连接，但信息不通，审批部门年审时“无事可审”、备案海关不了解车辆动态，这既是车辆管理“脱节”的外在表现，也是两地牌车辆走私屡打不绝的主要根源。由于政策、法律和规定不明确，海关对备案车辆的管理措施有限。

有的以公务车获得两地牌车辆审批备案后，实际上是私人使用；有的企业指标申请到手后，直接转卖出去；还有一些企业已经倒闭，车辆也已转手，却仍然拿原来批文去申请延期。

据文锦渡海关统计，2004年通关车辆81万辆次，空车28万辆次，空车率35%。皇岗口岸空车进出率更高。入境空车司机以牟利为目的，长期携带物品入境，趋向“量少次多”，向“水客”方式发展。携带汽车配件、旧自行车的基本以蔬菜车辆和冷藏车辆为主，由于此类车辆多用于运载鲜活产品，大多在早上出境，白天进境，以空车方式申报入境，走私司机将走私物品隐藏在车厢内的空箩筐、鸡笼等包装物品中，货物入境后，交给收货人，然后收取相应的运费。据了解，带一辆旧自行车收取15~30元的运费，一次携带20辆旧自行车可获取约500元的运费。这类案件因成本低、损失小，属轻微违法行为，海关只能作扣仓处理，起不到震慑作用。此外。海关对违法行为的处罚，主要是针对司机，运输企业却可置身事外，不能对其起到相应的制约作用。

按目前操作模式，取消两地牌车辆指标周期长达 3 年，这期间，车属企业和个人可到审批部门申请报停，然后办理车辆恢复、换车、换司机等业务，逃避处罚。

第十二章 文物走私

文物是一个民族的历史记忆。文物走私是世界性的犯罪活动。

我国是一个具有悠久历史和灿烂文化的文明古国，在长期的发展过程中，积淀了令世人景仰、国人骄傲的历史文化遗产。然而，这些历史文化遗产的命运却是多灾多难，战争、外来侵略、政治运动、人为偷盗、自然灾害等，使原本脆弱的文化遗产遭受了一次又一次劫难。近年来，我国的文物又面临了新一轮的浩劫，盗掘、走私黑潮，屡打不绝，愈演愈烈。有专家估算，在过去 20 年中，我国至少有 50～60 万座古墓被盗，近 600 万件文物被毁。在海关对出境货物和物品 5%的抽查率中，就有数百万件走私文物被查禁。

新中国最大古生物化石走私案

“一只恐龙蛋在美国拍卖行卖出了 100 万美金的高价”，这一消息自从 1997 年报道后，中国各地盗挖恐龙蛋和走私恐龙蛋的行为，便开始曼延、猖獗起来，各口岸海关查获恐龙蛋化石走私的报道也常见诸报端。

2003 年 1 月 18 日，蛇口海关下达指令，对申报为工艺品、目的地为台湾省的集装箱进行抽查。接到指令的关员打开箱门，发现里面装的并不是工艺品，而是两块巨大的“山”形“三江红石”。关员觉得有问题，便叫来起重机，将 10 吨重的巨石挪开，进入集装箱内，在箱尾部发现恐龙蛋等古化石。查验关员用了一天时间，才将集装箱清空，共查出化石 2 165 件。蛇口海关再下指令，扣留这批货物。

货物被查扣，报关员陈某立即带着货代公司的刘某赶到海关查验现场，陈某说，她不知道箱内装的是什么东西，报关单是她按刘某提供的装箱单填报的。刘某神情紧张，也说不清楚，只说是按台湾老板提供的装箱单填报的，其他情况一概不知。

刘某还说，这批货物是一个姓卢的台湾人，从广西运来的，有一个姓杨的押运员将货物送到深圳后交给她的。侦查人员让她与姓杨的联系立即到深圳来一趟。杨某推说有事，不愿再来。

同时，广东省文物管理委员会 4 名专家来到深圳，开始对文物进行鉴定。经鉴定，专家认为这批古生物化石分别为一级、二级、三级文物，科研价值很高，建议请国家文物部门进行权威鉴定。

在深圳市文物管理委员会的帮助和联系下，中国社会科学院的专家及时赶来，对涉案文物进行再次鉴定。鉴后认为，这批古生物化石远至1.9亿年前的侏罗纪，中至6 700万年前的新生代，近至23 000年前的三叠纪，有鱼龙化石、恐龙蛋化石、宜州龙化石，全部属禁止出口文物，其中，国家一级文物化石5件，二级文物化石46件，三级文物化石71件。

这批走私化石数量多，级别高，时间跨度的连续性强，从无脊椎动物化石，到有脊椎动物化石，品种齐全，国内罕见，足可以开一个大规模的古生物化石展览馆。

案情重大，深圳海关缉私局立即成立“1•20”专案组，本着“破大案、打团伙、摧网络、抓主犯”的思路，集中优势力量，侦查取证，追捕主犯。

在刘某的一再坚持下，两天后，押运员杨某从广西来到深圳，刘某开车到机场迎接。按侦查员要求，刘某把车开到了蛇口海关，杨某感觉情况不对，急叫停车，他刚跳下车，就被侦查员扑倒在地。在杨某的身上，侦查员找到了一份装货单，上面写着8名货主的姓名、装箱箱号和联系电话，8名货主全都是台湾人。

审讯杨某时，他说具体情况也不清楚。

侦查人员赶赴桂林实地侦查，走遍桂林大街小巷，查对了几百条相关信息，一个台湾货主也没有找到。随后，在桂林瓦窑工艺品批发市场调查时，发现一些台湾商人长期在这里采购奇石等工艺品，有一家店铺甚至挂着“台湾总代理”的招牌。一名知情人员介绍说，常来这里买工艺品和化石的台湾人中，有个叫“阿忠”，也称“阿陈”的台湾商人，1月份来买过化石。“阿忠”有一个“马仔”姓褚，他妹妹“阿艳”是“阿忠”的情妇。

侦查员再次对杨某身上的物品进行检查，发现一张传真纸，上面写着“陈”、“彭”之类的字，侦查人员分析，这可能是杨某记录真实货主的名单，即装箱单上写着货主彭某的名字，实际上就是陈某。再次提审杨某，杨某终于交代说，货箱标号为“FF”和“AB”字样的包装箱，货主就是陈某，具体的名字不知道。他先前提供的那张有电话和姓名的提货单，是案发后按照台湾人卢某的授意制作的，是一份虚假货单，企图引开侦查员视线。

侦查人员在深圳、珠海、广州、福建等出入境部门和机场旅客名单中查找读音类似陈某的名字，多达数百人，在几百人中找到一个人，实在不是容易的事情。

这时，南宁海关缉私局得到一条线索，他们先前侦办的一宗梧州文物走私案中，也有一个台湾人，叫陈某。

侦查人员立即赶赴梧州，查阅相关材料，发现陈某忠的作案手法与“1•20”文物走私案相同，但没有照片资料。

办案组没有“就案办案”，而是注重从一个案件深挖其他线索，力争办出案中案，从个案扩展成行业案，达到最佳打击制裁效果。侦查人员再赴桂林，发现陈某的电话常打给褚某，遂对褚某和阿艳分别租住的出租屋进行监控。半年后，也就是6月23日下午，陈某来到桂林。27日一大早，侦查人员分成两个缉捕组，同时展开行动，将陈某、褚某抓获。就地审讯时，褚某交代，他和一个叫杨某的人，负责对走私化石进行包装。侦查人员命令他给杨某打电话，叫其到仓库包装“货物”，杨某兴冲冲地赶到仓库时，立即被捕获。这样，除组织货源的台湾人卢某外，所有涉案人员被全部抓获。

深圳海关查获的文物主要有4条渠道。一是旅客出境渠道。走私分子用纸箱包装好文物，将其放在汽车后备箱中，然后开车前往香港。一些专门携带文物出关的“文物带工”，也应运而生。有时，文物贩子将文物交给经常往来内地和港澳地区的菜农，让其将文物放在背篓中过关，每次付100~200元报酬，文物贩子尾随其后。此外，不法分子还采取随身携带、或在托运行李中夹藏方式走私文物出境。二是不法分子采用混藏、伪报或不申报等方式，企图蒙混过关，其中，以外贸公司出口家具名义，用集装箱夹藏文物出境较突出。三是邮递物品渠道。不法分子在邮寄包裹时，伪报物品名称，将禁止或限制出境的文物偷寄出境。四是快递渠道，随着快递业务的迅猛发展，通过这一渠道走私文物的数量也在逐年增多。

2004年9月26日上午，深圳海关将蛇口海关查获的这批恐龙蛋

化石，连同其他单位查获的13 910件走私文物，移交给广东省文化厅，双方举行了没收走私文物的移交仪式。移交文物包括：陶瓷类2 655件，玉石类57件，铜铁类206件，竹、木、牙雕类6件；书画类42件，图书219册；化石类560件（9 433千克）；旧公债券、银票、邮票共134张；旧钱币（纸币）1 291张，古金属类钱币7 457枚；其他类1 283件。其中，远古化石、新石器时代的尖底瓶、商代的青铜器、战国时期的铜剑、汉代的陶马、宋代的瓷器和清代镏金佛像等珍贵文物，具有巨大的文化和考古价值。

继深圳海关移交文物后，下属罗湖海关和皇岗海关也向广东省文化厅移交了大批查获文物。

2005年5月28日，罗湖海关将现场查获的西汉锥画纹七子漆奁，移交给广东省博物馆。这件文物为3层套盒、10小件，为西汉诸侯妻子化妆使用的漆器，整件文物制作工艺精湛，其上的禽兽纹等流畅、生动、精美绝伦，制造过程需40~70道工序，其风格与长沙马王堆汉墓所出土的漆器相似，属国家一级保护文物。

2005年12月1日，皇岗海关向广东省文化厅移交查扣的文物3 628件，包括远古化石，商周时期甲骨文，战国时期青铜器、玉器、藏佛像，宋、清朝代的瓷器等。

这些移交的文物，每一件都凝聚了海关关员的心血和智慧。

识破文物走私伎俩

深圳口岸是内地主要的出境口岸之一，走私分子利用便利的通关条件，采取旅检渠道携带、货运渠道夹藏和伪报品名等手段走私文物出境。

查缉文物走私一直是深圳海关的重要工作，近年来，深圳海关与文物管理部门加强合作，共同打击文物走私。2001年10月，深圳海关与广东省文化厅签署《共同打击文物走私合作备忘录》，明确双方在文物鉴定、案件反馈、情报传递、保密、没收文物移交等工作上的具体职责，合力打击文物走私犯罪活动，防止文物外流。

文物走私手法变化多端，走私分子采用X光机无法穿透的包装物来包装文物；或将体积较小的文物，装入大件物品或金属器皿中，逃避海关检查；或出境前，将可出境文物送鉴定部门鉴定以获得文物出境许可证，出境时，用禁止出境的珍稀文物向海关申报出境；或将文物贴上工艺品商店的标签，装入工艺品包装盒，蒙混过关。尽管走私分子费尽心机，但还是没能逃脱被海关查获的结局。

2006年1月10日，深圳机场海关查获混藏在一批出口快件货物中的古代化石一批，包括侏罗纪年代的孔子鸟化石1件、鲟鱼化石2件，均属珍稀类化石。另外，还有第三纪年代的唇骨鱼化石50件、奥陶纪年代三叶虫化石15件。

同一天，文锦渡海关关员在一次开箱检查中，发现文物31件，经广东省文物鉴定中心专家鉴定，这批物品中的清初青花花鸟文碟，属禁止出境文物，27件明末清初瓷碟、盘、碗、勺等，属限制出境文物。

在查获以上两起案件前不久，皇岗海关曾查获香港司机谢某走私文物大案。谢某驾驶货柜车出境时，向海关申报为出口果盘。关员觉得可疑，登车检查，结果发现混藏在果盘中的走私文物35箱，共1 629件，其中，属国家珍贵文物的405件。从时间上看，这批文物涉及中国历史上的各个时期，有中生代的恐龙蛋化石，新石器时代的彩陶、骨制工具，还有战国、商代、南北朝、辽、宋、明、清时期的各类文物，其中，战国时期刻有狩猎、农耕、攻战、乐舞等图形的铜钟，极为罕见。

通过集装箱夹藏方式走私文物，一次装量大，隐蔽性强，对文物保护是一种灾难性破坏。正因为如此，海关对这类走私尤为重视。

2003年9月3日，蛇口海关接到举报，说有人利用集装箱偷运文物出境。这一信息引起深圳海关高度重视，立即采取措施，争取万无一失。通过综合分析，发现深圳某货运公司申报的一批货物可疑：该公司向海关申报出口的集装箱装载的货物为塑胶眼镜盒、杂石工艺品等5项，因多种货品混装在一起，这样的集装箱也被称为“杂物箱”。关员开箱查验时，发现货物装了4个“杂物箱”，编号分别为AB44、AB45、AB46、AB47，打开编号为AB46的箱子，里面的货物包裹了3

层，并非申报的塑胶眼镜盒，而是一块白釉腰形枕，上面刻着“为争三寸气白了少年头”一行字。挨个打开其他箱子，各式古陶瓷器和佛像一一呈现出来。海关当即扣留了这批疑似文物，并邀请广东省文物鉴定专家对这批货物进行鉴定。3 名专家组成的鉴定组从广州赶赴深圳，到现场查看后，大为震惊，判定这批文物中，国家禁止出口文物有 97 件，其中，二级文物 2 件，三级文物 8 件；属国家限制出口文物 202 件。白釉腰形枕属金元时期的国家馆藏二级文物。专家表示，走私数量如此大，足够开博物馆，甚至比一些地方博物馆馆藏文物还要多。

蛇口海关缉私分局根据现场查验情况和专家鉴定结果，判定这是一起典型的文物走私案，立即立案侦查。缉私人员前往申报出口的深圳某货运公司调查时，这家公司负责人付某说，他们只负责报关，对集装箱中装有文物并不知情。经艰苦侦查，终于查清这批货物是广州的高某通过层层转包，最后委托该公司代理出口，高某是本案的重要犯罪嫌疑人，缉私警察立即制定抓捕计划。两天后，高某在广深高速路上被缉私警察抓获。

审讯时，高某一再辩解说自己不是货主，却不交代真正的货主是谁。在缉私警察的政策攻心下，高某最终交代，货主是两个姓蔡的人，其中一个在台湾，另一个在澳门。他交代说，有一天，家住澳门的蔡某，将其在广州地摊上采购的文物拉到公司，委托他将货物代理出口到台湾。对货物检查后，高某便将箱子编号为 AB44。同日，家在台湾的蔡某也将其在广州康王中路地摊上采购的文物，拉到他的公司里，委托他将货物代理出口台湾。高某又安排工人将货物打包、装箱，共装了 4 个箱子，编号为 AB44、AB45、AB46、AB47，以每千克 25 元台币的价格，收取了两人的代理费。几经辗转，到了付某所在的货运公司报关出口。

高某被抓获时，两蔡已分别回台湾和澳门家中，正等候货物运抵。考虑到高某被抓没有音讯，两蔡一定会与高某的公司联系，缉私民警在抓获高某次日，便赶赴广州蹲候。果然，两蔡先后打来电话，询问货物情况。在缉私警察的安排下，高某的公司职员告诉他们，货物因一些小问题尚未到达，公司正在处理，两蔡也未起疑。过了一个月，见货物仍未到达，二人分别于10月18日和10月28日，先后赶往广州，想当面询问高某，入境后即被抓获。

原来，两蔡在广州低价收购文物后，由从事货物运输的高某，通过层层包税代理报关的形式帮助其出口，企图把金、元、明、清时期的国家馆藏二三级文物，走私出境。

一宗案历时5年

文物走私内地是上游，香港是下游。据了解，文物走私大多出现在深圳、上海、广州等地，其中，深圳作为中国最大的口岸城市，又毗邻香港、澳门，更是文物走私分子的交通要道，文物走私与反走私的较量，在这里显得尤为激烈。

1999年9月7日，皇岗海关关员对深圳某公司以快件形式报关出口的货车查验时，发现车上装的货物不是申报的“陶瓷饰品”，而是禁止出境的文物，当场对货物进行扣留。经专家鉴定，这批货物为汉代和明代文物256件，清代建筑构件2件，现代仿品7件。接着又从这家公司仓库中查获47件文物，其中，禁止出境的国家三级文物6件。

案情重大，9月9日，案子移交缉私局，缉私局侦查处立即组成专案组侦办。审问这家公司报关员时，报关员称，货物是东莞市某五金塑胶制品厂的进出口专员洪某联系运送的，里面是什么东西他们也不知道。待专案组成员赶赴东莞调查时，洪某已不知去向。

前往洪某老家湖北黄石和他打过工的地方调查，也都没有收获。几个月后，专案组得到一条线索：洪某在河南南阳开了家职业介绍所，几天后，将带两个人到东莞厚街找工作。专案组决定守株待兔。果然，以为风平浪静的洪某，如期坐车南下，一下火车就被缉私警察抓捕。审讯时，洪某交代，1999年7月，香港籍老板王某找到他，让他以五金厂的名义，用快递方式出口一批“陶瓷”到香港。按照王某安排，洪某联系了深圳一家公司人员到东莞，把装有走私文物的4个木箱运到深圳后，立即将其中两箱文物装上货车，以快件形式向皇岗海关报关出口。

专案组对王某展开调查，发现王某的大舅子胡某案发时曾在五金塑胶厂打工并参与了搬运文物。办案人员又顺藤摸瓜，查出其妹夫的真实姓名——王某，原籍东莞厚街，20 世纪 70 年代后期，曾偷渡香港，因无一技之长，在香港待不下去，回到东莞后刻苦钻研文物知识，初步掌握有关文物常识后，又到香港寻找客户，走私文物出境，牟取暴利。虽然王某的身份了解清楚了，但事发后他已“人间蒸发”，案件又陷入僵局。专案组决定，用对付洪某的老办法，外松内紧，守株待兔。2002 年 11 月，王某见海关没什么动静，以为万事大吉，准备到香港寻生意，在出境时落网。

由于案发时间长，涉案公司早已倒闭，部分证据材料已灭失，王某侥幸心理严重，拒不交代犯罪事实。办案人员暂且把他放下，把战线转向外围。从王某随身带的一个小电话本中，查到一个中港通传呼机号码，从号码入手，又查出了走私文物的货主——香港古董商李某。

2003 年 3 月 8 日，李某在广州入境时被抓获，审讯时，她供称这批货物是帮助台湾人黄某从内地运往香港的，为此，她与王某商定，由王某将这批文物运到香港，货到香港后付款。

掌握充足的线索和证据后，再审王某，一触即溃，对其犯罪事实进行了交代。他说接到李某的业务后，在洪某所在的五金塑胶制品厂附近，租下一间出租屋，作为走私文物的中转仓库，又让洪某以五金厂的名义，企图用快递的方式出口文物到香港。

2003 年 4 月 8 日，犯罪嫌疑人王某、李某、洪某被深圳市人民检察院批准逮捕。2004 年，经广东省高级人民法院二审判决，王某触犯刑法第 151 条的有关规定，犯走私文物罪，被判处有期徒刑 7 年，并处罚金人民币 10 万元。洪某、李某也相应被处以有期徒刑，并处罚金。

这个案子尽管经历的时间长，但走私分子最终受到了惩处。

对查获的文物案件进行综合分析发现，境内人员文物走私占 70%，中国留学生和驻外工作人员居多，甚至专业考古专家也参与走私。境外参与走私的人员，主要是韩国和港澳台地区的，各占境外走私人员的40%。

10多年来，深圳海关共查获文物走私案件600多宗，把3万多件文物拦截在国门内。同时，29人被追究刑事责任。

海关在打击文物走私方面，还面临着一些亟待解决的问题。一是海关查获走私文物时，难以当场确定案件性质和案值大小，不敢贸然对涉案人采取强制措施，等鉴定部门对涉案文物作出结论后，再去找人时，犯罪嫌疑人早已踪影全无，一些案件因此无法深入查处。二是海关查办文物走私案件，涉及举报人奖励金、办案以及仓储费等开支，要投入人力、物力，而我国文物保护法及其实施细则仅规定，对移交文物价值较大、保护文物作出贡献的执法部门或单位，提请予以奖励，对奖励多少也没有明确规定。

尽管有种种问题和困难，作为反走私主力军的海关，从未懈怠，多年来，一直在采取积极措施，不断加大对文物走私犯罪的打击力度。为提高关员查辨文物的水平，海关总署与国家文物局从1986年开始，联合组织培训班，对海关人员进行陶瓷、书画、玉器、青铜器等文物鉴定知识的培训。为提高鉴别文物能力，加强对走私出境文物的查缉，深圳海关还邀请广东省博物馆文物专家，举办文物鉴别知识讲座，提高关员鉴别文物的能力。

打击文物走私之路依然漫长

1994年，英国警方破获一起盗窃走私文物案，查扣了7个集装箱、6000余件中国文物。代表中国政府索要走私文物的专家们，亲眼目睹了一个英国古董商人家里挂的一张中国地图上，全国重要考古发现地点均被标注出来，形同“作战地图”。

5年后，英国警方再次查扣9个集装箱、14 000多件中国文物后，闻讯前往的中国考古所文物专家赶到现场时，又一次瞠目结舌起来，堆满了3间房子的文物，足够开一个相当规模的博物馆，从文物的年代和空间范围来看，足可以举办一个上至3 500多年前的商朝，下到前清时期的中国历史陈列展。

文物走私已经形成国际化一条龙的“经营”模式，从盗掘到走私，到出现在国外交易市场，几天内就可完成。走私文物主要来源于古遗址墓葬盗挖、博物馆中盗窃和古玩市场购买，其中，盗掘和文物黑市是最直接的源头。许多文物出现在国外拍卖名录上时，才被国人知道。以三峡文物为例，90%是通过盗掘和文物黑市流失的。

中国书画因难以识别真伪，被西方主要艺术品市场停拍后，雕塑精美、年代准确的石雕和泥塑类作品被看好，特别是直接出自古遗址、古墓葬、古寺庙的石雕和泥塑像，更是炙手可热，行情一路飙升，造成国内墓葬、窖藏、石窟、寺庙石雕像和泥塑像被盗劫案件急剧增加。据不完全统计，近年来，全国各地盗挖古墓案 10 万余起，毁古墓 20 余万座。

从文物走私的流向看，香港是内地走私文物的主要接收地和中转地，除港澳地区外，走私文物主要流向韩、日、美、英、法等国和中国台湾地区。

反对文物走私最重要的法律文件是《关于禁止和防止非法进出口文化财产和非法转让其所有权的方法的公约》（即“1970 年公约”），这是专门针对文物走私的第一个世界性多边协定，规定当一个国家的文化遗产遭到劫掠时，它可以呼吁有关国家的帮助。公约现有 91 个成员国，中国也是成员国之一。

全世界每年被盗文物总价值达 45 亿美元，88%的被盗文物无法追回。被盗文物在国际拍卖市场上出现的时候，由于已丧失确切出土地点和时间等背景资料，加上经过多方转手，珍贵文物成了无主物，根本无法追索。

在许多国家，非法出土文物交易都被政府禁止，对流入境内的他国文物交易却另当别论，这等于给盗窃文物创造了一个“漂白”的全球性市场。

每年有 10 万件以上的非法出土文物，从全国各地汇集到河南洛阳、陕西西安等内陆文物集散地，再从这些地方，通过铁路运往广州、深圳、福建等地，最后，经海路或航空货运抵达香港、台湾。文物走私已经向集团化、现代化发展，走私方式日益多样化，从个人随身携带少量文物，发展到通过集装箱夹藏，以及通过邮递快件渠道，大批量、多品种走私出境。10年来，仅深圳海关、广州海关就查获走私文物5万多件，2002年全国海关查获文物走私案件260多起，收缴国家限制出口文物8 000多件。这仅是海关在对出境货物5%的抽查中发现的。

1998年3月，在美国纽约举办的国际亚洲文化节上，一棵精美绝伦的汉代青铜摇钱树以250万美元的价格卖出，这是有史以来单件售价最高的中国文物。这棵三峡库区出土的摇钱树高140厘米，灯枝50余个，树枝上挂着一个个小人像（或铜钱）。从这宗交易可以看出，文物每次流通循环的完成，意味着一次大幅度升值，经营文物是只输时间不输钱的生意。

全世界47个国家的2 000多个博物馆中，中国文物约167万件，有的是战争时期掠夺过去的，有的是外国探险家以科学考察的名义窃取的，有的是盗墓贼或文物贩子走私出去的。

根据《中华人民共和国文物保护法》和《中华人民共和国文物保护法实施条例》的相关规定，文物出境需要经文物进出境审核机构审核并颁发文物出境许可证，任何单位或者个人运送、邮寄、携带文物出境，应当向海关申报，海关凭文物出境许可证放行。刑法第151条规定的“走私文物罪”，是指违反海关法规，非法运输、携带、邮寄国家禁止出口的文物出入国（边）境，逃避海关监管的行为。我国刑法规定，对倒卖文物罪最高量刑标准是有期徒刑10年，文物走私分子对此心中有数，在犯罪过程中就做了精心准备，作案后将大笔财富秘密转移，使文物走私常常出现“打而不死”的状态。

文物是凝固了的历史，是一个民族生存和发展的见证。文物无法再生，持续不断的文物流失，损害了中华民族的文化遗产。保护文物，就是延续中华民族的血脉，就是维系中华民族的根。

10年来，全国海关查缴走私文物，每年平均在1万件以上，为把好国门、保护文物发挥了重要作用。近两年，海关配备了先进的监测仪器，增加了专业检测人员，但仍可用“挂一漏万”来形容中国海关截获的走私文物。打击文物走私是个世界性的难题，防止文物流失，海关责无旁贷，打击文物走私刻不容缓。

第十三章 知识产权保护

1994年以来，中国海关根据国务院的统一部署，在进出口环节积极开展知识产权保护工作，已经建立起完善的海关知识产权保护法律体系，在主要口岸建有专门负责知识产权执法工作的部门，并配有专门的执法人员。截至2005年，全国海关共查获各类进出口侵犯知识产权案件5000多起，案值超过7亿元。在加入世界贸易组织后的几年时间里，中国海关每年查获的侵权案件数量，平均以30%左右的幅度增长。为此总部设在巴黎的全球反假冒组织，2006年6月14日，向中国海关授予“全球反假冒2005年度政府机构嘉勉奖”。这是国际社会对中国海关知识产权保护工作的赞许和认可。

深圳是我国主要进出口口岸，深圳海关历来重视知识产权保护工作的开展，不断加大知识产权边境保护的力度，加强与协会和企业的联系沟通，大力宣传海关知识产权保护措施，为企业自主创新创造良好的外部环境和发展环境。

“李鬼”屡屡现形

以下是2005年深圳海关查获的部分知识产权案件：

1月15日，广州某公司向深圳海关申报出口摩托车129台，经现场查验，发现出口货物摩托车的发动机部位标有“YAMAHA”字样，涉嫌侵犯权利人雅马哈发动机株式会社在海关总署备案的商标专用权。

1月18日，深圳市某公司向深圳海关申报出口电池一批，经现场查验，发现实际出口货物为标有“ENERGIZER”商标的摄像机电池3 500块，涉嫌侵犯权利人劲量公司在海关总署备案的商标专用权。

2月13日，某公司申报出口的4 500件登山服擅自标上了“THE NORTH FACE”商标，侵犯了美国北面公司在海关总署备案的商标专用权；执法关员在查验中还发现这批衣物的袖口等部位擅自标有

“GORE-TEX”商标，侵犯了美国戈尔公司在海关备案的商标专用权。

2月23日,深圳海关在盐田港查获某公司生产并申报出口的标有“DISNEY”商标的电动弹子机玩具5 364个，涉嫌侵犯迪斯尼公司在海关总署备案的“DISNEY”商标专用权。

3月7日，深圳海关查获黑龙江省某对外贸易公司申报出口的标有“Panasonic”字样的电视机显像管1 008只，涉嫌侵犯松下电器产业株式会社在海关总署备案的“Panasonic”商标专用权。

3月12日，深圳海关在盐田港查获深圳市某有限公司申报出口的标有“飞人乔丹JORDAN”（图形）的短裤4 932件、长裤5 208件，标有“ENYCE”的长裤1 440件、短裤456件，案值人民币55 000元，上述货物涉嫌侵犯耐克国际有限公司、恩尼斯有限责任公司，在海关总署备案的“飞人乔丹JORDAN”（图形）、“ENYCE”商标专用权。

3月25日，深圳海关在盐田港查获深圳市某进出口公司申报出口的标有“VERSACE”商标的太阳镜350副，标有“GUCCI”商标的太阳镜450副，标有“ADIDAS”商标的棉袜14 040双，标有“NIKE”商标的棉袜81 240双，标有“TOMMY HILFIGER”商标的棉袜3 600双。涉嫌侵犯科贾恩尼·弗赛斯股份有限公司、古琦欧·古琦股份公司、阿迪达斯-萨洛蒙有限公司、耐克国际有限公司、汤米·希尔费格公司在海关总署备案的“VERSACE”、“GUCCI”、“ADIDAS”、“NIKE”、“TOMMY HILFIGER”商标专用权。

4月3日，深圳某公司向深圳海关驻邮局办事处申报出口U盘一批，经现场查验，发现实际出口货物为标有“Panasonic”商标的U盘1 410个，涉嫌侵犯权利人松下电器产业株式会社在海关总署备案的商标专用权。

4月6日，福建某公司向深圳海关申报出口电话机一批，经现场查验，发现实际出口货物为标有“National star”字样的电话机29 760台，由于上述货物涉嫌突出使用“National”商标，涉嫌侵犯权利人松下电器产业株式会社在海关总署备案的商标专用权。

4月14日，黑龙江省某公司向深圳海关申报出口手袋一批，经现场查验，发现实际出口货物为标有“TOMMY HILFIGER”商标的化妆袋48 930个，涉嫌侵犯权利人汤米·希尔费格公司在海关总署备案的商标专用权。

5月4日，深圳海关在盐田港查获某贸易公司申报出口的标有“NIKE”和“LACOSTE”商标的人造革运动鞋10 200双，涉嫌侵犯耐克国际有限公司和拉科斯特股份有限公司在海关总署备案的“NIKE”和“LACOSTE”商标专用权。

6月20日，深圳海关在盐田口岸查获某贸易公司申报出口的日光管起辉器18 000个和标有“SONY”商标的遥控器5 100个，涉嫌侵犯皇家飞利浦电子股份有限公司在总署备案的“PHILIPS”的商标专用权和索尼株式会社在总署备案的“SONY”商标专用权。

6月25日，深圳海关在蛇口港查获钱包及钥匙包134件，涉嫌侵犯路易威登马利蒂（法国）在总署备案的“LV及图形”的商标专用权。

8月13日，深圳海关在蛇口港查获某电脑耗材（深圳）公司出口的标有“COMPATIBLE FOR EPSON”的墨盒55 100个以及标有“COMPATIBLE FOR CANON”的墨盒32 000个，申报总价格为人民币177 000元。上述货物分别涉嫌侵犯精工爱普生株式会社、佳能株式会社在海关总署备案的“EPSON”、“CANON”商标专用权。

以上知识产权案例，并无特殊之处。深圳海关每年都要查获上百宗这样的案件。侵犯知识产权的事情每天都在发生，且手法越来越多样，越来越隐蔽，海关的查获难度也越来越大。

如在商品上使用侵权软件，但其外包装或外表不具有明显侵权标志，有较强的迷惑性与欺骗性，仅对商品外形查验，难以发现侵权行为，商品出境后，只需在商品外表粘贴与侵权软件一致的商标，即可假冒品牌商品销售。

2006年7月6日，某商行向笋岗海关申报无牌MP3（256MB）1 800个入“出口监管仓”，笋岗海关查验时，发现这批货物中除400个MP4未申报、MP3的型号和数量与申报不相符外，各种型号MP3、MP4通电测试后，显示屏均有“SONY”标志显现，外包装及商品外表无任何品牌标志。联系权利人确认，这个专有标志已在海关总署备案，这批商品构成侵犯知识产权。

这是商标侵权出现的新方式，被侵犯的商标要通过电子媒介才能显现。

为了加强知识产权保护，深圳海关将风险分析引入知识产权保护工作中，提高侵权货物的查获率，目前，70%以上的进出口侵权案件，是通过风险分析发现的。1996~2008年，深圳海关查办的侵权案件，接近同期全国海关案件总数的1/5。

深圳海关查获的所有侵犯知识产权案件中，侵犯商标权尤其是著名商标权的案件占78.9%，其中，又以侵犯国外著名商标权的案件居多。这些案件的侵权主体，多是一些生产规模和经营范围较小的贸易公司、或私营企业。案件涉及专利、商标、著作权三大权利。侵犯知识产权走私渠道是全方位的，包括海运、铁路、公路、航空快件、行邮物品等多种渠道。侵权货物种类包括机电、服装、家电、食品等。网卡、路由器等高科技网络设备等，因为体积小、价值大，正成为侵权热点商品。

大型运输工具夹带少量涉嫌侵权货物进出口现象比较普遍，一些经营单位利用集装箱或货柜车等，夹带少量侵权货物进出口，被海关查获时，多解释为误装或发错货。由于数量较少、种类繁杂、涉嫌侵犯商标多样、存放隐蔽，现场查获这类侵权货物有一定难度。

相对于货运渠道，邮递快件渠道手续简便、查验率低，是体积小、价值大的高科技类侵权产品进出口的首选渠道。其涉案货物假冒的全部是国际知名品牌，主要有运动鞋、游戏光碟、记忆卡、手机零配件、打印机耗材、网卡、手表、香烟等体积小、附加值高的产品，多数案件在出口环节被查获。寄件人为逃避法律责任，在邮件详情单上署假名、假地址，采用模糊申报方式。有以个人名义邮寄的，也有以单位名义邮寄的，甚至部分邮件既未填写寄件人，也未填写公司名称。邮包上"邮寄物品"一栏普遍填写的是样品、配件、文具等。另外，以伪报、夹藏手法出口假冒产品的情况也时有发生，如将假烟藏匿在毛绒玩具中出口。

侵犯知识产权行为并非都是主观故意，目前，我国有大量企业在从事定牌加工贸易业务，不少是定牌加工企业，在接受定牌加工合同时，没有审查委托人是否拥有所委托使用的知识产权，造成无意识侵权，给自己造成经济损失。目前，大型家电或服装生产企业涉嫌侵权的案件不断增加。不少定牌加工企业在承接业务时，不签合同，仅凭一份简单的订单或者订单传真件，便开始加工生产，因此，上当受骗，卷入侵权纠纷的事件也多有发生。

打鬼行动

随着海关保护知识产权力度的不断加大，不法分子逃避监管的手段日益隐蔽，混装、夹藏、瞒报、伪报、分离标志，使用近似商标或类似商品等，花样繁多；伪造授权书，使用假姓名、假地址邮寄出口等，层出不穷；甚至将商标和货物分离运输出境，利用不侵权的标志掩盖侵权商标，提供真实授权资料却出口侵权货物等。近年来，由于网上贸易的迅速发展，涉嫌侵权物品通过邮寄渠道进出呈快速增长趋势。邮递渠道侵权案件数量多，见物不见人，侵权商品体积小，质优价高，危害严重，却难以查处。

为了应对日益复杂的知识产权走私局面，打击侵权行为，保护权利人的合法权益，深圳海关知识产权主管部门加强与地方政府、司法机关、行业协会、权利人组织之间的联系合作，形成综合治理的知识产权海关保护新格局。与深圳市公安局签订《深圳市公安局、深圳海关〈关于知识产权执法协作的暂行办法〉》，这是国内第一份直属海关与地方公安机关间的知识产权执法协作文件。此外，就知识产权民事案件涉及的司法审判中的执法衔接配合，与深圳市中级人民法院达成共识。还积极参与《深圳经济特区加强知识产权保护的若干规定》、《深圳市打假信息报送办法》等多项地方性法规和规范性文件的研究起草工作。其中，《深圳市知识产权战略纲要》专门单列了"加强知识产权海关保护"的条款，在全国各地出台的《知识产权战略纲要》中属首创。

盗版侵权使一些人不劳而获，使依靠勤奋劳动和创造去获得价值的观念受到冲击，使创新失去动力。保护知识产权，就是保护创新精神。随着国家对出口管制的逐步放松，知识产权侵权已成为海关出口监管的重点，但海关打击力度增大，不法分子就变化侵权手法，给打击侵权工作带来新的课题。

2003 年 1 月 28 日，深圳某公司向大鹏海关申报出口 PV 手袋 6 074 个。这批手袋外表普通，无任何商标，偏重。查验时，拆开内里，发现内层均藏有一个形状相同、体积略小、标有"LV"商标的手袋。原来，外层普通手袋是为了掩护内层侵权手袋出口所特制的。

在开展知识产权保护工作方面，深圳海关较早引入风险分析，根据进出口货物不同季节、不同时期的侵权状况，确定打击重点，提高保护水平。

2006 年，德国足球世界杯赛前夕，深圳海关发现进出口使用"FIFA WORLD CUP"商标的货物明显增多，便立即要求各口岸海关查验部门，熟悉世界杯吉祥物、会徽、FIFA 图形等各种标志和物品，加大对足球、玩具、运动服、箱包、文具等易侵权产品的监控，加大对相关知识产权的保护力度。7 月 18 日，深圳市某进出口公司以一般贸易方式，向海关申报出口女装服装一批，经查验，实际出口除上述商品外，还有印有 2006 年德国世界杯标志的"挂绳"150 条和"全棉针织袜"7 000 双，涉嫌侵犯国际足球联合会在海关总署备案的"《国际足球联合会世界杯奖品》FIFA WORLD CUP TROPHY"的著作权。

深圳海关以基层一线海关为主体、以自主知识产权为重心，增进交流、加强合作，保护知识产权。邀请日化行业和烟草协会的权利人成员，向一线执法关员介绍相关假冒产品的辨别知识和技巧，以及最新进出口侵权货物的特点、动向等信息，提高一线关员知识产权保护意识与查缉侵权货物的技能。

深圳海关还与美国驻广州总领事馆、日本贸易振兴机构以及EPSON、LV等国际知名品牌权利人建立联系，宣传中国海关知识产权保护工作，促进权利人和海关间的互动。

2004年9月20日，大鹏海关通过风险分析，对某实业公司申报出口的一批化妆品洗液实施布控，现场查验发现，出口货物中有17 320千克化妆品，分别标有“CLEAN&CLEAR”、“DOVE”、“LORERA”、“OLAY”、“NIVER”商标，涉嫌侵犯美国强生公司、荷兰联合利华公司、法国欧莱雅公司、美国宝洁公司、德国拜尔斯道夫股份有限公司等国际著名化妆品制造商的商标专用权。

2007年1月19日，深圳某贸易公司向海关申报出口手电筒（无牌）61 320个，现场查验发现，实际货物为标有“TIGER HEAD”商标的手电筒31 320个，涉嫌侵犯广州电筒工业公司在海关总署备案的“TIGER HEAD”商标专用权。

高利润诱惑下的假烟走私

2006年10月16日，深圳市某水产公司向海关申报出口电池碳棒14 950千克，价值37 375港元。

蛇口海关通过风险分析认为，电池碳棒比重较大，一个40尺柜仅重14吨，重量偏轻，这家水产公司曾有违规记录，蛇口海关据此下达布控指令。关员对货物进行查验时，发现实际出口货物为香烟44 900条（其中，涉嫌假冒“万宝路”牌香烟43 600条；涉嫌假冒“SUPERKINGS”牌香烟1 300条）。

2007年10月25日，广州某贸易公司向海关申报出口烫衣板一批，蛇口海关通过风险分析认为，这家贸易公司第一次在深圳报关，将申报品名相同的货物，分成4票订舱，在不同港口出口，目的港相同，不符合常规。据此，蛇口海关下达布控指令，对4个集装箱进行查控，分别在招港、赤湾、妈湾3个码头，查获实际出口货物为涉嫌假冒"万宝路"、"登喜路"牌香烟102 650条。

关员分析发现，这些货物只要有一票成功出口，相关企业就有盈利，不法分子企图通过分散风险提高成功率。

在海关对不法分子监控的同时，他们也在观察海关的监控动向并采取相应手段，以混淆海关视线，弱化风险特征。为此，其申报价值一般在2万元到4万元之间，不易引起注意，而且经常更换经营单位。

假烟出口走私，蛇口口岸是重灾区，为此，蛇口海关注重收集外国海关反馈的香烟案件信息，改变以往主要以企业和商品进行风险识别的做法，重点加强对航线的分析。通过对39宗走私香烟案件的综合分析，对报关单申报的经营单位、申报品名、申报单位、集装箱类型、申报重量、是否需要B证、目的港等进行风险值测定，判定是否存在走私风险。

2006年3月5日，某商行向蛇口海关申报出口树脂工艺品一批，申报目的港为香港，经核实，货物实际目的港是希腊。地中海历来是假冒香烟出口的高风险地区，据此，蛇口海关下达查验指令。经现场检查，发现除集装箱外部装有50箱不锈钢锅外，其余货物全部为标有"万宝路"商标的香烟，共计3.86万条，真品市值计人民币600多万元。

2006年7月9日，某贸易公司以一般贸易方式向蛇口海关申报出口树脂工艺品11 180千克。这家公司在蛇口口岸进出口记录少，无历史布控记录，属私营企业。报关单申报目的地为香港，而其定舱目的港为约旦亚喀巴港，与申报不一致。约旦位于亚洲西部，阿拉伯半岛的西北，与巴勒斯坦、以色列、叙利亚、伊拉克和沙特阿拉伯等国家接壤，是较大的假烟消费地，且靠近地中海，不排除其经转口通过苏伊士运河、地中海到达欧洲各国的可能。蛇口海关判定综合风险值较高，遂果断下达彻底查验指令。经现场查验，发现实际出口货物为红色假冒"万宝路"香烟224箱，白色"万宝路"香烟218箱，"L&M"牌香烟359箱，"GAULOISES"牌香烟15箱，共计40 800条。

2006年10月31日，蛇口海关对某实业公司申报的VCD配件（毛重10 280千克）进行布控，经查验发现，实际出口货物全部为“SUPERKINGS”、“万宝路”等冒牌走私香烟，共933箱，计46 650条。

2006年，蛇口海关共查获假香烟出口案件7宗，共计323 140条。

为打击假烟走私，深圳海关举办了鉴别假冒香烟培训班，就我国海关打击假烟出口的情况和面临的形势进行简介，并邀请美国菲利普莫里斯产品有限公司品牌监控经理介绍假冒“MARLBORO（万宝路）”香烟的鉴别知识和技巧，提高对假冒香烟的鉴别能力。

每年深圳海关都要根据关区实际情况，开展1至3次打击假烟的专项行动，以此震慑走私分子，收到较好效果。2007年2月1日起，深圳海关开展了为期3个月的打击假烟出口专项行动。行动中，查获假烟案件8宗（其中蛇口海关5宗、大鹏海关3宗），共查获出口假烟20多万条。

尽管海关不断加大打击假烟走私力度，但受国外市场需求和丰厚利润驱使，假香烟出口屡禁难止，出口假香烟违法案件仍然呈上升趋势。出口假香烟的贸易方式均为一般贸易方式，申报货物多为小装饰品、建筑材料、家具等常规出口货物，申报总价较低。伪装、藏匿手法较为简单，仅在集装箱内部外层装少量伪装货物，个别的甚至未作任何伪装。查获的假烟以世界名牌为主，经营单位大多为深圳注册的企业，个别为福建企业。这也与东南沿海是假烟的集散地相吻合。

假烟出口一般选择香港为目的港，在香港再次分销，以掩盖假烟的最终流向。据了解，香烟最终的目的地为欧美、中东、非洲、东南亚等地，大都采用预定国际班轮出口舱位方式走私。由于国际班轮运输费用高，时间上不够灵活，正常货物从深圳出口至香港，也采用驳船载货运输。

香烟走私逐步呈现出境外集团操纵，境内外分工明确，以合法企业进行掩护，有固定订供货渠道，有稳定的销售网络等特点。

深圳海关将假烟走私作为打击重点，从船代公司、码头公司等相关单位，获取真实的订舱信息，进行航线风险分析，确定监控重点，

并运用 H986 大型集装箱检查设备等，进行专业化查验及图像分析，为打私提供支持。还与公安等执法部门联合，共同打击假烟走私。

2006 年 12 月 23 日，大鹏海关查扣一集装箱假冒出口品牌香烟 901 件。半个月后，大鹏海关、蛇口海关又分别查扣一集装箱的假冒出口香烟，海关立即将案件移交给深圳市盐田公安分局，盐田公安分局遂成立专案组。

专案组在技术部门的协助下，从查找假冒香烟的发货人入手，通过对大量信息排查，发现犯罪嫌疑人方华（化名，男，40 岁，广东省普宁人），通过方华发现其上线方杉（化名，男，36 岁，福建省漳州市云霄县人）。调查方杉发现，犯罪嫌疑人韩峰（化名，男，汉族，荷兰籍）与方杉有假烟辅料生意往来。犯罪嫌疑人方齐（化名，男，25 岁，福建省漳州市云霄县人）负责为方杉看守深圳仓库，方杉再通过他人向外供应辅料。

为查清假烟的生产地及运输、销售网络，专案组民警辗转两省六市县调查取证，摸清了整个假烟案的各环节。6 月 26 日 6 时，按照广东省公安厅经侦局统一部署，出动警力 70 人，兵分五路，对位于深圳松岗街道的 3 处储存窝点，开展搜查行动，同时对涉案主要犯罪嫌疑人开展抓捕，捣毁储存假烟及制假原辅材料窝点 3 处，抓获犯罪嫌疑人方彬、方齐，现场缴获盘纸 7 000 多箱，共 109 垛，丝束 1 000 多吨，假冒 3 个外国品牌的成品香烟 150 多万支，缴获用于记账的手提电脑 2 台、涉案汽车 2 辆和作案用手机 13 部。在方彬家中，缴获伪造国内外知名香烟品牌的工具一批，价值超过 5 000 万，是新中国成立以来最大的假烟制造、出口案件。

走私光盘“亲子鉴定”难

深圳海关也和全国海关一样，将打击侵权音像制品列为主要工作，在货运、邮运、旅检等监管现场，对进出境 CD、VCD、LD 及计算机介质进行控制，海上堵，陆上查，重点打击集装箱和来往港澳小型船舶的光盘走私。

深圳关区海岸线长，地形复杂，走私分子经常利用沙滩、山林、茅屋等作掩护，走私光盘，为此，深圳海关缉私局加大对海岸线的查缉力度，经常性地进行巡查和突查。各一线口岸海关将查验重点放在旅检渠道和行邮渠道上，利用行李检查机、大型集装箱检查设备等，对行李夹带或客运小车、大巴及货运车辆设置暗格藏匿进行查验。对曾经携带过上述物品出入境的旅客、车辆驾驶员，实行备案登记制度，列为重点查验对象，实行百分百查验。

情报部门对香港地区码头和仓库动态等进行监控，拓宽行动情报来源，及时通报不同阶段非法出版物走私的渠道、手法、特点、规律和动向，为开展查缉行动提供指导。采取海上追、岸上堵、机动查缉、海陆夹击等缉私策略，提高查缉的准确性。重点海域重兵布防，对来往港澳的小型船舶和流动渔船加强检查力度。同时，加强沿海、沿边地区的机动巡查，对重点商品集散地、过驳码头以及交通要道，实施夜间巡逻。

加强与香港海关、水警的交流，建立深港联合缉私互动渠道，形成海上跨境协作缉私。

以下是2004年上半年深圳海关查获的部分光盘走私案件：

1月23日8时，海上缉私处901缉私艇通过雷达观察，发现海面上有多个快速移动目标，指挥员判断可能是走私快艇在活动，遂下命令吊放随船快艇追缉。走私分子见有缉私警察追赶，便调转方向，驶向岸边，丢下走私货物逃走。经检查，在13艘走私快艇上，查获走私盗版光盘40万张。5天后，海上缉私处缉私快艇在小三门附近海域巡航时，发现一木质单拖渔船形迹可疑，缉私人员上船打开货舱检查，发现船舱里塞满了成箱的涉嫌走私光盘，经清点共有200余万张。

2月24日至25日，海上缉私人员在关区东部非设关地，开展海陆联合行动时，截查一辆货车，缴获走私光盘29万张。

2月28日晚，惠东缉私分局民警在惠东县某镇巡查时，发现几个人在路边将成箱的物品往一辆卡车上搬运，形迹可疑，遂包抄截击。

几名搬运者发现缉私警察，四散奔逃，把成箱的货物丢弃到路边。缉私民警打开货物包装，发现这批货物全部为走私光盘，总数达15万张。

4月28日3时左右，深圳海关缉私雷达屏幕上出现一艘在香港与深圳交界的水域徘徊的渔船，海上缉私处指挥部决定将计就计，下令缉私快艇向目标船反方向出发。目标船被缉私警察制造的假象所迷惑，以为海关另有行动，从香港海域直奔深圳东部海域。指挥部根据目标船的航向和速度，计算出最佳截击点——青洲东南海域，遂向缉私快艇发出转向查缉的命令。缉私快艇高速绕过大三门、小三门两座岛，在风高浪急的海面快速行进一个多小时，于4时30分到达预定海域，成功截住这艘船，缴获走私盗版光盘235万张。

5月16日凌晨，深圳海关901缉私艇在三门岛海域巡航，发现针岩头以西6海里海域，有一艘木质渔船，船上没有捕鱼工具，吃水较深，形迹可疑。缉私人员上船检查，发现船上装有先进的雷达设备，主机经改装后加大了马力，缉私关员在船中舱和后舱，查获涉嫌走私的盗版光盘2 900箱、290万张。

在海上堵的同时，深圳海关加大对陆上走私的查缉力度，对涉嫌走私音像制品的人员、车辆、物品进行打击。2004年6月22日凌晨，缉私人员在深圳市蛇口东滨路截查两台货车，查获走私盗版光碟23.04万张，抓获涉案人员2名。

与海上船舶和路上车辆走私盗版光盘不同，旅检渠道盗版光盘走私多为“蚂蚁搬家”式，一些旅客或“水客”每次携带几张、几十张，甚至上百张光盘，给海关打击盗版光盘走私带来困难，尤其是光碟母盘走私。

据了解，一张光碟母盘可以制作市面流通光盘20万张，母盘流入境内，多用于制作盗版光盘，对社会的危害性极大。

打击光盘走私、尤其是母盘走私，在法律上还有一些盲区，使海关执法遭遇难题。而且，携带光盘母盘入境案件存在鉴定难问题，也使案件处理面临困境。首先，光盘母盘鉴定，必须用专门设备将母盘压制成光盘，通过光盘读取信息，才能完成对母盘的鉴定。但国内法定的鉴定机构，没有被明确授权对光盘母盘直接鉴定，使光盘母盘缺乏法定的鉴定机构。其次，因没有市场需求，国内生产光盘母盘读取设备厂家均已停产，市场上光盘制作企业的母盘读取设备，为多年前特制产品，无法对光盘母盘作出鉴定。部分光盘制作企业虽拥有光盘母盘读取设备，由于光盘制作企业并非法定鉴定机构，也未经法定机构授权，使这些企业读取光盘信息后对母盘内容所作的鉴定结论，不具备法律效力，难以成为诉讼证据。此外，企业读取光盘母盘，必须停掉整条生产线，仅解读 1 个母盘，就耗时 1 个半小时以上，收费 2 000 元人民币，成本较高。由于缺乏具备法律效力的鉴定机构，也没有法律认可的部门能够对其内容蕴涵的价值进行估价，导致母盘难以估价计税。

深港海关联手行动

随着海关对知识产权保护工作的重视，内地海关与香港海关在知识产权保护方面的合作也逐步在向纵深发展。双方已经建立了知识产权保护定期联络协调制度，定期开展知识产权保护联合执法行动，在确保口岸畅通的前提下，对进出境车辆及旅客实施检查，将可能涉嫌侵权的货物、物品列为重点商品，予以查验，取得良好效果。2005 年，粤港海关前后举行了 9 次联合执法行动，双方共检查进出境车辆 6 000 余辆次、检查进出境人员 11 000 多人次、查获侵权案件 29 宗，货物案值超过千万元。

在海关总署广东分署的协调下，深圳海关与香港海关每年根据不同季节特点，在各自口岸或海面，同时采取执法行动，查缉侵权及其他违法活动，对发现的涉嫌违反对方法律的货物，及时通报，及时采取查缉措施。

4 月 26 日是世界知识产权日，双方海关都会开展保护知识产权联合执法行动。2005 年的这一天，双方联合行动，重点查缉品牌目录中的服装、手袋、手表、化妆品、电池、收录机、床单、食品及打印机等。行动期间，运用风险分析，实行闭路电视监控等手段，查获涉嫌侵权案件 3 宗。

自 1998 年开始，深港海关每年都要在深圳的罗湖、皇岗、沙头角和文锦渡等地区开展不定期、多口岸的，旨在保护知识产权、打击侵权盗版及其他违法活动的双边联合执法行动。据统计，迄今已举办 38 次，查获侵权、违法案件超过 300 宗。

2006 年 12 月 11 日至 12 日，罗湖海关、皇岗海关、文锦渡海关、沙头角海关、海关驻邮局办事处等单位，与香港海关开展“2006 年第三次粤港海关保护知识产权联合执法行动”，投入人力 408 人次，抽查车辆 1 026 辆次、旅客 3 997 人次、行李 2 132 件、进出口邮件 1 257 票，实施风险布控 154 票，与港方互通信息 9 次，查获 12 宗涉嫌侵犯商标权的案件。香港海关根据深圳海关提供的线索，也查获 4 宗涉嫌侵权案件。

2007 年 8 月 9 日至 10 日，皇岗海关、文锦渡海关和海关驻邮局办事处等单位，与香港海关开展“2007 年第二次粤港海关保护知识产权联合执法行动”，行动中，深圳海关投入人力 323 人次，抽查车辆 487 辆次，查验进出口快件 4 905 票、进出口邮件 1 872 票，查获 4 宗涉嫌侵犯知识产权案件。10 月 29 日至 30 日，开展了“2007 年第三次粤港海关保护知识产权联合执法行动”，深圳海关投入人力 500 余人次，对进出境车辆实施重点查验 1 500 辆次，查验快件 273 件，查验普通邮包 46 件，抽查旅客 4 000 余人次，查获 12 宗涉嫌侵权案件。

知识产权保护　海关义不容辞

1994 年，中美两国签署《关于知识产权的谅解备忘录》。1994 年 8 月 23 日，海关总署发出通知，要求全国海关在边境实施知识产权保护。同年 9 月 6 日，深圳海关查获第一起侵犯知识产权案件。

1995 年，国务院颁布《知识产权海关保护条例》后，海关将知识产权保护作为其5项重要工作之一，与国内外有关权利人和权利人组织积极配合，在信息交流、培训等方面进行合作。目前，中国海关已与包括商业软件联盟、美国电影协会、国际唱片工业协会等多个国际知识产权组织，建立合作关系。经过多年的探索和总结，已经建立起一套包括报关单证审核、进出口货物查验、侵权货物扣留和调查、侵权货物处置等环节在内的知识产权执法制度。同时，还建立了从货运到行李邮递渠道，从报关、审单到查验环节的知识产权保护监控体系。

制造水平的提高，使假冒侵权产品能以假乱真，给海关辨别侵权加大了难度，海关及时对"知识产权保护备案查询系统"进行修改调整，使之能确保知识产权备案信息传输准确、及时，从而在发现侵权嫌疑的最短时间内，与权利人取得联系，及时、准确地鉴别出货物是否侵权。

海关知识产权保护工作受到国内外及社会各界广泛好评。2006年，全球反假冒组织授予中国海关"全球反假冒年度政府机构嘉勉奖"，世界海关组织也为中国海关颁发了打击假冒和盗版的成就奖。

每年的国际贸易中侵犯知识产权的贸易额大约为5 000亿美元，占全球贸易额的5%~7%。中国加入世贸组织后，中国海关查获侵犯商标权的案件数以年均50%的幅度增长。

本来，知识产权权利人承担着发现侵权货物进出境的主要义务，但我国90%以上的进出口环节侵权案件，都是由海关发现并主动查处的。

深圳口岸多，每天往返于香港、深圳的人员、车辆众多，此外，水陆与香港、澳门相接，给知识产权保护带来巨大挑战，尤其是旅客携带和车辆夹藏，几乎防不胜防。

虽然海关在知识产权立法方面已取得了举世瞩目的成绩，但知识产权保护的执行却难尽人意。以邮递渠道为例，邮件监管见物不见人，侵权案件当事人神龙不见首尾，海关发现邮递物品存在侵权嫌疑，不能及时找到寄件人，也无法对侵权人进行调查取证。侵权行为人难以确定，又导致行政处罚执行难。在制发《行政处罚告知单》和《行政处罚决定书》等法律文书时，只能以公告形式送达，公告期为

120日，既影响了侵权案件的办理效率，又增加了海关执法成本。邮递渠道收寄点多、分布广，走私分子采用分散、分批，化整为零的方式向外寄送侵权货物，也给海关查处带来困难。根据《中华人民共和国知识产权海关保护条例》规定，海关对超出“自用合理数量”的侵权商品，才可以依法进行查处，由于对“自用合理数量”没有明确解释，侵权人利用“蚂蚁搬家”方式，不断变换寄件人地址、姓名，规避海关查处。

邮递渠道查获的涉嫌侵权物品，数量较少，总价值较低，权利人出于自身利益考虑，一般选择放弃保护。根据《知识产权海关保护条例》规定，权利人放弃保护，海关只能对货物放行，从而造成邮递渠道侵权行为泛滥，对海关工作和我国的国际声誉造成不利影响。

知识产权海关保护实行自愿原则，权利人进行知识产权海关备案是实施海关保护的重要前提。长期以来，国内企业普遍忽视知识产权海关保护申请，造成即使海关发现侵权货物即将进出境，也没有权力主动中止其进出口，更无权对侵权货物进行调查处理。还有一些权利人，事先向海关举报并提出知识产权保护申请的要求，但海关查获侵权货物后，因涉案货物货值较大，其无力提交海关核定的担保金，只能放弃原先提出的保护申请。这些消极做法，不仅影响了海关正常通关效率，产生不必要的滞港费用，增加了海关执法成本，也加大了海关执法诉讼风险，使海关执法处于两难境地。

海关总署发布的《2007年中国海关知识产权保护状况》白皮书认为，当前，我国进出境环节侵犯知识产权违法活动依然猖獗，知识产权海关保护的执法形势不容乐观。我国海关知识产权保护工作面临着四大挑战：进出口贸易迅猛发展，给海关执法造成较大压力；海关不断加大对进出口侵权货物行为的打击力度，不法分子为逃避海关监管和制裁，所采取的侵权手法日趋多样化，且具有较高的隐蔽性；部分权利人对海关执法未给予有效配合；一些进出口企业知识产权意识欠缺。

海关知识产权保护任重道远。

第十四章

打击走私　海关一直在努力

作为南国的经济大门和反走私第一道防线的深圳海关，清楚地认识到，打击走私是一项复杂的系统工程，仅靠一个地区或一个部门单打独斗远远不够。只有整合各方力量和资源，提升打击走私的整体作战能力，尽可能压缩走私分子的生存空间，才会形成理想的反走私局面。多年来，深圳海关始终坚持“打防结合、综合治理、突出重点、坚持不懈”的工作方针，采取“打击、清理、查处、管理”四管齐下的措施，努力探索反走私长效机制，推进反走私综合治理。在强化内部协调的基础上，加强与香港海关合作，互通情报，相互配合。同时，也加强与地方有关部门的合作和配合，齐抓共管，形成合力。

保持海关内部协调顺畅

业务现场是海关缉私的主战场，缉私警察要深入主要现场和风险环节，熟悉、了解海关业务流程，掌控监管风险与走私苗头。缉私部门办案中发现有关走私风险后，及时向业务部门或基层海关通报，提高正面监管力度。监管、风险、关税、通关、审单、价格等部门，发现走私线索后，第一时间通知缉私部门，缉私部门立即派出力量到现场，控制人犯、证据、线索，然后跟进查办。

缉私部门与一线海关建立情报信息交流机制，海关业务部门向缉私部门通报重点、敏感商品的进口异常情况，缉私部门进行外围跟进查证，对有重大走私嫌疑的，通报给海关，海关查获案件后，迅速移交给缉私部门，侦查部门则据此提前介入，从而对走私活动进行快、准、狠的打击。

为适应海关业务发展和关区反走私工作的要求，深圳海关创建了业务交流平台：每季度组织召开一次关区反走私业务形势例会，一月一次情报与风险分析例会，两月一次的业务协调例会。研究走私动态，协调、解决疑难问题。对重大案件的走私手法、特点的研究工作和走私监管工作中存在的薄弱环节，实行“一案一分析”。2005 年全关共搜集情报线索 2000 多条，根据情报查获案件 500 多宗。

不断提高打击走私的科技含量。1999 年，开展犯罪嫌疑人指纹信息采集工作；2004年按照海关总署缉私局的规划，启用了活体指纹采集系统，已采集纸质犯罪嫌疑人指纹卡4 000余份，利用活体指纹采集仪采集指纹1 000余份。刑事技术部门利用特种光激发荧光技术，结合图像处理软件，使氧化消退的文字全部无痕显现，为案件的估价计税及定罪量刑提供了直接证据。利用X光机为过境小车作全方位“体检”，X光机的“巨臂”从车身轻轻拂过，检查结果立刻显示在操作台的屏幕上，整个过程只需一两分钟。众多新技术的采用，大大提高了海关打击走私的效率。

与香港海关密切配合

内地海关与香港海关的交往，始于1982年。随着粤港海关交往活动的发展，两地海关的合作范围逐渐扩大到技术培训、业务研讨等领域。1998年4月，海关总署代表团赴香港举行非正式会晤，就内地海关与香港海关全面合作进行磋商，签署了《非正式磋商会谈纪要》，成为双方开展合作和交流的框架和基础。之后，双方签署了《海关总署与香港海关关于加强双方合作的备忘录》，就简化海关手续，建立粤港海关会晤制度、联络渠道、年度会晤等方面，达成共识。2000年3月1日，海关总署与香港海关签署《海关总署与香港海关合作互助安排》，双方决定组织开展具体的行政互助工作。在此基础上，内地海关与香港海关联合开展走私打击活动，对涉嫌走私的船舶和车辆采取追击、监视行动。

按照海关总署与香港海关的协定，深港两地海关自2005年1月1日起，对经查验的烟酒和经X光机检查设备检查的出境车辆，施加绿色关锁，供对方风险分析参考。

两地海关专线电话随时保持畅顺，香港海关经口岸专线向深圳海关通报进口车辆资料或情报，深圳海关据此截获。深圳海关通过专线电话，向香港海关通报涉嫌走私“目标”或情报，香港海关据此进行布控。

深港海关合作的首要任务是“治理走私源头”，共同打击跨境走私。根据这一思路，深圳海关缉私局与香港海关有关部门采取高层会晤、工作会议、定期拜访、建立热线等措施，增进了解，完善执法互助机制。

由于执法机制、执法环境以及各自业务重点的不同，深港海关在打击走私活动方面各有所长，为提高各自打击跨境走私活动的综合能力，深圳海关与香港海关开展了全方位的业务交流。建立“深港海关查获案件信息交换机制”，对双方查获的跨境走私毒品、武器等大、要案的案情及涉案车辆、船舶、人员、物品等信息，进行定期交换，对有关线索及时反馈。此外，还进行“快艇驾驶经验交流活动”、“专题情报工作会议”等多种形式的交流，提高双方合作打击跨境走私犯罪的能力。

深圳海关还与香港水警加强联系、配合，开展海上打私联合行动，破获了一批有影响的走私大案，缴获了大量走私物品及毒品，一批走私犯罪分子被抓获。

经常与地方相关部门联合行动

打击走私是一项综合性的系统工程，需要社会各部门齐抓共管和广大人民群众共同参与。

2003 年 12 月 26 日，由深圳市打私办组织，市打私办、深圳海关、深圳检验检疫局、深圳边检总站、市公安局、市工商局、市边防支队、广东公安边防总队海警一支队等 8 家单位，联合签署了《深圳地区反走私综合治理联动机制合作备忘录》，明确了各部门在反走私工作中承担的义务。按照备忘录要求，八部门每季度举行一次例会，通报反走私工作中出现的重大事件。

深圳市打私部门根据“联合缉私、统一处理、综合治理”的原则，按照“海上抓、岸边堵、口岸管、市场查、处罚严”的工作方针，加强协作与配合，适时组织开展反走私联合行动。联合行动中，工商部门先期通报走私热点、重点商品、价格动态、私货产销地，海关缉私部门根据掌握的私货进出流向，制订查缉战术。各部门根据案件特点和性质，合理分工，提高打击效率，形成优势互补。

2005 年以来，由深圳市打私办牵头，深圳海关组织，围绕综合治税这一中心工作，坚持“以打促税”，综合运用行政和刑事两种执法手段，开展打击“两油”、冻品、光碟、毒品、加工贸易渠道走私等专项行动。同时，针对敏感区域和热点物品，联合开展专项打击行动，努力控制重点区域、重点渠道和重点物品的走私活动。

2006 年 1 月 20 日，《深圳经济特区反走私综合治理条例》经深圳市第四届人民代表大会常务委员会通过，2006 年 3 月 1 日起正式施行。这个条例是我国地方立法工作中的第一部反走私综合治理法规，标志着深圳市反走私综合治理工作进入新的法制化轨道。作为实施海关法的一个地方性法规，这个条例规定了有关国家机关在反走私综合治理工作中的职责，为联合开展反走私综合治理工作，提供了具体的法律依据。

深圳海关还联合边防部门，加大海上监控力度，共同打击走私，把好海上防线；联合渔政、渔监部门，加大对渔船的检查密度，做好清剿“三无”船艇工作；联合工商、烟草等部门，加强市场管理，整顿和规范市场秩序，压缩走私空间。

加大反走私社会宣传力度

2005 年 1 月 5 日至11 日，“全国打击走私成果展览深圳巡展”在深圳高交会馆展出，展览总结了 1998 年以来全国反走私斗争取得的经验，展示了打击走私取得的阶段性成果，表明中国政府对打击走私的高度重视和坚定决心，教育广大群众自觉与各种走私违法活动作斗争，推动了反走私斗争的深入开展。深圳巡展分 5 个部分：“国门在呼唤”、“共和国向走私宣战”、“合力构筑国门屏障”、“玉宇澄清万里埃”、“我们与国门同在”。展出图片近 800 幅，走私文物、贵重毛皮、毒品等实物近 400 件，模型 10 组。

到高交会馆看打私成果展，一时成为众多深圳市民出游的首选，每天前来参观的人数都在万人以上。

反走私展的成功举办，扩大了海关影响，震慑了走私分子。

全国性的打私成果展，因为工程巨大、程序复杂，难以经常举办。因此，深圳海关因地制宜，经常举办一些小型的打私成果展或走私物品销毁仪式。

2006年2月9日，深圳海关联合深圳市打私办、边防、公安、渔政、渔监等部门，举行走私运输工具（船舶、车辆）销毁现场会，将近两年来查获的112艘“三无”船舶、74台走私车辆进行了公开销毁。凤凰卫视、深圳电视台、深圳商报等10多家境内外新闻媒体进行了现场跟踪报道，社会反响热烈。

除公开销毁走私物品外，深圳海关还举行“海关开放日”活动，邀请市人大代表和市民代表参加，体验海关打私的艰辛；对一些典型的重大走私犯罪案件予以曝光，教育广大企业和人民群众自觉守法。

8月8日是海关法制宣传日，每年的这一天，各口岸海关都会结合实际，向过往旅客派发法律、法规宣传单，使旅客能直观地了解通关、进出口等环节的法律知识。同时，加强对沿海渔民的反走私宣传，使群众认识到走私对社会、对国家经济建设的危害；认识到党中央和国务院对反走私的重视和决心；认识到反走私执法部门的战斗力；认识到走私是违法、犯罪活动，一定会受到严惩。

后记

初来深圳工作时，对什么都感到新鲜，包括深圳海关的反走私工作，因为反映这方面内容的书籍很少，于是就收集资料，想写点这方面的东西。几年来，收集了200多万字的资料。今年3月，自己告诉自己不能再等了，要立即动手，否则，资料越积越多，到最后，就没有信心再归类整理，更不要说写了。

反映深圳海关缉私工作的新闻报道比较多，多是一个点、一个面，不够全面。

深圳与香港毗邻，海岸线长400公里，历来是反走私的前沿地带。新中国成立以来，走私一直没有绝迹过，走私与反走私的较量也一直没有停止过。尤其是改革开放后，走私与反走私形势更趋复杂，海关反走私更加艰辛。写作过程中，我力图从多方面反映深圳海关反走私的成果和反走私的艰难局面，但反走私的艰辛程度和复杂局面，远非我想的和描述的这样简单。

写作此书的另一个目的，是向战斗在反走私一线的同仁们表示敬意。

写作中，我一直本着写实的指导思想，尽可能以真实的材料还原本来面目。正是这种指导思想，束缚了“手脚”，写作过程中常常感到放不开，陷入就事论事的困境。总体来说，这本书较为完整地反映了10年来深圳海关反走私工作的大体状况，基本上能够弥补新闻媒体在报道这方面工作时存在的不足。

本书写作过程中，得到李惠强、许永贤、柯晓榕、吴云、田自安、王淦、老那、霍然、崔一等先生，以及李春瑛女士的支持和鼓励，尤其是柯晓榕先生对全书进行了审核，并提出修改意见。

书中参考或引用了孙翔、曹勇、彭海红、王天威等海关同仁写的部分新闻稿或论文内容，在此一并感谢。

吴煮冰

2009 年 11 月